雨花台烈士传丛书

项英传

曹荣 著

江苏人民出版社

《雨花台烈士传丛书》编委会

目　录

引　子

在南京市雨花台有三座并排而列的墓地，名曰“三烈士墓”。每逢清明和重大节日，来自全国各地的群众和烈士遗属络绎不绝，他们自发前往三烈士墓扫墓、瞻仰、凭吊，寄托哀思，表达崇敬之情。“三烈士墓”居中的墓地，便是为中国人民解放事业做出卓越贡献的项英同志的长眠之地。

项英的一生是锲而不舍追求真理的一生，是为革命理想奋斗不息的一生。他由产业工人身份加入中国共产党，投入到波澜壮阔的时代洪流中。在二七风暴中，他高举旗帜，迅速成长为一名意志坚定的工人运动领袖。此后，项英担任中央委员、常委、中华全国总工会委员长、党团书记等职务，在大革命中、在白区与敌人的斗争中，始终战斗在工人运动的前线，屡建功勋，被党中央称为工人阶级的“英雄人物”之一。在中央苏区，项英全身心地投入到保卫苏维埃、建设苏维埃的伟大事业中，担任了苏区中央局代理书记、中华苏维埃共和国第一副主席、中央军委领导等重要职务，为中华苏维埃共和国的诞生与建设、红军的壮大发展做出了重要贡献。在中央红军战略转移时，他临危受命，毅然留在苏区，与陈毅一道领导赣粤边军民进行了艰苦卓绝的三年游击战争。抗日战争爆发后，项英任东南局书记、新四军副军长，与叶挺、陈毅等人将南方八省游击队组建为新四军，挺进敌后，建立根据地，在大江南北抗击日寇，为抗日战争的胜利呕心沥血。1941 年，皖南事变爆发，项英不幸为叛徒杀害，时年 43 岁。

项英同志功勋卓著，为中国革命的胜利耗尽心血，战斗不止。党中央在 1998 年为项英举行了百年诞辰纪念，称赞项英同志是"杰出的无产阶级革命家、工人运动的著名活动家、中国共产党和工农红军的早期领导人之一、新四军的创建人和主要领导者"，"抗日战争的名将之一"。

今天，我们满怀敬意，通过对项英同志一生的记述，对那个风起云涌的时代的描绘，缅怀革命先辈创业的艰难，学习项英同志对人民解放事业的忠诚、对革命必胜的坚定信念以及对真理的不懈追索。

第一章 走上革命道路

家世

1898年5月，湖北省武昌县巡道岭24号(今武汉市江夏区粮道街273号)的一栋坐西朝东的普通居民院落里，传来了初生婴儿响亮的啼哭声，一名男婴呱呱坠地。婴儿的父亲将其取名为项德隆。

项德隆即是项英的原名，又作德龙、飞龙。他曾以夏英为笔名发表文章，入党后他将笔名与本名合为“项英”，自此直至牺牲，便一直以项英为名。项英还曾化名江俊、张成、江钧、韩应等名。

项英的祖籍在湖北武昌县舒安乡项家村。项家曾一度繁盛，人丁兴旺，有“项八桌”之称。但随着时代变迁，项家家境逐渐败落，大多数子孙沦为城市贫民。

项英(1898—1941)

项英的祖父擅长种植花卉、盆景，并以此为业。在当时的乡村，大多数农民温饱尚且不得，有闲情逸致赏玩花卉、盆景的人自然很少。项家的生活也越发艰难。清末年间，项英的祖父不得已举家迁往武昌城，在城内涵三宫落户。项家仍然以种植花卉盆景为业，在当地有“项家花园”之称。项英祖父按时将时新花卉、盆景送往高官巨贾府中，倒也颇受欢迎，因而生活较在乡村时有了不少改善。

项英的父亲项天卫读过几年私塾，是武昌县城的一名职员，管理全县的钱粮账务。项天卫为人忠厚老实，做事严谨。项英的母亲夏氏善良能干，育有三子一女，项英排行第三，上有两个兄长下有一个妹妹。

项英7岁时，进入武昌育才小学读书。他热爱读书，聪颖好学，善于思考。项英自幼就十分懂事，看到父亲工作太忙，便时常利用晚上和课外的休息时间，帮助父亲誊抄钱粮簿册，为父亲分忧。项英誊写认真，常写常练，一手小楷毛笔字写得非常漂亮。父亲为此十分欣慰。不幸的是，在项英10岁那年，父亲便身染重病离开人世。父亲的离世使得家庭顿时陷入困境，生活的重担全都落在母亲夏氏的身上。夏氏十分坚韧、能干，一人承担起家庭重任，靠给人纺织、洗衣、刺绣所得的微薄收入养育子女。虽然母亲勉力苦撑，家里也时常有断炊之虞，生活往往难以为继。为了帮助家庭维持生活，幼小的项英经常带着妹妹项德芬一起去拾柴、捡破烂，以贴补家用。

项英自小耿直、刚毅，疾恶如仇。亲戚中虽有人在武昌城里出人头地，但他从来不去攀附。他的叔父项仰之，是当时武昌慈善会的会长，在武昌城是一位颇有权势的“绅士”。一天，项英的一位亲友看到他家境窘困，就劝他向叔父求援。项英很有骨气，宁可挨饿也不愿意开口乞求。他对这位亲友说，他的叔父是个恶棍，专门欺压百姓，自己宁愿饿

死，也不愿与这样的人打交道，更别说去乞求他施舍。项仰之听到这些话后，非常恼火，大骂项英是“不孝之子”。项英却认为，对于那些骑在老百姓头上作威作福的人，不但不能孝顺，而且要坚决把他们打倒，这样老百姓才能过上好日子。叔父对他也无可奈何。在项英幼小的心灵中，斗争的意识已经萌生。

1911 年 10 月 10 日，湖北革命团体文学社、共进社在同盟会的推动下，以湖北新军为主力发动了武昌起义。各省纷纷响应，进而掀起席卷全国的革命风暴，以摧枯拉朽之势埋葬了中国最后一个封建王朝，结束了长达 2000 多年的封建君主专制。是年，项英 13 岁。1912 年 1 月 1 日，孙中山先生在南京就任中华民国临时大总统。辛亥革命是 20 世纪中国发生的第一次伟大的历史性剧变，为中国先进分子探索救国救民的道路拓宽了视野，为中国的进步潮流开启了闸门。武昌首义的硝烟，让年少的项英看到了革命的力量，他开始意识到只有革命才能改变千千万万劳苦大众的命运。然而这场革命并不彻底，它虽然剪去了人们脑后的辫子，却并没有改变广大劳苦大众受压迫、受剥削、受奴役的地位。辛亥革命后的武汉依旧黑暗，民众依然生活在水深火热之中，项英及其家人的生活也并没有因这场革命而获得丝毫的改善。

项英先是在武昌育才小学读书四年，尔后入武昌私立日新学校，15 岁从该校毕业。因为父亲早逝，家境贫寒，项英被迫放弃升学。生活的重担把项英过早地抛向劳务市场，这对他来说是很残酷的。他很聪明，在中学学得也不错，还想继续读书，但生活的困顿已不允许他读下去了。1913 年，项英费了很大周折，才进入武昌模范大工厂纺织科，当了一名学徒工。

在当时，比起一般工人，学徒工受到的剥削和压迫更为残酷，工厂中的脏活、苦活、累活都由学徒工来做，不仅工时超长、薪资微薄，还经常遭受无端的打骂、虐待。为了维持生活、支撑家庭，项英只得强忍着，把苦水、泪水咽到肚子里。三年后，项英学徒期满，留在纺织厂，成了一名熟练的纺织工人。项英在后来回忆道：

我每天工作时间在十个钟点以上，规定星期日休假，但有时还要加班，休假就没有工资，所以一般工人谁也不争取休假，工厂的黑暗，工人的痛苦太多了。①

在纺织厂，他每天拼命超时工作，休息日也很少休息，但每月拿到手的工资却仍只有八九元至十一二元，很难养活母亲和妹妹。

尽管白天工厂的工作十分辛苦，项英每天晚上回到家之后，仍然不顾疲劳，坚持读两个小时的书。由此，项英养成了良好的自学习惯，学习的能力不断提升，视野也不断开阔。这使得他比当时的一般工人更快地了解并接受了新思想。这也是他能够走上革命道路的一个重要条件。

初露锋芒

1917 年 11 月 7 日(俄历 10 月 25 日)，俄国爆发十月革命。在列宁领导下，彼得堡的工人群众发动武装起义，推翻了资产阶级的统治，建立了人类历史上第一个无产阶级专政的社会主义国家。俄国十月革命的胜利，是人类历史上一个划时代的事件。它唤醒了西方的无产阶级，也唤醒了古老东方的被压迫民族。十月革命的一声炮响，给中国送来了马克思列宁主义。它极大地鼓舞了中国人民和中国的先进分子，中国的先进分子开始用无产阶级世界观作为观察国家命运的工具。

十月革命爆发后，武汉的《汉口新闻报》《大汉报》相继报道了俄国十月革命的消息，武汉的工人知道了俄国的"穷人党"获得了胜利。在十月革命的影响下，武汉工人罢工斗争明显增加。1918 年 1 月，接连发生武昌造币厂工人反对扣发年终劳金和汉口各煤炭店工人为要求增加工资的罢工；5 月，和记蛋厂发生数百女工反对工头欺压女工的斗

① 《包惠僧回忆录》，第 91 页，人民出版社，1983。

争;8 月,汉口理发业工人罢工;11 月,武汉三镇槽坊工人罢工。1919 年 1 月,染坊工人要求增加工资举行罢工;2 月,汉口谌家矶扬子机器厂工人罢工;3 月至 4 月,又连续发生了汉口机器业工人、石匠、笔业工人等要求增加工资的罢工。1918 年 1 月至 1919 年 4 月,武汉共计发生罢工斗争 13 次,罢工规模也明显扩大。①

从 1919 年 1 月开始,第一次世界大战的战胜国在法国巴黎召开和平会议。1919 年 4 月 29 日至 30 日,英、法、美不顾中方代表的反对,决定将德国在中国山东攫取的特殊利益,全部转让给日本。中国在巴黎和会上外交失败的消息传来,立即引起中国人民的愤慨,知识分子和青年学生们首先奋起。5 月 4 日下午,北京大学等各大中专院校 3000 多名学生在天安门前集会,高呼"外争国权,内除国贼"、"废除二十一条"和"还我青岛"的斗争口号,强烈要求拒绝在和约上签字。会后学生举行了示威游行,痛打了驻日公使章宗祥,火烧了赵家楼。北洋政府急忙出动军警镇压,逮捕示威的学生。这更加激起了北京学生及全国各界的愤慨,由此爆发了轰轰烈烈的五四运动。这场反帝反封建的学生运动,很快就发展成为以工人阶级为主力军,包括城市小资产阶级和民族资产阶级参加的全国范围的反帝爱国革命运动。上海工人从 6 月 5 日起举行罢工,沪宁铁路和沪杭铁路的工人、京汉铁路长辛店的工人、京奉铁路唐山的工人相继罢工。武汉工人为了声援五四运动,普遍参加"抵制日货,提倡国货"的爱国活动,武汉工人拒绝继续为日本工厂做工,纷纷离厂举行罢工。1919 年 6 月 3 日,武汉六七万工人举行了声势浩大的罢工。6 月 10 日至 12 日,在广大店员的推动下,汉口、武昌的商人罢市。直到军阀政府释放了被捕学生,撤去曹汝霖、章宗祥、陆宗舆三个卖国贼的职务,武汉罢市才宣告胜利。

五四运动期间,中国工人阶级以巨大的声势参加了反帝爱国斗争。虽然工人的罢工是自发的,但工人阶级以自己独特的组织性和斗争的坚定性,在运动中发挥着主力军的作用,开始作为一支独立的政

---

① 参见武汉市总工会工运史研究室编《武汉工人运动史》,第 21—22 页,辽宁出版社,1987。

治力量登上了历史舞台。工人运动也逐步由经济斗争上升为政治斗争。这对中国先进分子认识工人阶级的历史作用和强大力量，接受马克思主义，并到工人群众中去开展宣传活动，促进马克思主义同中国工人运动的结合，有着重要的影响。[①] 年轻的产业工人项英，在这场反帝反封建的运动中，为工人们的爱国热情及其显示的伟大力量所激荡，他看到了工人阶级团结起来的伟大力量。

董必武（1886—1975）

1919年，董必武、陈潭秋等初具共产主义思想的知识分子开始在武汉开设工人夜校，传播马克思列宁主义，宣传反帝反封建的思想。这些对项英产生了很深的影响，使他认识到工人只有团结起来、组织起来，才能够与不合理的社会制度作斗争，才能够真正改变自己的命运。

从那时起，项英便自发地在自己所在的武昌模范大工厂中从事工人运动。起初，项英只与少数的工人交流，了解工人的心声与需求。后来，活动的范围扩展为几十个工人。在与工人的交流中，项英号召大家团结起来，努力争取自己的权益。

当时，武昌模范大工厂的工作条件十分恶劣，工人劳动强度大，工资微薄。一些工头也为虎作伥，对工人百般刁难，工人们往往敢怒不敢言。工厂中到处弥漫着不满的情绪，稍有风吹草动，便有可能卷起怒潮。项英意识到，可以利用有利的时机，动员全厂的工人罢工，提高工人的待遇。

1920年4月，项英抓住时机，成功地发动了一次罢工。当时，市场上棉布畅销，纺织机器日夜开工以满足需求。资本家加大了工人的劳动强度，却没有相应提高待遇，一些工头更是逼迫太甚。项英认为，此

① 参见中共中央党史研究室编《中国共产党历史》(上卷)，第25页，中共党史出版社，1991。

时发动罢工的时机已经成熟。如果工人罢工、机器停产,会直接影响到资本家的利润,停产的时间越长,资本家的损失也就越大。这时与资本家谈判提高工人待遇,是个绝好的时机。在项英的动员下,工人们突然停止工作,模范大工厂轰鸣的机器一下子安静下来。面对工人的罢工,资本家惊慌失措。他们万万没有想到,平时逆来顺受的工人,在这时候竟然联合起来反抗。机器每停工一天,资本家的损失就会多一天。为了防止事态扩大,资本家被迫同意与工人谈判,答应了工人的要求,给工人赔礼道歉,同意给工人增加工资,改善工作条件,并将工人痛恨的工头开除出工厂。经历此次罢工,模范大工厂工人的待遇有所提高,劳动条件有了一定的改善,工头再也不敢随意地刁难、打骂工人。

这是武汉纺织工人的第一次罢工斗争,显示了工人团结起来的强大力量。罢工的胜利,使工人扬眉吐气,感受到工人自身的巨大力量,也使工人们认识到,只有团结起来、组织起来,才能与资本家作斗争,争取自己的权益。项英领导的这次罢工,鼓舞了全厂的工人,唤醒了工人斗争的热情,他们纷纷加入工会。项英则顺势在模范大工厂组织起全厂性的工会。

这次罢工,是项英第一次亲自组织的罢工。罢工的胜利,让项英真真切切地了解到工人团结起来的力量,坚定了项英开展工人运动的信心。这场罢工斗争,也为项英组织和领导工人运动积累了初步的经验。项英迈出了为劳苦大众的权益而斗争的第一步。

1921 年 7 月 23 日,中国共产党第一次全国代表大会在上海召开。会议制定通过了《中国共产党纲领》和中国共产党的第一个决议——《关于当前实际工作的决议》(以下简称“《决议》”)。《中国共产党纲领》明确指出党的根本任务是领导无产阶级进行革命斗争,推翻资产阶级国家政权,消灭私有制,建立以公有制为基础的劳动群众当家做主的无产阶级国家,最终目标是消灭阶级和阶级差别,实现共产主义。

大会通过的《决议》,把发展工人运动作为党成立后的中心任务,强调党要加强对工人运动的领导,大力发展工会组织。《决议》指出:

本党的基本任务是成立产业工会。凡有一个以上工业部门的地方，均应组织工会；在没有大工业而只有一两个工厂的地方，可以成立比较适合于当地条件的工厂工会。①

《决议》中还提出，要成立工会研究机构，"研究产业工会组织的方法等问题"，应研究"工厂工人的方法"。"至于现存的同业工会及技术工会，则要派党员去加以改组"。为了组织和发展工会，决议还要求建立工人补习学校，以作为"组织工会的一个准备步骤"，使之成为"工人组织的中心"等。

1921年8月11日，根据一大《决议》的精神，中共中央在上海成立了中国劳动组合书记部，成为中国共产党领导工人运动的公开合法机构，也是全国工人运动的总机关和唯一领导者。中国劳动组合书记部的主要工作是：通过创办各种形式的工人学校，创办一批供工人阅读的刊物，向工人宣传马列主义，启发工人觉悟，目的在于组织工会，开展罢工斗争。

中国劳动组合书记部一建立就出版了机关报《劳动周刊》来指导工人运动。《劳动周刊》发刊词公开宣布：

我们的周刊不是营业的性质，是专门本着中国劳动组合书记部的宗旨，为劳动者说话。……希望中国工人们……都来维护这个唯一的言论机关，扩大解放全人类的声浪，促进解放全人类的事业实现。

中国劳动组合书记部成立后不久，又在北京、汉口、长沙、广州、济南设立分部，作为领导各地工人运动的机关。当年10月，中共中央派刚参加完一大的包惠僧赴武汉主持党务，组织中国劳动组合书记部长

① 中央档案馆编：《中共中央文件选集》(一)，第7页，中共中央党校出版社，1982。

江分部(不久改为武汉分部),以便在武汉地区开展工人运动。武汉分部建立后,即在武昌察院坡的时中书店建立《劳动周刊》发行部,宣传劳动组合的主张。《劳动周刊》报道了工人阶级极端低下的生活状况,揭露资本家掠夺工人剩余价值的事实,还报道了上海、武汉、广东等全国各地工人罢工斗争的情况,在工人中的影响很大,被称为教育训练劳工的最好刊物。追求真理、酷爱学习的项英成为《劳动周刊》热情的读者。项英读得很认真,为其中的革命道理所深深感动并为其中的革命热情所鼓舞,对中国共产党工人运动的主张有了一定的了解。

当时,武汉党组织的发展仅限于学生、教职员中。武汉的党团员约十余人,完全为学生、教职员,仅有一名工人出身的同志,且失业很久,与武汉各方面的工人没有任何联系。包惠僧抵达武汉后,经过一个多月的摸索,仍然没有找到组织工人的有效方法。为此,他夜里辗转反侧,难以入睡。

同年,中共中央决定在京汉铁路工人中活动,先组织三个工人俱乐部,再筹备组织工会。京汉铁路有长辛店、郑州、江岸三个总段,工人居住集中,人数甚多,是当时组织工人运动最理想的地方。长辛店的组织活动由中国劳动组合书记部北京分部负责,郑州和江岸的工作则由中国劳动组合书记部武汉分部主持。中共武汉党组织和中国劳动组合书记部武汉分部负责人包惠僧、陈潭秋等经过一段时间的工作,终于在江岸发展了林祥谦、曾玉良、杨德甫等一批工人骨干。他们一致赞成组织起来的意见,但是由于他们每日要按时上工,没有人负责联络和各处有关组织的工作,因此迫切需要一位适当的人来办理文书和联络工作。包惠僧答应给他们介

包惠僧(1894—1979)

绍一个人，却没有适当的人选。

就在包惠僧着急的时候，项英给他写了一封信。项英从其小时的同学李书渠那里了解到中国劳动组合书记部和包惠僧的一些情况，于是便冒昧地给他写信。信中，项英介绍了自己的情况，要求与他面谈有关工人运动的问题。这让包惠僧喜出望外，感到这位自称是模范大工厂的纺织工人的"不平凡"，"表现出充沛的热情与抱负"。于是他马上回信，并约请项英到当时武汉党组织机关所在地武昌黄土坡 16 号会谈。

项英准时赴约。"那天，他身穿一件皂色的棉袍，头戴一顶黑棉布的瓜皮帽，脚上穿一双油透了的钉鞋，手里拿一把雨伞，完全是乡下人的打扮，看上去不过二十岁上下的年纪。"[①]这是包惠僧到武汉后第一次接触到的青年工人。

初见面时，项英还有点拘束，但很快他就与包惠僧熟悉起来。他从自己的家世、读书到模范大工厂当学徒的情况说起。他说：

> 我自从读了《劳动周刊》，知道中国工人也要组织起来，也有工人自己的团体，我愿意从这方面来努力，我希望您指导我如何造就自己，如何参加工作。[②]

当讲到工厂把头压迫工人、剥削工人、投机倒把、损人利己的事例时，项英气愤得眼圈都红了。包惠僧发现这个小伙子不平凡，看起来像个乡下人，但有充沛的精力和远大的抱负。他鼓励了项英一番，把中国劳动组合书记部的工作任务进行了扼要的介绍，并请他为《劳动周刊》写稿；又送给项英几本书和小册子，都是新青年杂志社出版的丛书，如《两个工人的谈话》《苏俄的研究》《资本论浅说》《劳动音》之类。并约定下星期日下午 1 点再来会谈。

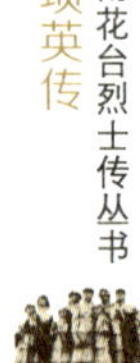

---

①②《包惠僧回忆录》，第 91 页，人民出版社，1983。

第一次的会谈竟然达到两个半小时。送项英出门后，包惠僧很高兴，心想如果各处的工人都和这个小伙子一样，工作就好做了。

包惠僧立即到徐家棚，向李书渠介绍了与项英谈话的情况。李书渠又向包惠僧介绍了项英疾恶如仇、倔强的个性，这使得包惠僧对项英更加感兴趣。

到了星期日，再与包惠僧见面时，项英显得放松了很多。他说已经把包惠僧上次给的书读完了。包惠僧提出，能否介绍一下纱、布、丝、麻四局和第一纺纱厂工人的情形，项英很直率地说：

> 我一直被关在模范大工厂里，外面的情形知道的不多，不过因为自己是个工人，知道一些工人的心理和要求，《劳动周刊》号召"我们组织起来"，"增加工资，减少工作的时间"，"提高工人的政治地位"，这都是工人的迫切要求，如何实现这个要求呢？我愿意与你们共同努力，怎样做法，我还提不出具体意见。①

从第一次谈话后，包惠僧就想把项英吸收到中国劳动组合书记部武汉分部工作，派他去筹备京汉铁路江岸工人俱乐部。经过李书渠的介绍和与项英的第二次谈话后，包惠僧确信项英是一个有思想有抱负的青年工人，就把这一想法提出来，请他考虑。项英很兴奋，毫不犹豫地答应了。包惠僧希望他先回家同他母亲商量一下。因为项英是经过三年学徒的熟练工人，抛弃这个职业，不是一件小事。项英却坚决表示自己对职业的选择有完全的自由。他说："选择职业，我完全有自由，我也没有把纺织工人作为终生事业来打算！"②从此，项英毅然决然地走上了革命道路。

江岸是京汉铁路南段的一个大的铁路地区，有车站、机务段、车辆厂、修理厂、材料厂等单位，和长辛店、郑州一样同为总段。江岸居住着

---

①《包惠僧回忆录》，第92页，人民出版社，1983。

②《包惠僧回忆录》，第93页，人民出版社，1983。

3000 多名工人，深受资本家剥削，有着很高的斗争热情。中国劳动组合书记部武汉分部决定在此建立工人俱乐部，作为武汉地区工人运动的一个重点来抓。

过了几天，包惠僧邀请江岸铁路各帮口的工人领袖杨德甫、林祥谦等座谈，商量筹建江岸工人俱乐部，并把派项英来工作的事提出来，大家都表示欢迎。经过讨论商议，确定成立京汉铁路江岸工人俱乐部筹备委员会。

党组织又把江岸铁路工人中的帮口关系向项英交代清楚，要他在工作中注意联系各帮口的领袖人物，调和帮口的冲突，再逐渐地消除帮与帮之间的矛盾。项英答应说：

> 这样的情况各工厂都有，我们在工作中注意这个问题，随时随地设法去解决这个问题，总可以大事化小，小事化无了。①

在半殖民地半封建社会的中国，早期工人的组织形式受到历史条件和社会环境以及阶级力量的制约，主要是行帮。同一行业的工人，大多按地区分属于不同的帮口。当时，京汉铁路工人中形成了许多帮口，如福建帮、广东帮、安徽帮、湖北帮、山东帮等。这些帮口之间的矛盾，严重影响着工人阶级内部的团结。在京汉铁路的江岸各厂有福建帮、湖北帮、安徽帮，势均力敌。但是在开始组织工人的时候，还不能不去考虑帮口关系，否则就很难组织起来。所以此时的工人运动既需要借助帮口已经形成的组织力量，又需要协调帮口的关系。改造帮口，团结工人，这就成为摆在组织工人运动面前的一个重要任务。项英作为一名产业工人，熟悉工人内部的情况，对于帮口之间的关系有所了解，对这样的任务充满信心。

1921 年 12 月，项英离开了武昌模范大工厂，前往江岸的工人俱乐部筹备处，开始筹备京汉铁路江岸工人俱乐部的工作。从此以后，项英

① 《包惠僧回忆录》，第 93 页，人民出版社，1983。

摆脱了模范大工厂资本家和工头的剥削，开始了职业工人运动领导者的生涯。

找到了人生奋斗目标的项英积极地投入到筹备江岸工人俱乐部的工作中。几天后，项英在包惠僧的带领下到了江岸，参加江岸铁路工人俱乐部的第二次筹备会。包惠僧在介绍项英同大家见面后，当场就决定聘请项英为工人俱乐部筹备委员会的文书。这是项英踏上革命道路后的第一个职务。项英马上就承担起会议的记录工作。会上决定正式成立江岸铁路工人俱乐部的筹备委员会，推选杨德甫、黄桂荣为筹备委员，林祥谦为财务干事，周天元为庶务干事，曾玉良为交际干事。会议以后，他们把所有关于江岸工人俱乐部的筹备事务，都交给了项英。从此项英就常驻刘家庙，同京汉铁路的工人生活在一起。

一天，林祥谦将组织工人俱乐部的要求口头报告了江岸机厂(后为江岸车辆厂)的厂长。这个厂长是法国人，对这件事情并没有大惊小怪，因为工人组织俱乐部在法国是一件极为平常的事情。这样，工人俱乐部的建立没有遇到厂方的阻挠，工人也自然地将俱乐部的活动当做是合法的活动。项英随即就将"京汉铁路江岸工人俱乐部"的大牌挂了起来。

项英热情忘我地投入到了工人俱乐部的工作中，积极地在铁路工人中宣传中国劳动组合书记部发布的《劳动法原则》等主张，启发工人意识到自己的合法权益。项英熟悉工人的生活与语言，又与他们有着相似的经历，因此宣传起来很顺利。他能说会写，富有热情，许多工人都称他为"项先生"。

当时，摆在项英面前的一个很重要的工作，就是如何协调好各个帮口之间的关系。项英熟知工人阶级内部的情况，也知道如何去开展工作。他按照劳动组合书记部武汉分部的指示精神，深入到各帮口中，深入细致地向工人们宣传革命道理。项英通过阶级教育消灭工人中的帮口成见。他耐心细致地不断向工人们宣讲：天下劳工都是一家，劳工们所受的苦难来自于资产阶级的剥削与压迫。劳工们只有团结起来，才能够与资本家作斗争，才能够求得劳工的翻身解放。现在把工友们分为各帮各派，大家因为帮派不同相互争斗、相互排挤，受益的只能是资本家。他们最乐意看到工人们涣散的局面，这样就可以更好地控制工人、剥削工人。因此，广大劳工要与资本家作斗争，就必须要放弃帮口之间的成见，联合起来汇集所有的力量。

项英的讲解深深地打动了工人，大家都认为他说得有道理。项英的宣传，调和了帮口之间的矛盾，增强了工人的阶级意识。

项英将自己宣讲的内容总结出来，在《劳动周刊》上发表了一篇文章，分析帮口问题。

> 在资本家掌握生产机关的时候，所有的工人，都压迫在奴隶般的地位，所受的痛苦，丝毫没有差别，无论哪一省的资本家对待工人，都是尽力压迫和剥削。但是我们常见许多工会或工厂中，把工友分成什么广东帮、两湖帮、三江帮、天津帮及本地帮，弄成七零八落，互相排挤、互相斗争，酿成各地工友相互不容的恶感，使资本家坐得大利。哎！这不自己杀自己吗？
>
> ……我们试想想，资本家和资本家的走狗——司员工头，为什么用省帮的关系来鼓励我们、诱惑我们呢？不正是怕我们工友团结起来反抗他们。

文章最后还说：

> 工友们！快快觉悟起来呵！打破以前错误省帮的观念，以阶级斗争的精神，争回我们应有的权利呀！①

项英与各帮口的工人领袖杨德甫、林祥谦、曾玉良也相处得很好。大家听说他是一名熟练的纺织工人，却丢弃自己熟练的工种，全身心地来为铁路工人谋福利，都很敬佩他。而工人出身的项英，也很快取得

① 项英：《省帮与阶级》，《劳动周刊》（武汉）第三期。

了工人和帮口领袖的信任支持。项英通过让这些帮口领袖作为宣传和串联的骨干，使工人知道了加入工人俱乐部的好处，了解到工人俱乐部是为工人阶级服务的，是工人自己的组织。在项英的努力下，工人俱乐部的工作自然开展得有声有色。随着项英工作的深入，工人对工人俱乐部越来越了解，要求加入工人俱乐部的也越来越多。

项英把工人俱乐部的活动办得丰富多彩，分成象棋、围棋、军棋、乒乓球、篮球、京戏、讲演等各个小组。这些活动形式活泼、内容多样，很是吸引工人，许多工人在晚上干完活都会到工人俱乐部聚会。这些活动在丰富工人业余生活的同时，也进一步密切了项英与工人之间的关系。在组织工人俱乐部的各种活动中，项英通过与工人的交谈，了解到工人的工作生活状况、所需所想，也与工人们建立了深厚的友谊。

为了对工人进行思想教育，提高他们的政治觉悟，项英还办了一个工余夜校，自任教员。项英白天和工人一起干活，晚上就教工人们识字。他不但向工人讲授文化知识，还在讲课的过程中启发工人的阶级觉悟。他告诉工人，劳苦大众并不是天生就是受苦的命，他们的苦难是帝国主义、军阀的残酷剥削压迫造成的。单个的工人是没有力量与这些恶势力作斗争的，工人们只有团结起来、组织起来，才能够改变自己当牛做马的地位。他还介绍了其他地区工人斗争的经验和历史，鼓励工人们组织起来，鼓起勇气，通过斗争争取自己应得的利益。

在夜校中读书的工人，以小工居多。小工在铁路工人中人数最多，所担任的工作量大且最为辛苦和危险，但工时最长、工资最少、地位最低、生活最没有保障。在工人没有组织起来之前，小工最为人瞧不起，经常挨打受骂。自从工人俱乐部建立以后，项英对工人的阶级教育在工人中产生了很大的影响。铁路工人中的技术工人也开始与小工称兄道弟，客气起来。小工与工匠、工务员、工程师也常在一起活动，这在无形中提高了小工的地位。因此，许多小工都积极踊跃地参加工人俱乐部的活动，支持工人俱乐部的主张。技术工人与小工的团结，表明项英对工人阶级意识的培养发挥了作用，工人之间的团结和阶级友爱得到了加强。项英通过办工余夜校将工人们很好地组织起来，成为京汉铁路工人中最为坚强的一股力量。

在丰富多彩的活动和夜校的学习中，一些工人身上的不良习气，如酗酒、赌博和吸食鸦片，得到了纠正。这些工人的家属也很高兴，认为工人俱乐部把酒鬼和赌鬼都改造好了。更为重要的是，通过各项活动和夜校的学习，提高了工人的思想觉悟和阶级意识，铁路工人中各个群体的联系不断加强，工人们日益团结，这些都为后来风起云涌的工人运动奠定了基础。

在这段时间，项英的工作是紧张忙碌而又充实的。他在名义上担任工人俱乐部的文书，实际上担任工人俱乐部的组织教育工作。他同工人水乳交融地在一起生活、工作、学习，树立了威信，也锻炼了自己的组织能力。

1922 年 1 月 22 日，京汉铁路江岸工人俱乐部在刘家庙举行成立大会。刘家庙是一个距离汉口约十五华里的一个小集镇，开会那天刚下过雪，天气阴冷、细雨连绵，道路泥泞难走，但是到会的人仍然非常踊跃。在前一天，各厂处的工人，尤其是小工，都非常踊跃地到俱乐部缴纳会费，办理登记手续。在江岸各厂处的工匠、小工没有一个不加入工人俱乐部的。全体工人中除了出勤人员以外，厂长、工程师、司员、工匠和小工都过来参会，到会的工友们不下 900 人。在项英等人的组织下，大会还邀请了许多来宾。江岸总段各厂的厂长，京汉铁路郑州、信阳、驻马店、广水各站各厂的工人代表，粤汉铁路徐家棚总站工人俱乐部的代表，汉口租界人力车夫工会的代表，汉口英美烟草公司的工人代表，李汉俊作为武汉市政督办公署总工程师，包惠僧作为中共武汉地方委员会书记和中国劳动组合书记部的代表以及《劳动周刊》的代表等，都前来参加成立大会。

会场布置在刘家庙镇的龙王庙正堂老君殿，正中有红底黑字的“劳工神圣”匾额，左右有“劳动创造世界”“机器巧夺天工”的对联。会场的大门扎有松柏枝的牌坊，牌坊上方有“庆祝京汉铁路江岸工人俱乐部成立”的横额。这些匾额、对联和条幅，吸引着许多到场的人。看到平日里被人鄙视的劳工竟然被视为“神圣”的，权势者避之而不及的

“劳动”竟被认为创造了世界，工人们既新奇又兴奋。会场内外，人山人海、气氛热烈，时有鞭炮声响起。龙王庙周围的老百姓也闻声聚集在会场，很是热闹。

上午10时左右，会议主席杨德甫宣布开会。项英报告了京汉铁路江岸工人俱乐部的筹备经过，讲述成立工人俱乐部的重要意义，以及工人俱乐部的性质、任务；作为中国劳动组合书记部代表的包惠僧作了《新文化运动与工人运动》的报告，祝贺江岸工人俱乐部正式成立，并介绍了全国各地工人组合的情况；李汉俊作了《日本劳动组合情况和中国工人组合的步骤》的报告，号召工人阶级团结起来；黄桂荣宣读了《江岸工人俱乐部组织公约》，主席将《公约》提付表决，全场一致鼓掌通过。林祥谦报告会费收入和筹备费支出的情况。大会选出了江岸工人俱乐部的主要负责人：主任干事杨德甫，副主任干事黄桂荣，秘书干事项英，财务干事林祥谦，法律顾问施洋。

大会还请现场来宾演讲。第一个被邀请演讲的是江岸车辆厂的法国厂长。这位厂长身材不高，年约40岁，他带着微笑，夹杂着英语和法语，用半生不熟的中国话作了半个小时的演讲。他先对法国和欧洲各国的工会作了简单的介绍，然后谈到中国工人组织工会的必要性，并祝贺京汉铁路江岸工人俱乐部的成立。他的讲话并没有新鲜的内容，但在客观上表明厂方支持建立工人俱乐部，这对当时发展工人运动有着良好的影响。接着，请工务厂的厂长吴国梁讲话。他本来反对工人建立工人俱乐部，但听到法国厂长的一番话，也顺水推舟地表示支持工人建立工人俱乐部，并说了些勉励的话。

在项英和其他同志的精心准备与周密计划下，京汉铁路江岸工人俱乐部成立大会得以圆满地召开。江岸工人俱乐部的成立，是武汉工人运动史上的一件大事，对武汉工人运动的发展起到了重要的推动作用。在北洋军阀统治时期，工人没有结社自由，不能公开组织工会。江岸铁路工人组织工人俱乐部，得到了厂方同意，可以公开活动，实际上起到了工会的作用，是江岸铁路工人的一个创举。这一创举离不开项英细致、周密和创造性的工作。

京汉铁路江岸段的工作开展得如此迅速、如此顺利，是党组织始料不及的。项英在其间发挥了重要的作用，包惠僧对项英的工作十分满意，他评价项英说：

> 在京汉铁路郑州以南各站各厂费了很大的努力，起了很大的作用……发挥了他发动群众与组织群众的天才。[1]

加入中国共产党

京汉铁路江岸工人俱乐部成立后，项英和工人俱乐部的成员一起，按照“保证生活、增高人格、改革习惯”的宗旨开展活动。他们积极地与厂方进行交涉和斗争，取得了一些进展：原来工人病假不发工资，改为病假 14 天以内仍发工资；赶走厕所的看守，工人上厕所不受限制了；工人出厂要搜身被废除了；工头对工人不得随意罚款了。[2] 项英为工人办实事，使工人俱乐部威信大增。京汉铁路南段工人纷纷要求加入工人俱乐部，工人俱乐部成员迅速增加。项英的工作更加繁忙，却备感欣慰，充满着热情和干劲。

工人俱乐部是工会的雏形，有了工人俱乐部，并不等于就有了工会。在京汉铁路江岸工人俱乐部成立以后，中国劳动组合书记部武汉分部自南向北发展工人俱乐部，同时也积极着手进行京汉铁路工会的筹备工作。江岸工人俱乐部发展得十分顺利和迅猛，具备了建立工会的坚实基础，但要建立工会还存在许多困难。

首先，在封建军阀的反动统治之下，工人并没有集会结社的自由。当时的法律也没有《工会法》。江岸工人俱乐部虽然已经公开活动，但

① 《包惠僧回忆录》，第 389 页，人民出版社，1983。

② 参见王辅一《项英传》，第 13—14 页，中共党史出版社，2008。

有其特殊的情势和背景。反动军阀可以随时以武力干涉或解散工人俱乐部。因而争取工人的结社集会权，是当时一个重大的政治斗争。

第二，处于工人运动初期的工人本身的阶级觉悟还有待提高，因封建意识形成的帮口严重地影响到工人的团结。京汉铁路如此，其他各条铁路也是这样，这一问题如果得不到妥当的解决，工人运动的发展就会举步维艰。

项英积极参与到对这两个问题的思考中，寻求解决的办法。

经过反复的商量，中共武汉地方委员会与中国劳动组合书记部武汉分部决定把第一个问题当做政治问题，从实际斗争中来解决工会组织合法化的问题。军阀吴佩孚在1921年曾发出"劳动立法，保护劳工"的通电，大家就抓住这一点，一切公开宣传都强调吴佩孚的这一通电，在此掩护之下，工会组织采取秘密活动的方式。至于解决第二个问题，分两步来走：第一步是联络各帮口的领袖人物，调和各个帮口的冲突。第二步是进行"工人无祖国"的阶级教育，团结工人，瓦解帮口。

在教育和组织工人方面，项英积累了丰富的经验。他在京汉铁路郑州以南各站各厂，发挥了他发动群众和组织群众的能力，同各站各厂的负责工人和活动积极分子保持了密切的联系。在他的不懈努力下，工人的帮口意识逐渐淡化，工人阶级的阶级意识和政治觉悟逐渐增强。

项英在工作中得到了工人的信任和党组织的赞誉，但他并未骄傲，而是更加辛勤地工作。项英除了工作以外就是读书。他的求知欲很强，每次到中国劳动组合书记部武汉分部的机关去，首先就是翻阅书报，如有新出版的书报，必先睹为快。江岸工人俱乐部每星期都要开会汇报工作情况。项英每次在汇报工作以外，总是要讲一讲他最近读的书和文章，谈一谈他的心得和体会。这些也加深了党组织对项英的认知和了解。通过读书和参与工人运动的实践，项英思想进步很快，他的眼界更加开阔，政治觉悟更高，对于党的认识也日益加深。项英愈来愈希望加入中国共产党，他积极地向党组织提出了入党申请。

1922年4月，在武昌胭脂山下的南陵街李汉俊家中，中共武汉党组织召开会议，讨论项英入党的问题。项英汇报了自己的基本情况，以及他对党的认识、入党的动机和态度。他的入党介绍人包惠僧、李书渠介绍了项英的主要表现，着重介绍了他在工人俱乐部工作的表现。经过大会讨论，项英光荣地加入了中国共产党。当时武汉地区党员的人数总共只有十几个，项英则成为湖北最早的产业工人党员。在这次会议上，项英对党的报告和每一位同志的发言都全神贯注地倾听并详细地做着记录。会后，他对入党介绍人包惠僧说：

> 我过了二十多年的孤独生活，对人世间的冷酷是憎恶极了，现在入了党，在今天的会议上接触了这些同志，觉得大家都充满了革命的热情，都有丰富的思想，都是精诚无间的团结，共产党人真是一种特别的人，我接触到人生光明的一面，我要做一个好共产党员。[①]

包惠僧非常欣慰，这位四个月前才接触党的工作的年轻人，已经成长为一名意志坚定的党员。会议后，项英并没有回家看他的母亲，而是直接回到江岸工人俱乐部去了。

项英的母亲夏氏，是一位能干的老人。项英在江岸工人俱乐部工作以前，总是按时回家，参加俱乐部活动以后就很少回家。母亲很不放心，就找到包惠僧，说："德隆的父亲死得早，因为家里穷，没有叫他多读书，他的世故浅，性情也有些古怪，他不同亲戚家门来往，他不肯求人，所以也没有人帮助他。听说你们介绍他到江岸教书，他教得了吗？我很不放心，他几个月没有回家了，叫他回趟家好吗?"包惠僧告诉她，项英聪明能干，书教得很好。项英的母亲听了很高兴。过了几天，包惠僧到江岸工人俱乐部见到项英后，就劝他时常回去看看母亲。项英说："我在家时是母亲照顾我，我没有照顾她老人家，她很健康，她能生产自

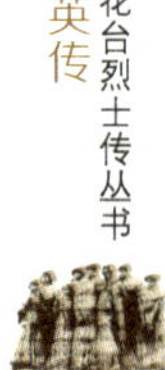

① 《包惠僧回忆录》，第390页，人民出版社，1983。

给，不需要我赡养。我出来了，她还省些事，我也忙，所以没有回去看看。”[①]项英如此干脆的回答和直白的性格，给包惠僧留下了深刻的印象：

> 他为人处事就是干脆。他对他的母亲如此，对同志、对同事、对群众也都是如此，他不回家就是不回家，他决不因他的母亲要他回家或者是我劝他回家看看他就回家。在我们讨论问题时，他总是争先发表他的意见，在处理工作时，他总是很勇敢地担当任务……他的头发经常是蓬松凌乱，衣服的扣子总不是很完全，也很难得去剃头去洗澡。他在生活方面是非常简单，始终是一个工人的本色。[②]

项英自入党之日起到1941年遇难，在19年的革命生涯中，为党的事业付出了全部精力。在不同的革命历史时期，无论担任何种工作，项英始终保持着工人阶级的本色。

---

①②《包惠僧回忆录》，第391页，人民出版社，1983。

第二章 投身工运洪流

发展武汉工运

加入中国共产党之后，项英更加忘我地投入工人运动当中。项英常驻俱乐部所在地江岸龙王庙，几乎天天与京汉铁路的工人们生活在一起，与他们交谈，灌输革命思想。在项英等人的努力下，江岸工人俱乐部发展得十分顺利和迅猛，各种活动开展得如火如荼，俱乐部在工人中的影响越来越大。许多人盛赞："工人俱乐部是工人的家"。工人们纷纷主动要求加入俱乐部，其成员增加到了3000多人。1922年五一国际劳动节，江岸工人俱乐部改名为江岸京汉铁路工人俱乐部南段总部。南段总部成为京汉铁路最大的工人团体，也是武汉地区最大的工人团体之一，对于武汉工人运动起着举足轻重的作用。

工人俱乐部南段总部先后领导工人开展了两次针锋相对的罢工斗争，并取得了胜利。

第一次斗争发生在 1922 年 6 月 1 日，矛头直指在铁路上气焰嚣张的“活阎王”。当日下午，江岸车辆厂工人黄宝成带女眷三人，由玉带门搭空车回江岸。这时候，总查票程炎和护车三等巡长姜道生前来收票。黄宝成告诉他们铁路段空车一向都是不卖票的，并向他们出示了工厂的牌号，说如果实在要票，可照乘客无票章程补票，到江岸站照补。程炎在铁路段上一贯蛮横不讲理，时常无故盘剥欺负工人，被工人们称为“活阎王”。他不由分说，就喝令铁路巡警将黄宝成用绳子捆绑起来，一脚踹向黄宝成的后背，将其踢下车。巡警们则将黄宝成一路殴打，拘押在大智门车站警务段。黄宝成告诉程炎自己是工人俱乐部的会员，要同程炎去江岸工人俱乐部讲理。程炎却叫嚣：“什么俱乐部?！我姓程的不吃那一套！老子打了、押了，看你俱乐部能把我怎么样?！”气焰极为嚣张。

黄宝成的妻子跑到江岸工人俱乐部找到项英，希望工人俱乐部能为工人做主，惩办凶手。项英听后非常气愤，立即和工人俱乐部的其他干事商议，决定为工人撑腰，打击反动路警的嚣张气焰。项英认为，这一事件关系工人俱乐部能否为工人所信任，能否存在下去。工人俱乐部必须要采取行动，一来可以教训那些敌视工人俱乐部的人，树立俱乐部的威信；二来可以提高工人的觉悟和斗争精神。项英的主张，得到工人俱乐部的干事和广大工人的坚决支持。项英连夜起草了《京汉铁路南段工人俱乐部宣言》，揭露程炎、姜道生殴打、关押黄宝成的罪行，提出要严办凶手、赔偿损失、鸣放鞭炮赔礼道歉等条件，表示：“倘或不能达到目的，我们誓不罢休，即全体停止工作，牺牲一切，和程、姜拼个死活，也在所不惜。”

项英善于借助舆论的力量。在第二天上午，工人俱乐部将《宣言》在武汉三镇广为散布，并将程炎、姜道生无故殴打和关押工人黄宝成的事件写成报道，在《汉口新闻报》上发表，获得武汉市民的普遍同情和支持。

6 日下午 3 时，项英等人召开俱乐部会议，最后形成七项决议：

（一）呈请局长将程炎撤差查办；

（二）电交通部另派稽查督坐头等客车，以便随时稽查收票员；

（三）要求局长将第三段巡长、巡警一律取消；

（四）要求局长优待工人眷属，搭坐短票车免费；

（五）请局长令撤差之程炎，由大智门放鞭直至江岸；

（六）要程炎向受辱工人及其女眷赔罪；

（七）俱乐部关于此事所用各费概令程炎赔偿。

与此同时，林祥谦等工人代表也向路局要求惩办打人凶手，火车司机随即停车抗议。项英也积极筹划罢工。

江岸车辆厂的法国厂长见事情要闹大，要求京汉铁路南段局长迅速解决工潮。路局急忙答应工人俱乐部提出的全部要求，要求路警头子带着打人凶手到工人俱乐部赔礼道歉，并撤销了程炎巡长的职务，答应工人俱乐部提出的所有要求。项英随即在江岸铁路工人俱乐部门前召开欢庆大会。广大工人听到这一消息，都迅速聚集起来，看一看平时不可一世的巡长“活阎王”是如何低头认罪的。厂方代表车务处长向工人鞠躬作揖，赔礼道歉，表示答应工人俱乐部的全部条件。一向嚣张跋扈的“活阎王”程炎和姜道生丝毫没有往日的威风，也鞠躬作揖，连连认错。工人们看到这样的场景，都欢欣鼓舞。这次斗争的胜利，大长了工人志气，让工人们实实在在地感受到了工人团结起来的巨大力量，极大地提高了工人俱乐部的威信。6月，工人俱乐部改为江岸铁路工会，项英任书记。

第二次罢工斗争发生在1922年8月6日，斗争的矛头直指京汉铁路南段工务处段长、比利时人陆登士及厂长邵步云。自陆登士到任以来，经常违反铁路上的规章制度，虐待工人、私制家具、私用厂工。招募工人时，以收受贿赂有无为标准。在处罚工人时凶狠残酷，甚至对于一些小过错也要加罚一两元钱。而厂长邵步云更是与陆登士狼狈为奸，

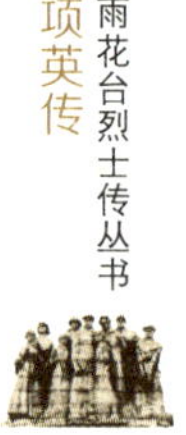

迎合陆登士的意思，处处刁难工人。陆登士无故开除加入工人俱乐部的三名工人。工人俱乐部得知以后，随即致函厂长邵步云。邵步云不仅不予答复，反而恶言辱骂工人，令厂警将厂门关闭，胁迫200余名工人停止工作。为了维护工人的

江岸铁路工会会员证章

权利，项英和工人俱乐部的其他骨干立即率领全厂千余名工人罢工反抗，并发表宣言，揭露陆登士、邵步云压迫工人的罪行，提出限三日内恢复被开除工人的工作，给工人增加工资，驱除陆、邵二人，否则将全路罢工。有了前次斗争胜利的经验，在项英的领导下，工人们意志坚定，坚决不屈从资本家的压力。看到工人如此团结，厂方被迫答应工人的全部要求，开除了陆登士、邵步云二人。罢工取得了完全胜利，工人于8月9日复工。

这次罢工不仅打击了依仗外国势力欺压工人的厂长，也打击了帝国主义分子蛮横无理的嚣张气焰，使工人感觉到俱乐部是工人之家，是工人利益的保护者。项英领导的这两次罢工斗争，大长了工人俱乐部的威信。

项英在主持江岸工人俱乐部工作的同时，1922年6月还被中共武汉党组织和中国劳动组合书记部武汉分部调到谌家矶扬子机器厂去帮助组织机械工人工会。接着又调他到汉阳钢铁厂去帮助筹建钢铁工人工会。

项英在工人运动中，意志坚定，热心为广大工人服务，密切同工人的联系，努力贯彻党组织的指示，所以他调到哪里，哪里的工人活动就容易开展，工会就很快组织起来。

同年夏季，中共武汉地方委员会随着党员人数的增加，改为武汉区执行委员会，项英为区委委员。项英在领导一些工厂建立起工会后，

便发动工人开展斗争，争取改善劳动条件。

当时，武汉地区资本家对工人运动的迅猛发展非常恐惧，便勾结军阀、湖北督军萧耀南派兵镇压，武力封闭工会，逮捕工会领导人，妄图扼杀刚兴起不久的工会组织。

正在汉阳钢铁厂筹建工会的项英清楚地知道，对军阀和资本家如不展开积极的斗争，起码的劳动条件也难以保持，工会组织更难以建立起来，即使成立了也无法存在下去。于是，他和武汉地区党组织、工会的负责人许白昊、林育南、林育英（张浩）等一起，紧紧依靠钢铁厂的7000名工人，同军阀和资本家坚决地进行斗争。他领导工会筹备机构开展多种宣传，提高工人的觉悟，识破军阀和资本家勾结镇压工会的阴谋；同时，他和工人骨干商量寻找有利的时机进行反击。

在钢铁厂，炼钢炉、炼铁炉是昼夜不停地冶炼的，如果工人一个星期不生火，钢水、铁水就会冷却在炉子里，炼钢炉、炼铁炉就有报废的危险。项英便抓住这个关键，领导汉阳钢铁厂的工人举行罢工，并且提出：要承认工会的合法地位，给工人增加工资，改善工人的劳动条件。

霎时间，炼钢的巨大熔炉停火了，炼铁的巨大熔炉也停火了。沸腾的钢水、铁水迅速降温了，不能再向外流了。

这一来可把汉阳钢铁厂的资本家吓坏了，他们担心冷却的钢水、铁水会使熔炉报废。这时，资本家表面上仍装得很强硬，勾结军阀调来军警威胁工人，要工人快点复工。可是，钢铁厂的工人在以项英为首的工会领导下，坚持罢工，表示：不答应条件，决不复工！于是，工人和厂方资本家形成了僵持的局面。一天过去了，两天过去了……直到第五天，资本家支撑不住了。为了保住炼钢炉、炼铁炉，厂方被迫答应工人提出的全部条件：允许工会存在，增加工资，改善工人的劳动条件。汉阳钢铁厂工人在提出的条件得到满足后才开始复工。汉阳钢铁厂工人罢工获胜后，项英随即将厂工会正式建立起来。

汉阳钢铁厂的罢工斗争，不仅打击了这个厂的资本家，而且使武汉的军阀和其他资本家受到震惊。汉阳钢铁厂罢工斗争的胜利，大大鼓舞了项英和广大工人的斗争热情，使工人参加工会的人数飞速增

加，武汉地区的工会像雨后春笋般地建立起来。在这以后，武汉地区建立的工人团体，都直接打出了工会的牌子。

在罢工斗争中，项英的革命觉悟日益提高，对于罢工斗争所采取的策略日益娴熟。他在工人运动中的表现，获得了党组织和工人们的赞许，成为当时最为活跃的工运领袖之一。这位工人出身、入党不久的工运先锋，由于工运成绩显著，很快在武汉地区脱颖而出，在当年7月作为武汉区的代表参加了中国共产党第二次全国代表大会。

1922年7月16日至23日，中国共产党在上海召开了第二次全国代表大会。入党不久的项英和工人领袖许白昊代表武汉区光荣地参加了中共二大。这次大会第一次明确地提出了彻底地反帝反封建的民主革命纲领，指明了中国革命和中国工人运动的前进方向。

在会上，项英以极大的政治热情，听取了关于无产阶级革命导师列宁的民族和殖民地问题理论的传达，参与了中国共产党党纲、党章以及一系列重要决议的讨论制定。会议讨论并通过了加入共产国际、工会运动与共产党等决议案，选举出党的中央执行委员会。会议通过的《中国共产党第二次全国代表大会宣言》，是根据列宁关于民族和殖民地问题的理论和中国共产党成立后对中国革命基本问题的探索，在分析革命形势和中国社会的半殖民地、半封建的性质，阐明中国革命的性质、动力和对象的基础上制定的。它不仅提出党的最高纲领是"建立劳农专政的政治，铲除私有财产制度，渐次达到一个共产主义社会"，而且确定了以彻底反对帝国主义、反对封建主义为主要内容的最低纲领。这是在中国近代史上第一次明确提出的民主革命纲领，为各民族人民指明了现阶段革命斗争的任务和方向。

会议通过的《关于"工会运动与共产党"的决议案》，是中国共产党对工会工作第一个较为全面的纲领性文件，规定了发展工人运动的各项原则和方针政策：

首先，明确了工会是工人阶级的组织，是工人阶级战斗的团体，其主要活动是同资本家和反动政府作斗争。

其次，明确了党对工会的领导作用，是“无产阶级的先锋”。

再次，明确了工会随时与国民党及其他党派合作，但只有共产党是工人的政党。

项英通过参与这个决议案的讨论，认清了中国工人运动的现状，明确了工会的性质、任务和党对工会的领导作用，对他以后在从事工人运动中贯彻党的路线、方针、政策，按照党的指示去加强工会的领导有着重要的意义。

会议通过了《中国共产党加入第三国际决议案》。第三国际又称共产国际，是各国共产党和共产主义组织的国际联合组织，总部设在莫斯科。决议案明确表示：

中国共产党决定加入第三国际，完全承认第三国际所决议的加入条件，作为国际共产党之中国支部。

项英从参加这个决议案的讨论中认识到：

无产阶级的解放事业，需要各国无产阶级的密切配合和支持；当时取得十月社会主义革命胜利的俄国，是世界无产阶级革命的大本营；由列宁创立的共产国际，在捍卫马克思列宁主义，推动国际工人运动和被压迫民族的解放运动，反对法西斯主义和帝国主义战争，促进国际共产主义运动的发展等方面都作出了重大贡献；中国共产党作为一个支部加入共产国际，就必须执行共产国际的指示和要求。

后来，项英对共产国际的各项指示执行得那样坚决、认真，同参与这个决议案的讨论有着密切关系。项英虽然是第一次到上海，但此时他顾不上在黄浦江畔、南京路上观看风光，满脑子想的是如何把工人组织起来，如何提高工人的政治地位，如何改良工人的生活待遇。为此，一定要斗争，一定要胜利，而且他坚信能取得胜利。于是，他立即乘轮船回武汉。

包惠僧在1954年的《回忆建党初期武汉劳动运动与项英烈士》一文中，专门讲到项英参加党的二大的情况：

> 他在这一次的会议中，对党有进一步的认识，他对张国焘小组织活动也很憎恶。他对党内的工人同志太少认为是个缺点。他常说："共产党是工人阶级的政党，工人成分在党中应该占一定的比重，吸收大量的进步的工人入党，是我们的一个重要任务。"①

项英从上海返回武汉后，迅速将二大的精神向中共武汉区委作了传达，并在自己的工作实践中认真加以贯彻。同年7月底，中共武汉区委为使各工会组织相互配合和支援，推动武汉工会运动的发展，决定将武汉的20多个工会组织，包括汉阳钢铁厂、扬子机器厂和江岸铁路工会及大冶钢铁厂工人俱乐部等，共3万名会员联合起来，正式建立起武汉工团联合会。它是武汉工人的统一组织，是在武汉工人运动高潮中诞生的，是全国建立最早、最大的一个地方总工会。此时，有"火炉"之称的武汉正值高温季节，项英每天汗流浃背，积极与各工会团体联系，参与重要问题的研究，为武汉工团联合会的正式成立出了大力。

项英在主持京汉铁路江岸工人俱乐部工作的同时，根据中国劳动组合书记部武汉分部的指示，于1922年9月、10月和1923年1月，领导了汉口扬子机器厂和英美烟厂工人罢工。

1922年7月2日，在项英的指导下，汉口扬子机器厂工人成立了工人俱乐部，定名为"湖北谌家矶扬子厂工人俱乐部"，订立章程七章三十一条。由于项英热心为工人服务，密切联系广大工人，工作主动性强，具有良好的组织能力和开拓能力，扬子厂工人俱乐部成立以后发

---

① 《包惠僧回忆录》，第389页，人民出版社，1983。

展迅速，会员达到七八百人。俱乐部还开设了义务学校，有义务教员，分中英文等班教授工人文化知识。在俱乐部成立之前，工厂的许多工人烟赌嗜好很深，负债累累。俱乐部成立后，大加整饬，劝导工人戒除这些不良嗜好，使工人身心受益。俱乐部还积极开展与其他工人社团的联系。

1922年9月8日，粤汉铁路武（昌）长（沙）段3000多名铁路工人举行罢工，反对该路局长王世育重用亲信，虐待工人，要求严惩工头走狗，改善工人待遇。王世育不但不答应工人的罢工条件，反而勾结反动军警进行血腥镇压，用武力封闭工会，逮捕工会领导人。项英清楚地意识到：对资本家、官府、军阀如不展开积极的斗争，工人起码的劳动条件也难以保证，工会组织更难以建立起来，即使成立也难以存在下去。

9月23日，武汉工团联合会决定以罢工行动支援粤汉铁路工人。扬子机器厂工人在项英的指导下，率先响应，向该厂经理提出了五项要求：

（一）每月发薪期，不得过十三号；
（二）辛（薪）资零数，须作大洋计算；
（三）因公受伤，不能入厂作工，须给工资；
（四）耶稣诞日和年节星期假日，须照给工资；
（五）工人以厂中所发之徽章，有乘坐轮驳的效力。

在项英的领导下，扬子机器厂工人俱乐部于25日发表《罢工宣言》，阐明罢工目的：

工人鉴于人群之被压迫，本互相之精神，故全体抵制工作，借表含冤难申之情，惟望各界仁人君子、工商界同仁共表同情，代鸣不平，援之助之，非达改良待遇不休。

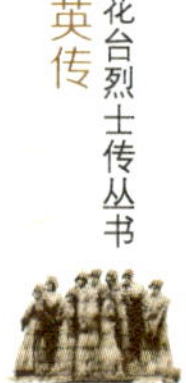

俱乐部所提出的五个条件，本属最低的要求，但扬子机器厂厂方不但坚决拒绝，还将工厂大门用铁钉封闭，派人到其他工厂另招新工，代替罢工的工人，以示与罢工工人决裂。针对资本家的顽固态度，项英和俱乐部的领导成员一起，一边揭露资本家的阴谋诡计，一边深入工人中间做深入细致的思想工作。项英反复向罢工的工人们宣传：

> 我们的罢工并不是孤立无援的，武汉各工团都与扬子机器厂有互相辅助的关系，有唇亡齿寒的观念，大家极力帮助，加入火线，与万恶的资本家决一死战……最后的胜利，一定在我们！

在项英的提议下，为声援扬子机器厂工人的罢工斗争，于 10 月 1 日向扬子机器厂厂长发出警告书。项英亲自执笔起草《警告书》，指出：

> 本会以为工界主持公道，维护权利为天职，对于执事所为，为欺负工界全体，务望执事从速改悔，承认工人条件，恢复工作，不然怙恶不悛，甘为戒首，我们团体工团，将以最后手段对付执事，愿执事为名誉计，勿犯众怒，致贻后悔也，并请于三日内答复。

粤汉铁路工人罢工斗争获得圆满胜利后，项英又在扬子机器厂工人中宣传粤汉铁路工人罢工胜利的经验："就是他们有勇敢和坚定的毅力。"因此，"我们要提起精神，努力奋斗，争回人格，宁死不屈，为扬子江工人争口气，为天下工友争口气"。经过宣传和做细致的思想工作，罢工工人们意志更加坚定，团结更加紧密，决心坚持到底，直到取得完全胜利。

10 月 4 日，京汉铁路江岸工人俱乐部南段总部、徐家棚粤汉铁路工人俱乐部、武汉轮驳工会、湖北机器工会、汉阳钢铁厂工会、汉口租界人力车夫工会、武汉纺织工会、武汉机器米厂工会等工团联合发表声明，声援扬子机器厂罢工工人，敦促厂方尽快答应罢工条件。

而恰在此时，由于工人罢工，扬子机器厂未能如期完成承造美军军舰的任务，驻汉口的美军军舰舰长向厂方提出交涉。军阀吴佩孚害怕美国人采用外交手段，于10月4日急电湖北督军萧耀南从速解决工潮。扬子机器厂厂方迫于压力，被迫接受工人提出的种种条件，于5日签订协议书。

扬子机器厂工人罢工的胜利，进一步提高了项英在工人中的威望。

1922年10月10日，武汉工团联合会改名为湖北全省工团联合会。杨德甫任主席，陈天任总干事，林育南任秘书主任，项英任组织主任，李书渠任宣传主任，李汉俊任教育主任，聘请施洋为法律顾问、包惠僧等为顾问。

在武汉许多官办商办工厂的工人为改善待遇、建立工会斗争的同时，一些外资工厂的工人也掀起了反抗野蛮虐待、维护中国工人人格的罢工怒潮。汉口英美烟厂是英国资本家开设的大型卷烟厂，总厂设在上海，汉口是分厂。该厂厂主是英国人，汉口《大汉报》1922年10月25日载文说此人“素视华人如牛马，加之管厂工头，奴颜婢膝，痛辱同胞，以博外人之欢，私用非刑，如上吊毒打、上站台、戴枷、上撑杆、涂脸等惨无人道之虐待，对于女工，尤任调戏，威迫利诱，种种侮辱，实难尽述”。该厂监工也与英国人狼狈为奸，素来残酷虐待工人，任意调戏侮辱女工。烟厂工人不满外国资本家和工头的双重压迫，曾举行多次罢工斗争，但因为缺乏组织和正确的指导而屡屡以失败告终。1922年10月16日，因为监工虐待女工，激起全体女工的罢工反抗，工人们提出增加工资、罢免监工、取消虐待、成立工会的四项条件，要求厂方答复。英国资本家不仅不予理睬，反而以取消工作权为威胁，于10月18日贴出布告：凡不愿在本厂工作者，于19日交换牌照，结清欠薪，可以离厂。全厂3000余名工人宁可失业，也不惧威胁，到时全部一齐交换牌照。英国资本家大惊失色，又以无钱发薪进行刁难。工人们毫不退让，坚持要求发给欠薪。英国资本家竟然请巡捕警察来厂弹压。外国巡捕手持皮鞭向工人乱打，并逮捕女工三人。此次罢工发生后，中国劳动组合书记部武汉分部派林育南、项英、施洋、许白昊前往领导。10月21日，罢

工女工在工厂四周开演讲会，控诉英国资本家和监工、工头侮辱女工的种种罪行。女工们的血泪控诉，引起了广大群众的同情，激起了人们对于帝国主义的愤恨。在演说中，项英还用浅显的例子，讲解资本家剥削工人的道理，号召烟厂工人团结起来。

> 团结得像铁一样，同资本家作斗争。我们要求工作八小时，打倒包工制，要增加工资，女工和男工要同工同酬，要保护童工，延长吃饭时间，病假不扣工资，反对工头打骂工人……不接受条件，我们决不上班。

会议当即通过向烟厂资本家交涉的八项条件："取消虐待工人的沈、常管厂两人及部分女工头"，"女工用往时工作法，每天加工资一角，用新法时加三角"等，并推选男工代表 26 人、女工代表 36 人组成罢工委员会，领导罢工斗争。

10 月 23 日，湖北全省工团联合会向全国各工会、各界发出《通电》，揭露该厂洋资本家和工头残酷虐待工人与侮辱女工的罪行，说明该厂工人不得已罢工的原因，呼吁该厂罢工斗争急切"待国人援助"。

为了扩大社会影响，10 月 27 日，项英、林育南、施洋、许白昊还组织英美烟厂 3000 多名工人举行声势浩大的示威游行，大量散发传单，揭露洋资本家剥削虐待中国工人的罪行，呼吁武汉各界民众：争回国民人格，体念工人困苦，赶快来援助。

第二天，林育南、项英等又以湖北全省工团联合会的名义，召集汉口租界人力车夫工会、扬子机器厂工会、汉阳钢铁厂工会、京汉铁路江岸工人俱乐部、徐家棚粤汉铁路工人俱乐部、棉花工会、水电工人俱乐部、电话工人俱乐部、汉阳兵工厂工会、武汉驳轮工会、纱厂工会等 18 个团体代表开会，一致通过援助烟厂工人罢工决议，并强调：

> 如果烟厂资本家不答应工人提出的条件，武汉各个工会将通

过捐款的形式，帮助烟厂极贫者维持生活，将罢工进行到底，直到取得胜利。

项英等人实行的多种罢工策略取得了很大的成效，极大地震慑了气焰嚣张的外国资本家。上海英美烟厂总厂害怕汉口工潮扩大，影响经济收入，特派代表到达汉口，要求湖北全省工团联合会出面调解。双方于 10 月 30 日至 31 日举行谈判，达成革退虐待工人的工头、稍加工资、承认工人组织工会等十条协议。烟厂答应工人提出的各项要求，这次罢工坚持了 13 天，取得胜利。

但是，工人复工以后，洋资本家在躲过工运最初的锋芒后，却拒不履行承诺，自食其言。不但如此，还变本加厉，无故开除罢工的工人代表，增加工作时间。一时之间，烟厂的工人愤怒了。1923 年 1 月 4 日，已经有了斗争经验的烟厂工会再次举行罢工。烟厂工会在《罢工宣言》中强烈地谴责了洋资本家违背协定的丑恶行径，号召工人们一致团结起来，与资本家战斗到底，“尤其是要与国际帝国主义英国资本家战斗”，并进一步提出了包括上次条件在内的 15 项要求，表示不达到目的，誓不复工。

林育南、项英、施洋等领导的湖北全省工团联合会，从各方面全力支持烟厂工人的罢工斗争，不仅发动武汉各工团进行声援，而且向洋资本家施加压力，迫使厂方迅速接受工人的条件。

英国资本家受到各方面的谴责，恼羞成怒，设计报复工人，佯称工厂停办，要女工、男工分别于 1 月 12 日、13 日来厂领取欠薪。当数百名女工被骗进厂时，等候在场内的武装巡捕立即出现，肆意殴打女工，受伤者达到 20 余人。英国巡捕殴打女工的暴行，激起了全厂工人的愤慨，他们重申：决心与英资本家奋斗，不达目的，誓不罢休！殴打女工事件发生后，项英等人紧急商议，于 1 月 17 日，以湖北省工团联合会的名义向英国资本家发出《最后警告书》，警告英国资本家：

不必再用欺诈手段，迅速允许工人之要求条件，否则决以敌

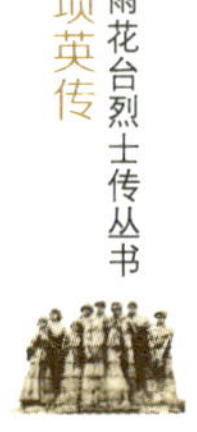

对地位，号召我国人，断绝通商关系，禁绝贵厂纸烟之目的。

英国资本家再次领教了工人团结起来的力量，出于害怕组织起来的工人阶级的力量，担心断绝通商关系带来的巨大经济损失，只得再次请求湖北全省工团联合会出面调停。湖北全省工团联合会派法律顾问施洋，以烟厂工会仲裁人的名义参与谈判。经过四次谈判，终于迫使英国资本家屈服，于1月20日签订协议，烟厂工人的罢工斗争最终取得了完全的胜利。项英等工人领袖因此进一步赢得了武汉工人阶级的崇敬。

在这以后，项英又参与领导了武汉三镇一系列的罢工斗争，几乎所有的罢工斗争都取得了胜利，有力地推动了武汉地区工人运动的蓬勃发展。到1922年12月底，加入湖北全省工团联合会的有27个工会组织，会员达4.8万人。湖北及武汉地区成为当时中国工人运动最活跃的地区之一。在一系列的罢工斗争中，项英采用了多种罢工策略，在与中外反动势力的斗争实践中积累了丰富的工运经验，成为武汉工人阶级公认的领袖之一。

在二七风暴中

京汉铁路是中国交通大动脉之一，北起北京，南至武汉，全长1000多公里。当时，北洋军阀吴佩孚非常重视这条铁路，它不仅为吴佩孚推行"武力统一"提供了交通方便，而且他每月七八十万元的军饷也来自这条铁路。中国共产党对这条铁路也很重视，许多重要领导人如李大钊、邓中夏、张国焘、陈潭秋、罗章龙、包惠僧、项英、许白昊等，都直接或间接领导了京汉铁路的工人运动，使京汉铁路工运的发展走在陇海、津浦、京奉、京绥等铁路工运的前列。

帝国主义、封建军阀对铁路工人施行了最野蛮、最专横的管理制度，把工人当做牛马一样驱使。在政治上，成长于半殖民地半封建社会的铁路工人所受的压迫是十分严重的。帝国主义和中国的封建势力相勾结，采取各种反动措施，打击新兴的铁路工人。他们不把工人当人看，随意打骂、侮辱、搜身、开除。反动政府接连制定各种压迫工人的法律和条例，禁锢工人的思想和行为。

铁路工人的劳动条件极其恶劣。外国资本的侵入，开辟了中国的劳务市场。过剩的廉价劳动力促使资本家不愿意加大投资更新和改造设备，使铁路工人用落后的设备从事着繁重的工业生产，以榨取更大利润。反动政府没有也不可能制定真正保护工人的劳动法和劳动保险条例。资本家又不肯改善劳动条件，采取最低限度的劳动保护措施。京汉铁路工人被迫在极为恶劣的条件下，从事时间长、强度大、有损健康和危害生命的劳动。当时人们盛传是铁路工人的白骨筑成了京汉铁路。

铁路工人每天至少工作十个小时，多的则达十六七个小时，而且长年累月，没有节假日，遇有事情请假要扣工资，对生病和工伤致残的一概不管。一般工人每月的工资只有六元，仅及京汉铁路局长月工资的百分之一，根本无法养家糊口。他们为了生存，迫切要求改善劳动、生活条件，获得基本的人权和自由。特别是京汉铁路工人在1921年冬陇海铁路工人罢工受挫的教训中，深感工人们必须组织起来，才能团结战斗。1922年4月，长辛店工人俱乐部首先发起筹建京汉铁路总工会的号召，得到全路广大铁路工人的欢迎，在有各站代表参加的第一次筹备会议上，确定对全路的工会组织进行统一的整理。

1922年8月初，在京汉铁路江岸工人俱乐部和郑州工人俱乐部相继成立之后，江岸以北的广水、信阳、驻马店、许昌各站的工人俱乐部也陆续成立。郑州以北、长辛店以南的十多个车站也正在发动组织工人俱乐部。为此，中国共产党在郑州第二次召开京汉铁路各基层工会负责人会议，讨论成立京汉铁路总工会的筹备事宜。张国焘、包惠僧、项英等代表中共中央出席会议，林育南、许白昊以《劳动周刊》记者的身份列席。经过三天讨论，会议决定成立京汉铁路总工会筹备委员会，由江岸铁路工会委员长杨德甫任主任委员，长辛店铁路工会委员长史文

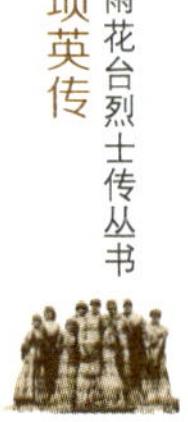

彬、郑州铁路工会委员长凌楚藩分别任副主任委员，项英任总干事，吴汝明为副总干事，具体负责筹备事宜。京汉铁路共有 16 个大站，每站有筹备委员一人。会议还起草了《京汉铁路总工会章程草案》，分发给各筹备委员带回各厂、站征集全路工人的意见。京汉铁路总工会的筹备工作相当繁重，项英把建立、扩大基层工会作为筹备工作的重点来抓。他深入到京汉铁路郑州以北、长辛店以南的琉璃河、高碑店、保定、正定、顺德、彰德、新乡等车站，消除各帮口的成见，引导工人走团结的道路，帮助工人组织起工会组织，与厂主、资本家、洋监工、绅士、军警作斗争，为工人争得了待遇，提高了工资。项英在京汉铁路全路工人中的威信也越来越高。

项英在筹备京汉铁路总工会的工作中，非常重视培养工人运动的骨干，并将其中的优秀分子介绍加入共产党，林祥谦和施洋就是项英亲自介绍入党的。

林祥谦(1892—1923)

施洋(1892—1923)

著名的工人领袖林祥谦同军阀、资本家、工头斗争坚决勇敢，对工会工作热心认真，项英就向党组织积极建议吸收其入党，使林祥谦很快被吸收到党内来。对于介绍施洋入党，项英是作了很大努力的。施洋毕业于湖北省立法政专门学校，当时任律师，信仰马克思列宁主义，积极支持工人运动，被江岸京汉铁路工人俱乐部聘为法律顾问。项英认为施洋的本质是好的，思想是进步的，就和许白昊共同介绍施洋入党。但在中共武汉区委会第一次讨论时，有的人认为施洋社会关系比较复杂，有风头主义的毛病，没能通过。在这次会后，项英一方面从政治上继续帮助施洋；另一方面，积极向党组织反映情况，认为应该看施洋的主流，对施洋的情况作客观的分析。到武汉区委会再次讨论时，终于批准施洋加入中国共产党。①

在项英和各地工会积极分子的共同努力下，京汉铁路的基层工会组织发展迅速，到 1922 年年底，江岸、广水、信阳、驻马店、郾城、许昌、郑州、新乡、彰德、顺德、正定、保定、高碑店、琉璃河、长辛店、北京等 16 个工人较多的车站，都成立了工会组织，全路其他较小的车站，也组织了工会小组，工会组织已经遍及全路，会员达 3 万多人，京汉铁路成立总工会的条件已经成熟。

1923 年 1 月 5 日，京汉铁路总工会筹备委员会在武汉召开第三次会议，项英参加了这次会议。会议认为全路工会组织已经统一，成立总工会的时机已经到来。会议决定：

> 京汉铁路总工会的领导机关设在全路的中心郑州车站。2 月 1 日在郑州召开京汉铁路总工会成立大会，遍邀各工团、各界到郑州参加典礼。

会议确定抓紧起草《京汉铁路总工会宣言》《京汉铁路总工会章程草案》等文件。项英参加了文件的起草。

项英参加起草的《京汉铁路总工会章程草案》第二条写明该会的宗旨是：

> （一）改良生活，提高地位，谋全体工人的利益，得到共同幸福；

① 参见王辅一《项英传》，第 27 页，中共党史出版社，2008。

(二) 联络感情,实行互助,化除地域界限,排解工人互相的争端;

(三) 增进知识,唤起工人的阶级自觉;

(四) 联络全国各铁路工人,组织全国铁路总工会,并与全国各业工人和世界工人建立密切的关系。

这个章程表明了工会的政治主张,它是为全体工人谋利益的,是要与全国各业工人以至全世界的工人联合起来、团结起来,因而得到广大铁路工人的拥护。

1月中旬,京汉铁路总工会的招牌已在郑州花地岗玉庆里4号总工会筹备委员会挂出。1月下旬,总工会已经开始办公,各工会代表来郑州参加典礼的来回免票已由路局发出,代表住地在郑州市中心的五洲、福昌、第一宾馆等旅舍,成立大会会场布置在郑州市中心区的一个戏园——普乐园里。一切都安排就绪,工人们欢天喜地,只等开会这一天的到来了。然而,这一天却成了共产党领导下的京汉铁路3万多工人同反动统治阶级激战的开始。

京汉铁路管理局局长赵继贤表面上同意成立总工会,几天前,他还派人给总工会送来了锦旗,表示支持。但是,他的顶头上司是北洋军阀政府直鲁豫三省巡阅使吴佩孚,吴佩孚的后台老板是英帝国主义。英帝国主义当时在中国的势力范围主要是在长江流域一带。英国人得知京汉铁路工人要成立总工会,吓得不得了,立即指使吴佩孚,要他千方百计设法阻止。

吴佩孚视京汉铁路为其命脉,主要是因为这条铁路的路款收入是其军费的大来源。从1920年到1922年年底,吴佩孚从京汉铁路就截取路款合上等白银680万两,从而为他扩军备战,一举取得第一次直奉战争的胜利创造了条件。吴佩孚不仅以"保护劳工"欺骗工人,还采取多种虚伪手段笼络工人。直奉战争后,他向京汉铁路北段工人颁发肖像奖章,延见工人代表并赠送川资等,都是企图以此抵消中国共产党在京汉铁路工人中日益增长的影响,驱使工人俯首为其军阀混战的目的服务。但是，京汉铁路工人并不受他的欺骗，仍然按照党发展工人运动的既定方针，大力进行京汉铁路总工会的筹建工作。

第二次京汉铁路总工会筹备会议后，根据公开举行总工会成立大会的决定，京汉铁路总工会筹备处曾派高斌等人赴洛阳向吴佩孚通报，说明总工会是根据约法规定人民有集会结社的自由而组织的。当时吴佩孚并没有提出反对意见，仍然装出一副伪善面孔。可是，当1922年8月长辛店铁路工人取得8月罢工的胜利以后，仅为工人增加工资一项，使吴佩孚在京汉铁路的收入每月损失6万元(长辛店工人罢工胜利的条件是，每人每月增加工资3元，京汉铁路全路工人约2万人，路局每月要多开支6万元)、每年损失72万元，因此他反对成立京汉铁路总工会是很自然的。当他得知京汉铁路总工会将在郑州举行成立大会时，大为震惊。

京汉铁路工人成立总工会的行动使军阀吴佩孚及其爪牙赵继贤和冯沄既害怕又着急。赵继贤和冯沄玩弄两面派的手法，一方面表面上答应了成立总工会的要求，另一方面由冯沄亲赴洛阳，向坐镇该处的吴佩孚口头密报郑州事态，还由赵继贤起草了一份危言耸听、造谣陷害的密电，恳求吴佩孚出面禁止在郑州举行总工会成立大会。赵继贤在这封电报中，竭尽颠倒黑白、煽风点火和出谋献策之能事。电文内容是：

据报2月1日。本路全体工人将在郑州开成立大会，各路与会者甚多。以未经地方官厅许可集会，竟敢明目张胆、聚众招摇，不特影响所及。隐患堪虞。即此目空一切，荒谬绝伦，将来群起效尤，愈演愈烈。蚩蚩愚氓，必将误蹈法网而不自知。瞻顾前途，杞忧无极，务祈麾下迅饬预为防范，切实监视。本路幸甚，地方幸甚。

1月28日，吴佩孚电令驻郑州的第十四师师长兼警备司令靳云鹗，要他对京汉铁路总工会成立大会“预为防范，设法制止”。郑州警察局局长黄殿辰拿着吴佩孚给靳云鹗的电报，到京汉铁路总工会筹委会

声称,“吴大帅有命令,禁止在郑州开总工会成立大会”。项英和筹委会成员非常气愤,跟黄殿辰据理力争,表示大会仍按计划进行。

1月30日,吴佩孚从洛阳来电,要总工会筹委会派人去谈判。筹委会立即派杨德甫、史文彬、凌楚藩、李震瀛、李焕章五名代表前去洛阳。项英等留在郑州继续为召开成立大会做准备。

五位代表从郑州到达洛阳后,吴佩孚很快就接见了。他盛气凌人地说:“京汉铁路的员工,都是我的部属,难道你们不知道我一向是视部属如子弟的吗?只要对你们有好处的事,我哪一样不同意呢?现在是民气太嚣张了,北京的学生打了教育部,据报还有人要推翻黎大总统。我是军人,我有保卫国家、维持治安的责任,我不准在我的地区内有任何骚乱,你们把各处的人都邀集到郑州开会,你们能保证这些人中没有坏人吗?我已下了命令不准开会,我还能够收回成命吗?军令如山,你们不知道吗?我准许你们成立工会,但就是不准你们开什么成立大会,免得动摇人心,招致叛乱。”

代表们以吴佩孚过去提倡的“约法”“主张”和他争论,吴佩孚冷笑说:“这些道理我还不知道吗?你们不能不顾及我的威信,我的话已经说尽了,你们若说一定非开会不可的话,那我可就没有办法了。”说完,冷笑数声,起身走了。

1月31日晚,代表们从洛阳返回郑州,立即召集筹备会负责人开会,杨德甫等向大家报告了同吴佩孚谈判的经过和吴佩孚准备武力镇压工运的信息。怎么办?是坚持按期开会,还是屈从于吴佩孚的压力?大家展开讨论,商议对策。

杨德甫认为,吴佩孚在群众的压力下,不得不承认京汉铁路工人成立工会。工会既然是合法的,工会成立大会的召开就不能不是合法的。不过,为了息事宁人,敷衍吴佩孚,照顾他的面子,成立大会的方式可以改变,项目少一点、时间短一点,早开早散,尽可能避免同军警冲突。

以凌楚藩为主的一部分人持另一种意见。他们说:“吴佩孚既准我们成立工会,又不准我们开总工会成立大会,这是自相矛盾。会期已经到了，交涉还没有办好，我们可以改期开会，或是暂缓一两天，再派人与吴佩孚交涉。”

项英对上面两种看法都不同意。他说：

> 这两种看法，表面上好像有道理，但实际上，都未能识破吴佩孚的假面具，对他抱有希望。

他认为：

> 我们不能让步，因为会期已经向全国公布，如果改变会期，必将损害工会的声誉，挫伤工人的积极性。因此，会议应如期举行。

项英还大声疾呼：

> 我以为今天是考验我们决心和力量的时候了。如果我们有决心、有力量，工会的招牌已挂出了很久，事实上已成立了，根据既定事实，来开成立大会，还有什么可说呢？！谁说一个“不”字，谁就是我们的敌人，我们就同他干。

最后他热泪盈眶地说：

> 如果不这样，我们就把工会的招牌摘下来，大家散摊，不就完了吗？

大家久积在内心的受压迫的痛苦顿时化为怒火，群情激昂，一致同意项英的意见，仍按预定计划，京汉铁路总工会成立大会如期举行。

举行京汉铁路总工会成立大会的喜讯传出后，全路工人欢欣鼓舞，都认为这是关系到工人前途命运的大事。在各地分工会的领导下，广大工人按照《京汉铁路总工会章程草案》的规定，积极投入到推选出

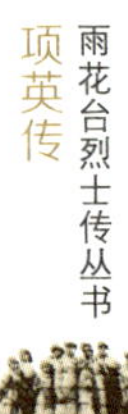

席总工会成立大会代表的活动中。他们怀着喜悦的心情，对大会寄予了深切的期望。

总工会成立大会采取合法的公开方式进行。由杨德甫、凌楚藩、李震瀛和项英等组成总工会成立大会的办事小组，全面展开了会前各项准备工作。首先向当地政府和铁路当局呈报立案，并向中国劳动组合书记总部及有关分部、各铁路与各地有关社会团体、新闻单位及学生组织等发出请柬，邀请代表参加总工会成立盛典。为了避免通知疏漏，又在北京、天津、上海、武汉和广州等地报纸上，登载《京汉铁路总工会筹备处启事》，向社会各界通告京汉铁路总工会定于1923年2月1日在郑州举行成立大会。

会议所在地郑州呈现出一派节日气氛。在郑州分工会委员长高斌的领导下，分别成立了会务组、生活组、宣传组和纠察队，担负起总工会成立大会的会务和接待工作。郑州的五洲大旅馆、大金台、万年春、福昌旅馆和第一宾馆都被租赁下来，作为与会代表和来宾的下榻处所，还向三个饭庄包定伙食，为代表们提供进膳场所。为便于工人列席听讲，把郑州最大的戏园——普乐园借下，作为总工会成立大会的会址，门前扎起松柏牌楼，内部也装饰一新。郑州车站也搭起了松柏彩门，欢迎代表与来宾光临大会。此外，还组织工人与家属扎制灯笼，为总工会成立当晚举行提灯会做好准备。全市一片喜庆欢腾景象。

1923年2月1日早晨，参加京汉铁路总工会成立大会的代表和各地来宾，都早早地起了床，准备吃过饭就去参加大会。也就在此时，吴佩孚驻郑州市第十四师和郑州警察部队，已实行全城紧急戒严。项英在1932年2月3日的《“二七”事略》一文中写道：

> 路上布满军警，特别是到会场一条大马路，有千余武装军队，梯子形横列在马路上约半里之长，妄图阻拦工人去参加会议。

项英看到这种情景，坚定地认为，会议必须开，决不能为武力所屈服。

上午8时，各地代表在五洲大旅馆门前集合，手持红旗，各社会团体来宾携带赠给大会的匾额，以军乐队为先导，整队向普乐园戏园进发。项英作为京汉铁路总工会筹委会总干事，在队伍前面指挥着，同时带领大家高呼口号：

劳工神圣！
争集会结社自由！
工人们联合起来，铲除封建军阀，打倒帝国主义！

当队伍行进到福寿街交叉路口时，戒严军警曾举枪试图阻拦。但这支由代表、来宾和工人组成的队伍是正义之师，旌旗所指，义无反顾，不为武力所屈，仍然继续前进。当行进到德化街南，队伍向右转到钱塘里，径直奔向百多米外的普乐园会场时，带领1000多名军警在那里警戒的黄殿辰顿时惊恐万状，立即下令军警横枪拦截。面对军警的武力阻挠，代表们感到无比愤慨，遂由项英、李震瀛、康景星等向黄殿辰提出严重抗议，展开辩论。

黄殿辰依恃持枪军警，只是一味威胁，双方在街心相持对峙两小时，代表和来宾更是怒不可遏。项英向黄殿辰交涉说："我们并非开全体大会。只是向总工会送匾庆贺，这是商家百姓常有的事，难道工人就不能这样做吗？"黄殿辰出示吴佩孚的电报说："吴大帅有令，禁止在这里举行总工会成立大会。今天戒严，不但不准送匾庆贺，连路也不准你们走！"项英听黄殿辰如此蛮横肆虐，当即厉声怒斥：

你们这些军阀臭官僚，不去反抗列强，剿祛兵匪，反而蹂躏人民，欺压工人，请问你们哪里还有一点正义良心？

黄殿辰理屈词穷，立命军警举枪威吓。早已愤怒难忍的康景星，解开衣襟，挺胸向前，一拍胸膛，怒声呵斥道："怕死鬼不闯阎罗殿，谁要动武，请朝这打！"一股浩然正气，逼得军警连退数步。此时施洋趋前谴责黄殿辰说："军阀无正义，强权无公理，替他们卖命者全是奴才和走狗！"军

警们听得神情木呆，项英马上振臂高呼："不自由，毋宁死，咱们向前冲啊！"

代表和来宾齐声应和，愤怒地向前猛冲，势不可当。在冲突中，所有礼品均被军警击落在路旁，数千人组成的队伍潮水般直奔普乐园。此时普乐园大门已被军警落锁，并贴上警察局的封条，工人们一拥而上，三脚两撞把门闯开，队伍拥进会场，又用凳石条把门顶住。当时在现场的中共武汉地区党组织和工会负责人包惠僧，在 1926 年所写的《二七惨案略史》中记载了当时的情况：

江岸工会总干事项德龙同志，率领数千工人，冲过了吴佩孚大军的警戒线，从枪林刀山之中走过去，启了会场的封条，工友群众及各处工人代表鱼贯而入者达五六千人。

这时，大批军警将普乐园层层包围起来。警察局长黄殿辰带领荷枪实弹的大队警察闯进会场。黄殿辰跑上主席台高声叫喊："奉巡帅令，禁止你们开会，限你们五分钟内自行解散，有反抗的，军法从事！"但是，代表和来宾们都不理会这种威胁，在"劳工万岁！""京汉铁路总工会万岁！""劳动阶级革命万岁！"等口号声中，大会主席紧急宣布开会。有关人员分别报告京汉铁路总工会的宗旨、筹备经过及与吴佩孚谈判的情形，宣布京汉铁路总工会正式成立。接着，施洋、李汉俊、包惠僧、张国焘、罗章龙等相继致词祝贺。会议选举杨德甫为总工会委员长，凌楚藩、史文彬为副委员长，项英为总干事。整个会场群情激昂，奏乐欢呼，声如雷鸣。包惠僧在回忆录中说：

军警虽然装出箭上弦刀出鞘的样子，究竟还不敢开枪。这说明吴佩孚当时对工会的手段着重在威胁利诱，还不敢以屠杀的手段来实行镇压。

项英为京汉铁路总工会成立大会胜利举行而兴奋不已，同时他也对反动军警破坏大会的罪恶行径气愤不已。他密切注视会场内外反动军警的动静,带领工人纠察队随时准备战斗,甚至流血牺牲。

吴佩孚得知京汉铁路总工会成立大会按时召开,气得暴跳如雷,大骂第十四师师长靳云鹗和警察局长黄殿辰"饭桶"之后,连下三道命令:军警占领工人所住旅店,不准工人走动交谈;所有的旅店、菜馆不准卖饭菜给工人吃,让他们饿肚子离开郑州;封闭京汉铁路总工会,砸毁匾额、礼品,没收文件、书报。

为了维护和争取工人阶级的政治权利,当天晚上,京汉铁路总工会召开党团秘密紧急会议。据罗章龙回忆,出席这次决策会议的有罗章龙、史文彬、项英、许白昊、林育南、李震瀛、吴雨铭、李求实、康景星、葛树贵等。代表们对吴佩孚的反动命令和军警的罪恶行径愤怒无比,他们决心斗争到底。紧急会议作出决定:

> 1923年2月4日举行全路总罢工;成立罢工委员会,杨德甫任罢工委员会委员长,凌楚藩、史文彬任副委员长,项英任总干事。

会议决定将罢工指挥部(总工会原班人马)由郑州移至武汉江岸。会议还根据项英的提议,研究和起草了《京汉铁路总工会全体工人罢工宣言》,提出复工的五个最低条件:

> 撤革赵继贤和冯沄,查办黄殿辰,赔偿大会损失六千元,送还一切牌匾礼物,并由郑州地方官赔礼道歉。

《罢工宣言》还明确指出,如不达上述条件,从2月4日正午起,京汉铁路全体工人将一律罢工。

会后,项英、史文彬分头召集各分会代表开紧急会议,传达总工会党团会议精神。项英在会上反复强调:

> 全路要一起行动,在罢工期内,全视总工会命令而定,我们是

为争自由作战，争人权作战，只有前进，决不后退。

会后，各地代表陆续离开郑州，项英和武汉方面的代表于当晚11时乘车南下。在列车上，项英和张国焘、包惠僧、陈潭秋、施洋等又紧张地研究了罢工事宜，并将有关事项通知了沿途各车站工会。最后项英坚定地请求："把最困难的任务交给我吧！"

京汉铁路总工会作出决定，在全路举行总同盟大罢工斗争不是偶然的，它是中国共产党领导的第一次全国工人运动高潮深入发展的必然结果，是半殖民地半封建社会主要阶级矛盾在对立斗争中尖锐化的标志。这次总同盟大罢工具有鲜明的政治色彩，因而必定产生深刻的历史意义和深远的政治影响。在项英、林育南和施洋等参与起草的《罢工宣言》中，公开指出军阀吴佩孚是武力摧残京汉铁路总工会成立大会的罪魁祸首，是"祸国殃民的军阀"。说明这时中国工人阶级已成长为民族民主革命的独立政治力量，并且英勇地为中国人民指出了打倒封建军阀的斗争方向。

1923年2月3日，京汉铁路总工会罢工委员会在江岸正式办公，它是中国共产党领导京汉铁路工人罢工的指挥中心。罢工委员会总干事项英，夜以继日地进行各项罢工的准备工作。根据总工会在郑州召开的党团紧急会议的决定，将工人纠察队改组为工人纠察团和调查队。纠察团由身材高大又会武术的罗海澄任团长、曾玉良任副团长，负责在罢工期间维持社会秩序；调查队负责探听消息、放哨和夜间巡逻。除此之外，他还将工人十人一组地组织起来，每组推选组长一人，如有急事，可在短时间内将数千名工人召集起来。项英的这些做法，对罢工的顺利进行起了重要的作用。

至2月4日上午8时，吴佩孚对京汉铁路总工会罢工委员会提出的要求仍未予答复，于是京汉铁路全线工人举行罢工。先从郑州开始，接着是长辛店、江岸，到中午12时，京汉铁路全线客货列车一律停驶，工厂一律停工。各站工人放下手里的工作，走出了车间、站台。运行的火车，在半路上停了下来，整个京汉铁路像一条僵死的长蛇，趴在地上不能动了。

在罢工开始举行的同时，由项英参加起草和印制的《京汉铁路总工会全体工人罢工宣言》《敬告旅客》《敬告本路司员》《京汉铁路总工会紧要通告》等文告，迅速在京汉铁路沿线各地张贴和流传。《敬告旅客》的文告中写道：

> 军阀官僚的摧残，工人忍无可忍，工人罢工是军阀逼出来的，希望旅客对工人的罢工给予同情，和工人一起同军阀官僚作斗争。

《敬告本路司员》的文告中写道：

> 司员与工人，名称虽然不同，有劳心与劳力之分，但都是受封建官僚和资本家压迫的，要免除痛苦和压迫，必须起来奋斗，联合一致，打倒共同的敌人。

《京汉铁路总工会紧要通告》在写明罢工的原因和理由后，号召工友们要顾及光明的罢工，保全神圣的名誉，遵守秩序和规约，表现工人真正的精神。

这些文告，反映出项英和罢工其他领导者斗争的坚定和领导的才能。在揭露军阀摧残的同时，争取旅客的同情和支持，争取司员和工人一起参加罢工，使罢工工人明确必须遵守的规约，因而赢得了社会各界的同情和支持。

京汉铁路工人大罢工受到上海、北京、湖南、安徽等地各界人士的声援和慰问。北京、天津、武汉、长沙、上海等地的多家报纸，对罢工起因和进展情况作出大量及时而详尽的报道。武汉和北京的学生走上街头，支援京汉铁路工人的罢工斗争。武汉的学生帮助工会印刷和散发罢工刊物。北京学生联合会发表了《为京汉铁路罢工言》，对工人表示了“无限的同情”，决心要尽“充分的援助”，要手挽手一致联合起来，“争夺我们共同需要的民权，摧倒我们共同痛恶的顽敌”。而对罢工消息最为欢欣鼓舞的是各地的工人，其中行动最快的是湖北全省工团联合会。他们在2月4日中午即召开紧急会议，讨论援助京汉铁路工人事宜。他们确定：

（一）发表宣言敦促京汉铁路当局早日解决；

（二）联合湖北各工团举行示威游行；

（三）联合全国劳动界总罢工。

这些活动沉重地打击了帝国主义和封建军阀。吴佩孚又急又气，暴跳如雷，下令军队开进京汉铁路各车站，包围在江岸的京汉铁路罢工指挥部；并指使湖北督军萧耀南、汉口镇守使杜锡钧、京汉铁路管理局局长赵继贤等，要他们一面派人到江岸罢工指挥部谈判复工条件，发动和平攻势，麻痹总工会领导人，另一方面派督军署参谋长张厚生，指挥武装部队占领工厂，监视工人的活动，强迫大智门车站卖票，还从工人家里捉去两名火车司机，强令他们开车。负责指挥纠察团的罢工委员会总干事项英得知后，立即派纠察团率2000余名工人，包围军警，将两名司机抢回。在和军警格斗中，纠察团五名工友又被抓去，军警以此要挟工会交出被抢回的两名司机。工人们怒不可遏，立刻包围了江岸附近张厚生的驻地，高呼："还我工友！谁破坏罢工就坚决打倒谁！"张厚生躲在军政府衙门里不敢出来，要求工会派代表去衙门里谈判。项英、张濂光、罗海澄等四人被工会推举为谈判代表。当他们走进军政府衙门时，荷枪实弹的军警在门内窜来跑去。项英连瞟都不瞟他们一眼，昂首阔步走了进去。谈判一开始，张厚生气急败坏地说："京汉铁路乃吴大帅全军的经济命脉，你胆敢唆使京汉全线2万多名工人罢工！"项英义正词严地驳斥说：

铁路工人日夜不停地干活，吃不饱，穿不暖，处于水深火热之中，挣扎在死亡线上。工人要活命，不得不罢工，这是你们逼出来的，你们必须迅速答复工人的要求！

张厚生非常恼怒，他知道项英是罢工的重要领导人，就把他和另外三名代表关押起来，并以枪毙、杀头相威胁，企图让项英下令复工。项英坚强不屈，毫不畏惧地回答："头可断，上工命令不能下！"

张厚生扣押项英等工人谈判代表的消息传开后，罢工工人的义愤犹如火山爆发，数千名罢工工人包围了汉口军政府，高呼："反对关押我们的谈判代表，立即释放我们的谈判代表！"张厚生见工人人多势众，被迫于 2 月 6 日晨将项英等四人释放出来。

为援助京汉铁路工友，2 月 5 日下午，中共武汉区委和中国劳动组合书记部武汉分部决定由湖北全省工团联合会发表宣言，宣告举行总同盟大罢工。2 月 6 日上午，陈潭秋、林育南等率领武汉各界代表和工人群众 1 万多人，组成慰问队，携带大量慰问品，前往江岸慰问罢工工人。先召开慰问大会，后举行游行示威。在慰问大会上，项英、林祥谦、施洋等发表讲话，号召工人群众义无反顾地坚持斗争到底。在数千人组成的游行队伍中，项英、林祥谦、施洋等人，同陈潭秋、林育南等中共武汉区委和中国劳动组合书记部武汉分部负责人走在最前列。游行队伍由江岸经过租界抵华界，历时两小时许，沿途又加入 3000 多人，游行队伍经过之处，商民多呼"欢迎"，巡捕岗警不敢阻拦。

罢工斗争形势的发展，使帝国主义和封建军阀十分恐慌。驻北京的各帝国主义使馆连忙召开会议，要求北京军阀政府用武力干涉工人罢工。驻汉口的英国领事，召集洋资本家和湖北督军萧耀南的代表在租界内开会，筹划用武力镇压工人罢工。唯洋人马首是瞻的吴佩孚，于 1923 年 2 月 6 日致电萧耀南和京汉铁路管理局局长赵继贤，命令军警在江岸、郑州、长辛店等地同时行动，镇压罢工工人。

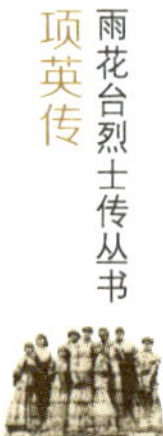

由于京汉铁路总工会设在江岸，这里便成为军阀屠杀工人的重点。张厚生用了许多诡计，企图将总工会领袖诱骗出来，一网打尽。这些都被项英等工人领袖识破。总工会提出调停谈判的先决条件 11 条，并要求对等负责，保证安全。

2 月 7 日上午，武汉学生、妇女、新闻各界又有许多代表慰问江岸工人。2月7日下午2时，张厚生率大批军警包围江岸。先是派一警官到罢工指挥部假惺惺地说："奉萧督军命令，特来请贵总工会全权代表开会谈判，如得允许，张参谋长顷即可来贵会晤谈，并拟穿便衣来，以示诚意；贵会所提几项条件，均可完全承认，惟请先将全权代表名单开来。"

项英见军警态度由蛮横强硬变得如此和缓，感到可疑，暗想这可能是张厚生使的毒辣阴谋：以谈判为名，欲将工会领袖一网打尽。于是项英警惕起来。他让警官稍等片刻，自己拿起桌子上的毛笔，立即开了一张假名单交给警官。这个警官非常高兴，装模作样地说："请代表们5点钟在工会里等着，我们准时来。"待警官离开罢工指挥部后，项英立即派人向陈潭秋、林育南等领导人报告军警的新动向，要他们到工人住宅中隐蔽。项英作为总工会谈判的全权代表，与其他数人在罢工指挥部等候，准备同张厚生等军警展开面对面的谈判斗争。可是，还不到约定的时间，萧耀南、赵继贤、张厚生等刽子手导演的假谈判真屠杀就开始了。

张厚生以为总工会重要人物已经在工会集中，即亲自指挥两营军队，全副武装，手拿绳索，分三路向工会猛扑过来，包围总工会，强行占领了罢工指挥部。项英和工人纠察团团员同仇敌忾，赤手空拳同敌人展开了生死搏斗。敌人的机枪、步枪不停地向工人扫射，大刀、刺刀向工人又砍又刺，纠察团副团长曾玉良等32人当场牺牲在工会门前，受伤的有几百人，还有大批工人被捕。曾和林祥谦打过交道的一名警官，发现林祥谦在被捕工人之中，就将他拉出来，要他下令复工。共产党员林祥谦英勇不屈，拒不答应。敌人就把他和几个火车司机一起绑到江岸车站，林祥谦被绑在月台一根电线杆上。在斗争的严峻时刻，项英率领工人纠察团约百余人，冲进了车站。当他们快扑到林祥谦的身边时，站在车站指挥的军官一声吆喝，军队再度发出冲锋的号音，一时枪声四起，弹如雨下，整个刘家庙立刻变成了战场，枪声、喊杀声、喊打声、妇孺哭泣声，混作一团。绑在电线杆上的13名工人，除林祥谦是被乱刀砍死外，其余的人都被乱枪打死在江岸车站的血泊中。反动军阀制造了震惊中外的二七惨案。当天晚上，敌人又逮捕了施洋，2月15日将他枪杀在武昌洪山脚下。项英则冒着枪林弹雨从屠杀场中奋力冲了出来，机智地穿过敌人设置的重重关卡，来到了事先约定的秘密联络点。

就在二七惨案发生的当天，中国劳动组合书记部为二七惨案发表了告全国工人书，历数军阀在长辛店、江岸等地制造惨案的详细情形，指明了工人遭受压迫的根本原因，号召工人阶级：

> 赶快化除地方的意见，化除行业的意见，把工人阶级组成一个极大极强的团体，再联合农民商界学界，同心努力，打倒大家的公共敌人军阀，建设真正的民主共和政治来代替军阀政治。

在二七惨案发生的这天夜里，项英在汉口法租界长清里熊晋槐家中，出席了包括有张国焘、林育南、杨德甫、陈天等参加的紧急会议。这次会议认真分析了形势，讨论应该采取的步骤。

张国焘在会上首先提出，为了保存实力，以图再举，现在应该退却，迅速下令复工。会上展开了激烈的争论。项英和在场的多数人都坚决反对立即复工，认为应坚持继续罢工，直到取得胜利为止。他无法压抑心中的愤慨，当面批评张国焘领导不当，说罢工既然不能抵抗武力压迫，那又为何发动罢工？如今，在武力压迫之下，又为何屈服？张国焘看到继续讨论下去无法统一思想，便以中共中央和中国劳动组合书记部总部全权代表的名义，下令立即复工。张国焘还谈到他对吴佩孚的残暴本质没有充分估计到，因而事先没有详细研究对付武力压迫的办法，现在要以最快的速度，告诉罢工工人一律复工。① 项英和其他原来持反对复工意见的多数人，见是党中央的决定，只好按照组织原则，表示服从。②会后，他们便按照分工，分头迅速传达撤销原有罢工命令，要求工人立即忍痛复工。2月9日，项英等人以京汉铁路总工会和湖北

①② 参见张国焘《我的回忆》，第271—273页，东方出版社，1998。

全省工团联合会名义发出复工命令，劝工人忍痛复工，准备再举。命令说：

> 我们的敌人既用这样大的压力对付我们，我们全体工友为保全元气以图报复起见，只好暂时忍痛复工。本会深知昨日各业工友因敌人袭击，痛哭流泪者不知凡几，切齿痛恨者不知凡几，愤不欲生者不知凡几，但本会极希望我亲爱的工友镇静忍痛，不因此灰心，不因此出厂，须知吾人此时唯有忍痛在厂工作，才有报仇之日。杀吾工界领袖林祥谦之仇誓死必报，言论出版结社罢工之自由誓死必争，军阀官僚中外资本誓死必打倒，唯其如此，所以我们忍痛复工，才有以后的种种办法。①

这次大罢工以惨案而告终，使中国工人运动遭受沉重挫折。全国各地的工会组织，除广州、安源等少数地方还可以公开活动外，大都被迫停止活动或转入地下，工人运动被迫暂时转入低潮。但是，烈士的鲜血是不会白流的，伟大的革命运动所播下的火种，将永远激励和鼓舞中国工人阶级继续斗争下去。

在这场生死大搏斗中，项英死里逃生。他在反动军队乱枪射击时，潜伏在长江边上，直到夜晚才搭一只小船到汉口法租界长清里熊晋槐的家中。并在这里建立了京汉铁路总工会联络处，与林育南、许白昊等调查工人死难情况，成立济难会，进行善后工作，秘密恢复工会组织，整顿工人队伍。京汉线的武汉、郑州、长辛店等地均成立了二七惨案善后委员会，项英和罗章龙负责这项工作。他们组织积极分子，把救济款挨家挨户送到死伤者家属手中，使得家属得到了慰藉。在十分困难的情况下，许多工人冒着生命危险，大家摊钱掩埋受害者的尸体。林祥谦烈士的尸体在江岸车站，敌人不准收尸，项英指挥积极分子冒着生命危险，转移了他的尸体。施洋烈士遇害后，地下党组织力量，将他的尸体

① 张国焘：《我的回忆》，第271—273页，东方出版社，1998。

掩埋在武昌江边的一座小庙附近，以后移葬在洪山山头。

项英将第三国际号召各国共产党和各国赤色工会募集来的经费，主要用在救济死难工人的家属与维持失业工人的生活上，他力求每一位受难工友的家属得到生活照顾，他将海内外对工友的捐赠一一送到死难烈士家属手上。在有一次看到一位工友特别困难时，他与许白昊甚至当掉了自己的衣服来进行救济。为了更好地进行二七惨案的善后工作，联络失散的工友，中共汉口地委在日租界开了一个洗衣店，原江岸分工会庶务干事周元任店主，项英负责领导。项英等以洗衣店为掩护，救济二七死难者家属和失业工人，营救被捕工友和工会干部，将失散的工人骨干队伍尽快组织起来，逐渐秘密恢复了工会组织。京汉铁路沿线各主站的工会组织虽然遭到了巨大的破坏，但许多工运领袖仍然在秘密开展活动，串联失散的工人继续斗争，为恢复工会组织积极创造条件。

二七惨案发生半个多月后，北京政府众议院议员胡鄂公、彭养光等五人，为吴佩孚、萧耀南屠杀工人事件对其提出弹劾议案。1923 年 2 月下旬，项英按党的安排来到北京，代表京汉铁路死难工人到参众两院请愿。当时，这些国会议员大多是清谈家，对于二七惨案的事实并不了解，有的说“传闻总是言过其实”，有的说“吴大帅保护劳工，说杀人恐怕有诈”。提案人胡鄂公越听越生气，愤然站起，激动地说道：

> 诸公出言蹊跷，莫非怀疑提案有假？鄙人等卷中所述，是一个从血尸中爬出的青年讲的。诸公不信，这人就在外面，可以叫他到会报告详情！

经过争辩以后，议员们终于同意门外的青年进来作报告。这位青年，就是项英。

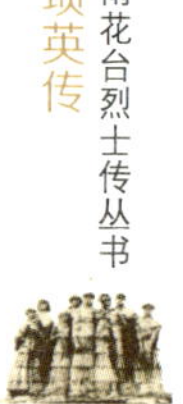

作为中国有国会以来第一位到国会作报告的普通百姓，项英一进国会，便使议员们大为震惊。项英用自己的亲身经历，在众议院作了二七工潮的报告，推动议员提出对军阀萧耀南、反动工头赵继贤的弹劾

案。虽然这样的弹劾案最终不了了之，但项英在国会的报告，揭露了吴佩孚屠杀工人的残暴行径，让世人了解到了二七大罢工的真相，也从政治上为工人争取了权利。

反动军警鉴于项英等人仍在活动，于 3 月 23 日发出通缉令，通缉项英、林育南、许白昊等 17 名工人领袖。项英冒着被捕牺牲的危险，仍顽强地坚持工作，直到党组织通知他转移。

项英先是转移到长沙，然后秘密转移到上海。

在长沙，项英见到了毛泽东。在京汉铁路总工会成立前夕，时任湖南全省工团联合会总干事的毛泽东，就曾经写信给项英。信中说：

> 当前工人运动轰轰烈烈，作为领导人要看到工人的英勇斗争精神，同时，策略要慎重，要预防敌人的镇压。①

二七惨案后，毛泽东领导湖南全省工团联合会组织援助京汉铁路委员会，连续四次通电，严厉谴责吴佩孚是"人类之公敌""万世之罪人"，呼吁全国工人阶级和劳动群众联合起来，"通申共愤，鸣鼓而攻"。项英这时与毛泽东见面，进行了长谈。他们分析了当前的形势，检讨了二七罢工的经验教训。

随后，项英离开长沙奔赴上海。在上海，他与林育南立即成立了京汉铁路总工会和湖北全省工团联合会驻沪办事处，揭露军阀残杀工人的真相，联合全国各界同胞继续同军阀作斗争。项英与林育南还主持编写了《二七工仇》，该书详细地记述了二七大罢工的英雄史实，辑录了罢工的各种文告和照片，讴歌了二七烈士的崇高革命气节，揭露了反动军阀的滔天罪行，鼓励工人阶级牢记血海深仇，把反帝反封建军阀的斗争进行到底。

1923 年 6 月 12 日，中国共产党在广州举行第三次全国代表大会。项英和来自全国各地的 30 多名代表，代表当时全党 420 名党员出席了

---

① 廖鑫初：《毛泽东与二七大罢工》，《长江日报》1982 年 2 月 9 日。

这次代表大会。项英向大会报告了二七大罢工的经过和经验教训。多数代表赞同项英的看法，认为二七大罢工虽然遭受到一些损失，但意义深远而重大。共产国际来信亦称：

> 确实说，你们的行动，是已经走到世界无产阶级的行列里了！

在那场斗争中始终战斗在第一线的年仅25岁的项英，第一次当选为中央执行委员会委员。

1923年6月，中国共产党第三次全国代表大会在广州结束后，首次当选为中共中央执行委员会委员的项英，根据党中央的指示，秘密潜回武汉，继续领导工人运动。这时的工运工作，比二七大罢工前要困难得多。二七大罢工前，吴佩孚为笼络人心，曾发表过"劳动立法，保护劳工"的通电，工人运动处于合法的地位；二七惨案后，吴佩孚撕去了假面具，公开投靠帝国主义，实行屠杀政策，严禁工人集会、结社。二七大罢工前，武汉有一批坚强的工人骨干和健全的各级工会组织，工人群众的革命积极性高涨；二七大罢工后，工人骨干大多牺牲，各级工会组织遭到严重破坏，工人运动处于低潮。面对这些困难，项英没有却步，他运用在武汉人地两熟的有利条件，深入工棚和工人居住区，耐心地做深入细致的思想工作，很快地点燃起工人们胸中的革命烈火，把一部分基层工会恢复起来。

在上海工人运动中

1923年京汉铁路工人二七斗争失败后，全国工运形势从高潮转入低潮。上海工人的罢工高潮则早于此，在1922年11月即行退潮，随后转入消沉。当时中共上海地委认识到，出现这种状况，是由于工运工作"没有钻到里面去只立在工人群众外面的，所以做几次，失败几次"。直

至 1924 年春，全市仅有工人党员八名，实难开展活动。这种情况显然与上海作为一个拥有数十万产业工人的大城市身份极不相称。

1924 年春，中共武汉党组织和工会组织遭到严重破坏，许白昊、刘伯垂、杨德甫等七人被捕，项英、林育南、李汉俊、李书渠等被通缉，原武汉区委书记李立三和区委委员项英虽然脱险，但在武汉一时难以继续工作。党组织根据当时实际情况和工作需要，调他们到上海工作。项英担任中央职工运动委员会书记，李立三任中共上海地委职工运动委员会书记，在具体分工上，李立三重点负责沪东杨树浦地区，项英负责沪西小沙渡(今西康路)地区。

当时日本在上海开办的 15 个内外棉纱厂，有 11 个在小沙渡。日本厂主对中国工人的剥削和压迫非常残酷。工人每天工作 12 小时，工资只有一角至两角，当时次等米每石十元左右，卖命一个月还换不来一石米。资本家和工头经常殴打工人，“贱种”“亡国奴”是他们辱骂中国工人的口头禅。为了防止工人反抗，厂方不许工人读书识字，禁止工人在车间内交谈。1922 年后，日本纱厂开始用养成工取代成年男工。养成工是厂方从乡下招来的女孩子，在进厂后三至六个月的养成期内，白干活不拿钱，几乎没有人身自由。日商纱厂残酷虐待中国工人，首推内外棉纱厂，手段极为残忍，主要有：

(一) 工人上工须于每晨 5 时 3 刻以前到场，倘有延迟，即不允入内，停止一日间之工作，每日工作 12 小时，稍一停息，即克扣工资。

(二) 不放工人出厂午餐，工人均携带冷饭入厂，以开水泡食，但日资本家绝不以开水供给，工人十之八九均因此生病，甚至致死。

(三) 任意调戏女工，稍有反抗即令其停工。

(四) 工人初来时，常许以高价之工资，待来厂日久，即减去原定额三分之一至二分之一。

(五) 工人误伤机器，不问理由即遭毒打，至气息仅存。

（六）工人大小便亦加以限制。每日给以牌照，每纱间仅一木牌，数百人轮流使用，以致竟有日欲小便一次犹不可得者。

（七）为谋巨利，工作较老之工人常无理开除，易以新童工或女工。

具有丰富工运工作经验的项英，深知中国工人由于受日本资本家和监工的残酷压迫与剥削，容易激发起斗争热情，因而他把工作的重点，选择在小沙渡的11个日本内外棉纱厂里。

他经常和工人们促膝谈心，向他们问贫问苦，了解他们的生活情况；揭露资本家对工人的剥削，帮助他们提高觉悟。项英曾当过多年的纺织工人，他了解纺织工人的苦难，跟纺织工人有深厚的阶级感情。他那平实的语言、浅显的道理常常能引起工人们的共鸣。“他的话都能和工人的思想相接触的，因而他讲的种种痛苦都是工人亲身经历过的，如工钱少、时间长、受打挨骂、无故开除，等等”。由于彼此间谈得很投机，项英和工人们很快就熟悉起来。不久，他结识了姜维新、王瑞安等几个工人积极分子，并经常和他们保持联系。在项英的鼓励下，姜、王等人以结拜兄弟的形式，把一批工人团结在周围，组织了工会，原来厂里一些工贼和流氓拼凑的工会很快失去群众的信任。

这段时间，项英还在中国社会主义青年团所办的沪西工人补习学校中担任教师，亲自对听课工人进行较为系统的文化和阶级教育。讲课之间，他常常满怀激情地介绍十月革命后苏联劳工当家做主以及二七大罢工中工人英勇斗争的情况，给工人们以很大的鼓舞。项英还让大家讨论：是资本家养活工人还是工人养活资本家？以此揭露资本家对工人的残酷剥削，帮助工人提高政治觉悟。当工人得知“项先生”原先也是纺织工人时，对项英更加信任和崇敬了。

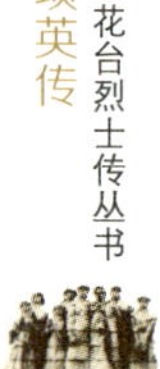

1924年夏，项英和李立三、邓中夏研究决定，在沪西工人补习学校的基础上，成立沪西工友俱乐部，以加强党对产业工人的影响，进一步团结和组织工人，准备斗争。在武汉曾组建过著名的江岸工人俱乐部的项英，义不容辞地担负起筹建之责。经他布置，嵇直、孙良惠、徐玮、

刘贯之等分头进行准备，项英自己则亲自在工人中宣传建立俱乐部的好处，鼓励工人踊跃参加。他告诉工人，“应该组织一个俱乐部，便于工人读书，交换知识，联络感情，提高文化，使工人认识剥削，认识压迫”。项英等在小沙渡路（今西康路）、槟榔路（今安远路）拐角上租得新建平房三间，两间准备作教室，一间作文娱室，门前的空地作为活动场地。项英还以教员的名义向社会募钱，用它买了一些必需的桌凳和文娱用具。一切就绪后，在 9 月 1 日举行俱乐部成立大会，与会的有 30 多人，制定了草章，项英当选为俱乐部委员会主任，孙良惠为副主任，嵇直为秘书（不久由刘华接任），刘贯之等为干事。这是中国共产党以公开合法的形式，在上海纺织工人中建立起来的第一个重要工人团体。要求是:参加俱乐部的部员，要有两个人介绍。部员保密，不得对外公开。当选委员的有刘华、顾秀、李瑞清、刘贯之等。项英在会上作了讲演并当即写下“联络感情，交换知识，互相扶助，共谋幸福”16 个大字，张贴在中堂上作为俱乐部公认的宗旨。

沪西工友俱乐部成立后，积极采用多种形式在工人中开展活动，其基本方针是通过宣传来组织工人。俱乐部最初只开办识字班和补习班，通过学文化的方式对工人进行阶级教育。项英和邓中夏、刘华、蔡和森、恽代英、杨之华等经常到俱乐部教书、演讲，利用各种机会向工人们深入浅出地宣传革命真理。由于工人入学一律不收学费，再加之教员通俗生动的讲解，后来慕名前来听课的工人越来越多。尽管按一小时一班分成几个班，教员忙得应接不暇，但仍不能满足需求。面对工友们求知的急切心理，项英决定改变宣传方法，一方面继续识字班和补习班的工作，另一方面开办讲演会、游艺会。讲演会可以在露天举行，容纳的人多，因而效果也比识字班好得多。由于宣传工作做得出色，组织工作也达到了一个新的阶段，至 1924 年年底，有 19 个纱厂建立了俱乐部的秘密组织，会员近 2000 人。

项英在举办工友俱乐部的过程中，非常重视在工人中建立党的组织。上海当时有共产党员不足百人，工人中的共产党员人数就更少。几年来的斗争实践使项英明确认识到，没有共产党去团结发动工人，斗争是很难展开的，即使开展了也很难坚持发展下去。因此，项英非常重视对俱乐部活动中积极分子的培养，他向他们讲俄国十月革命胜利的经验，讲团结工人、组织工人的办法，启发他们认清只有团结起来、坚持斗争才有出路，才能取得胜利的道理。

在工人俱乐部内，项英直接负责工人骨干的培养工作。他经常分批分组地集合骨干分子谈话、开会，耐心教育，努力提高他们的理论水平和活动能力，有些人后来被发展成为共产党员和共青团员。这样，一支坚强的工人阶级的骨干队伍便在沪西迅速形成了，其中顾正红、陶静轩、孔燕南、郭尘侠、李振西、韩阿四、王有福等，“是上海产业工人中第一批共产党员，他们后来都成为上海工人运动的中坚分子”。俱乐部成立三个月，在工人中深入进行发动和组织工作，积极分子队伍不断扩大，成员发展到七八十人，参加俱乐部活动的总人数近2000人，并在此基础上建立了共产党和青年团组织。

1925年1月，项英在上海参加了中国共产党第四次全国代表大会，并再次当选为中央执委。四大的决议明确指出：

> 工人阶级必须积极参加民族革命运动，并且要在其中取得领导地位。

根据这一精神，项英和刘华等人认真研究了俱乐部下一步的工作方向。

1925年2月2日，内外棉八厂夜班工人已劳动了11个多小时，又饿又困。粗纱间一位12岁女工支持不住，靠在车上打瞌睡。日本领班闯进车间，抬脚对她猛踢，她被踢倒在地上直呻吟。男工们见状愤愤不平，群起指责日本领班，厂方竟贴出布告将粗纱间夜班的50名男工全部开除。工人被激怒了，粗纱间日班男工首先罢工，表示坚决与夜班工友同进退。

当时项英刚参加完中国共产党在上海召开的第四次全国代表大会，他得知这一消息后，立即向党中央作了汇报。党中央决定因势利导，组织工人举行罢工斗争，回击日本资本家虐待中国工人的残暴行

径。党中央对这次罢工十分重视，决定成立罢工委员会来领导罢工斗争，主要成员有李立三、邓中夏、项英、刘华、杨之华等。

由于这次罢工是以沪西工友俱乐部的名义出面组织的，所以罢工前的大量宣传和组织工作都落到项英身上。党中央作出决定后，项英立即回到沪西，召集日商纱厂工人骨干开会，具体研究和部署罢工事宜。上海老工人蒋自强、许维之在回忆录《项英同志与上海二月罢工》中说：

> 那时，项英同志忙得日夜不停，冒着风雪和同志们一起四处寻找罢工工人集合的合适场所；他深入到工厂工人中进行宣传鼓动和周密部署罢工；他反复和工人骨干一起商讨向日本资本家提出的各项条件……
>
> 为了组织罢工，项英把全部身心都扑了上去。

俱乐部为避开帝国主义的直接镇压，从公共租界迁到浜北潭子湾领导罢工。1925 年 2 月 4 日，各厂罢工条件基本成熟，遂以俱乐部名义向日本资本家提出六项条件：

> （一）不准打人；
> （二）按照每人工钱加给十分之一，不得无故克扣；
> （三）恢复八厂被开除之工友；
> （四）两星期发一次工资，不得延期；
> （五）罢工期间的工钱厂方照常发给；
> （六）不得无故开除工人。

在项英等人的热情鼓励下，工人们精神振奋，斗志昂扬，恨不得立即罢工，同日本资本家斗争到底。项英劝说工人们忍耐到 2 月 9 日下午再举行罢工。因为他考虑到：小沙渡地区的各个日本纱厂都是每月 8 日和 9 日这两天发工资，当时工人生活很苦，都靠微薄的工资来维持生活；如果领不到工资，全家老小的生活就没有着落，罢工就无法进行，即使罢了工，也难以坚持下去。

1925年2月9日下午4时，雪后初晴，日商内外棉五、七、八、十二厂的万余名工人，怀着对日本资本家的强烈愤恨，在交接班时，趁日本资本家毫无准备的时候，在一片“摇班呀”“摇班啦”的喊声中，纷纷关闭机器，涌出厂门。工友们一面跑着一面高呼“不准东洋老板打人”“不准东洋老板无故开除工人”的口号，到潭子湾沪西工友俱乐部前的空地上集会，宣布实行同盟总罢工。项英与邓中夏、李立三等人也亲临第一线指挥斗争。

“反对东洋人打人”的白布大旗悬挂在会场中央，这个口号喊出了广大工人长期积压在内心的痛苦和反抗精神，成为二月罢工的嘹亮号角。

刘华宣布罢工大会开始，接着项英代表沪西工友俱乐部讲话。他那激昂慷慨有力的声音，赢得了全场近万名工人的热烈掌声和欢呼声。

李立三、邓中夏等也先后发表了讲话。会上，根据党中央的指示，并经过俱乐部骨干的酝酿，宣布内外棉纱厂工会正式成立，由刘华任委员长。刘华宣布：“日纱厂工人总同盟罢工开始！”“拥护工会！”“听工会的命令！”“我们要同东洋老板斗争到底！”的口号一阵阵此起彼伏，如声声春雷，震动着沪西大地。到2月12日，内外棉11个厂1.5万名工人全部参加了罢工。到2月18日，参加罢工的有22家日本纱厂，3.5万多名工人。项英为罢工的不断扩大和初步胜利感到高兴，更为如何把罢工更进一步地引向深入，取得更大的最终的胜利而深深地思索着。他对骨干们说：

> 这次反帝大罢工，是对日本帝国主义势力的沉重打击，也是对其他帝国主义势力的重大威慑，只有坚持斗争，才能取得最后胜利。

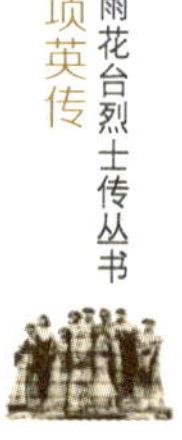

这次沪西二月罢工，每天使日本内外棉纱厂损失达25万多元，给日商资本家以沉重打击。日本《大阪金融》惊呼：上海二月罢工是“整个

日本纺织业之生死问题”。开始，日商资本家想用金钱诱骗工人停止罢工，结果被项英等罢工领导人识破，没有得逞。于是，日商资本家又勾结军阀政府派军警搜查沪西工友俱乐部，封闭一些纱厂工会，还逮捕了罢工领导人之一邓中夏，企图用武力胁迫工人停止罢工。面对敌人破坏罢工的严峻形势，项英根据二七大罢工的经验，在和罢工委员会其他领导人研究后决定，在内外棉各厂建立工人纠察队，负责传递消息，维持秩序，防止坏人破坏罢工；派骨干到上海一些大学动员学生组成演讲团，开展罢工的宣传活动；深入车间、家庭，向工人宣传团结一致、行动一致的重要性，鼓励工人坚持斗争，争取胜利；向上海各学校和社会团体宣传工人为什么要罢工，揭露洋人虐待中国工人的暴行，争取社会各方面人士的同情和支持，并募集救济金，以支持罢工工人取得最后胜利。

随着上述各项工作的有效开展，各纱厂工人情绪高涨，坚持罢工；社会各界支持工人罢工斗争的呼声也越来越高。日本资本家担心沪西纱厂罢工会引起全上海的反日运动，不得不请求上海总商会出面调停。3 月 1 日，日本资本家被迫接受了工人提出的“不许无故打人、不许无故开除工人、厂方要按照工作量增加工资”等主要条件，淞沪警察厅也被迫释放了邓中夏。二月罢工取得了完全的胜利。

罢工斗争的胜利，使工人们看到了组织起来的力量，更加信赖工会、拥护工会，纷纷要求加入工会。几天之内，小沙渡地区的工会会员由 1000 人增加到 6000 人。

中共中央根据上海各界基层工会迅速发展的形势，指示中共上海地方委员会筹建上海纱厂总工会。3 月 8 日，100 多名工人代表齐聚沪西工友俱乐部，讨论成立纱厂总工会问题。项英、刘华出席了会议，并要求与会代表用“团结就是力量”的口号，争取更多的工友加入工会。3 月 12 日，李立三又在沪西工友俱乐部召开纱厂工会负责人会议，进一步讨论如何加强工会组织的问题。会上，一致推选项英负责筹建上海纱厂总工会。项英发挥其组织工作的经验和才干，广泛联系各纱厂工会，使工会组织迅速扩大，到 4 月初，不但上海日商纱厂（浦东除外）工人全部参加了工会，上海麻纱厂、丝厂的绝大部分工人也参加了工会，会员达万余人。

上海日商纱厂工人二月罢工，是中国共产党领导的一次大规模的反帝爱国运动，是中国民族解放历史上光辉的一页。它是中国工人运动从1923年二七惨案后的低潮走向复兴期的重要标志。

项英领导的二月罢工的胜利，大大提高了党在上海工人中的威信，并为尔后的五卅运动做了组织上的准备。

二月同盟罢工后，日本资本家一面被迫签订协议，一面通过日本驻沪领事致函淞沪警察厅，要求对工人罢工严加取缔。1925年4月至5月，纱市清淡，日商趁机开除工人，取缔工会。5月7日，上海日商纺织同业工会撕毁协议，各厂日商继续打骂和开除工人，参加二月罢工的工人骨干几乎全部被开除。资本家启用新招来的女工，借以打击工会势力，取缔工会。

5月10日，沪西纺织工会召开工会干部和罢工工人代表会议。项英、刘华认为，市场棉价高、纱价低，日商正阴谋关厂，如果大罢工，就会中圈套。要求大家采取怠工和轮流罢工的方式斗争。第二天，内外棉三、四、十五厂的工人暂停罢工。日本资本家见工人无条件复工，又借故大批开除工会活动分子。内外棉各厂被开除31人。十二厂(今上棉二厂)工会推出代表与厂方交涉，厂方勾结公共租界巡捕房将代表抓走，十二厂工人以罢工反抗。靠十二厂供应棉纱的七厂(织布厂)工人坚持上工，加重对日本资本家的压力，支援十二厂工人的斗争。

5月14日，日商内外棉十二厂的工人在忍无可忍的情况下率先举行罢工。日本资本家趁机将十二厂和七厂关闭。15日，七厂几百名早班工人因厂方未通知停业，照常去上班，但工厂铁门紧闭，并有武装巡捕对工人进行威胁。工人们气愤至极，撞开铁门，一拥而进。毫无人性的日本资本家竟命令巡捕向工人开枪，打死共产党员、工人顾正红，打伤工人10多名。这一罪恶暴行，激起了上海工人、学生和其他广大人民群众的无比愤慨。

为扩大罢工斗争的影响，动员全市广大人民群众参加反帝斗争，

中共上海地方委员会还决定举行全市规模的追悼顾正红大会。项英又四处联络，积极参与追悼会的筹备工作。24 日，有 1 万多名纱厂工人参加的追悼顾正红大会在潭子湾举行。公祭以后，恽代英、向警予、项英、杨之华分别向群众发表演说，鼓励工人群众团结一致，坚持罢工斗争，为烈士雪耻报仇。他们激动人心的讲演极大地鼓舞了工人群众，会场不断爆发出"誓为顾正红报仇""打倒帝国主义"的口号声。这次空前规模的追悼大会成了进一步动员上海人民反对帝国主义的誓师大会。

顾正红(1905—1925)

5 月 30 日，上海各校学生 3000 多人，到租界抗议帝国主义的暴行。英国巡捕竟丧心病狂地向赤手空拳的学生开枪射击，当场打死大学生 13 人，打伤数十人，制造了震惊全国的五卅惨案。上海各界群众十分愤怒，迅速举行以罢工、罢课、罢市为内容的"三罢"斗争，全国人民纷纷以各种方式支持上海人民的"三罢"斗争，形成了全国规模的反帝爱国的五卅运动。

五卅运动爆发前，项英于 5 月 1 日至 9 日赴广州参加第二次全国劳动大会，当选为中华全国总工会执行委员。此后，从二次劳大到五次劳大，项英一直为中华全国总工会执行委员。

项英在二次劳大会后被调离上海重回武汉工作。正当他在武汉发动工人举行罢工来声援上海五卅运动时，党中央通知他立即离开武汉，速去上海参与领导罢工斗争。

项英到达上海后，除参与上海市总工会的领导工作外(上海市总工会委员长李立三，总务科长刘少奇)，还担任了上海总工会第四办事处主任的工作。

在中共上海地委的领导下，内外棉各纱厂一致行动，开展斗争。项英全力以赴，指导纱厂工会派代表到学校各团体中宣传，组织数百工人到各处散发宣言、传单。

第四办事处设在小沙渡潭子湾地区，为了适应罢工斗争的需要，项英在小沙渡地区很快组织起800多人的工人纠察队，用木棒武装起来，负责维持罢工秩序，很有威慑作用，使工人壮胆，坏人胆怯，对罢工的持续进行起到了很重要的作用。

当时任上海总工会第四办事处秘书主任的张维桢，在1980年出版的回忆录中说：

> 正当大家情绪高涨，斗志昂扬地坚持罢工的时候，日本资本家以重金买通了上海的青帮头目、大流氓顾雪桥，让顾以族长的名义，私了顾正红被杀案，进而破坏五卅运动。项英获悉这一情报后，立即派第四办事处秘书主任张维桢，带领40名纠察队员将顾揪到第四办事处。项英狠狠地教训了顾雪桥一顿，让他写了悔过书，找了铺保，保证不再搞出卖工人的勾当，才放他回去。这件事，对当时那些形形色色从事破坏罢工的人是一个最实际、最有力的警告，从而挫败了帝国主义者妄图分化瓦解工人阶级队伍的阴谋。

1925年8月20日，值五卅大罢工的收缩阶段，集36个纱厂工会、12万名会员的上海纱厂总工会正式成立，由项英出任委员长。纱厂总工会是上海市总工会领导下的人数最多、力量最强的组织。它在项英的直接主持下，步调一致地与各厂资方展开复工谈判和其他一系列斗争，并取得了相当的成果。这一时期，由于项英在工作上足智多谋，因而享有“小诸葛”之称。

当年8月下旬，在工人们提出的各项要求基本上得到满足后，各业罢工工人陆续复工。从二月罢工到五卅运动，项英一直活动在基层，在第一线指挥工人斗争。同年9月，北洋军阀张宗昌以武力封闭了上海市总工会，通缉李立三等工会领导人。上海市总工会由公开活动转入秘密活动，李立三被迫离开上海，项英和汪寿华（即何松林）共同担负起了上海市总工会的领导之责。

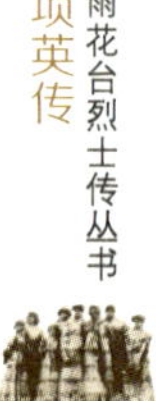

从筹建沪西工友俱乐部到五卅运动，项英一直置身于基层工人之中，亲自指导上海工人阶级的斗争。此间，他付出了艰辛的努力，亦取得了瞩目的成就。1926 年 9 月，项英奉调返回武汉。

在大革命洪流中

此时的武汉，正处于大革命洪流中。在北伐战争胜利进军、兵临武昌城下的大好形势下，项英与林育南、李立三等奉命来到武汉开展工人运动。1926 年 9 月 17 日，中华全国总工会在武汉建立了汉口办事处，负责领导湖北、安徽、四川、河南等省的工人运动。10 月 21 日，中华全国总工会秘书长刘少奇也来到武汉，指导湖北工人运动。在大革命的洪流中，项英与他的战友们一起，为中国工人运动又建树了新的历史丰碑。

此时，从广东兴师的北伐军，在株洲、长沙、汀泗桥、贺胜桥等地歼灭军阀吴佩孚的主力以后，于 9 月 6 日占领汉阳。吴佩孚像惊弓之鸟，放弃汉口，带着残兵败将向北逃跑。项英组织武汉工人到汉阳慰劳北伐军，并组织工人迅速修复浮桥，准备好船只，迎接北伐军。7 日，北伐军占领汉口。项英立即抓住革命形势迅速发展的有利时机，积极进行基层党组织和基层工会组织的恢复建立工作。

同年 9 月 14 日，即北伐军攻占汉口后一个星期，项英和许白昊等 100 多个工会的代表，同北伐军总司令部、总政治部等单位的代表一起举行恳谈会。参加恳谈会的代表有 400 余人。会场悬挂着“工人是世界的创造者”“一切归工人阶级所有”等大幅标语。

项英与工会方面着重就惩办工贼、恢复工会组织和工厂开工生产等方面发表了意见，北伐军方面着重就恢复生产、振兴经济、解决军需供应等方面发表了意见。项英在会上发言时认为：

工厂长期不开工，经济就不会景气，商业就无法复苏，工人生活也就难以维持;而对破坏工人运动的工贼如不加惩办,则不足以平民愤,基层工会组织也就难以恢复。

这次恳谈会决定了三项议案:一是惩办工贼,二是催促各工厂从速开工,三是组织湖北省总工会。其中,第一、二两项,由北伐军总政治部负责办理;第三项,由各工会负责进行。恳谈会还通过了《惩办工贼》《各停工工厂定期开工》等提案。

会后不久,经项英和工会方面的力争,北伐军总政治部终将向吴佩孚军阀部队告密导致若干工人领袖惨遭杀害的工贼郭聘帛捉拿归案,并迅速判处其死刑,广大工人拍手称快。

项英之所以坚持要惩办工贼,这涉及争夺工会领导权的问题。像工贼郭聘帛,既有国民党的党籍,又为军阀吴佩孚服务,作恶多端,对其予以严惩,就扩大了中国共产党的影响,大长了革命工会的志气,大灭了黄色工会和反动工会的威风。

当时,北伐军对武昌久攻不下。守武昌城的刘玉春部是北洋军阀吴佩孚的嫡系部队,他们凭借着坚固的城防工事及帝国主义的火力支援,负隅顽抗。他们将雨伞点燃后投向城外,将城墙附近的民居全部烧毁,还在城内大肆捕杀共产党人和革命群众。北伐军围困武昌城前后达 40 余日。

项英到达武汉后,和党组织、工会的其他领导人一起,把配合北伐军作战作为党组织和工会的首要任务。项英积极寻找关系,通过他们向守城的北洋军阀军队开展宣传攻势,晓以利害,扰乱其军心,瓦解其斗志。在夺取武昌的战斗处于相持阶段时,项英组织武汉工人用各种方式支援北伐军。湖北全省工团联合会和武汉工人代表,组织工人在武昌的通湘门附近挖掘作战坑道,配合北伐军攻城。在项英的组织下,兵工厂的工人开展了反对吴佩孚的罢工,使军阀军队缺枪少弹;铁路工人也举行罢工,使敌军需运输瘫痪,他们开辟通路,将火车车辆交给北伐军使用。这些都对北伐军 10 月 10 日攻克武昌,全歼守敌,基本消灭吴佩孚的反动军队起了有力的配合作用。

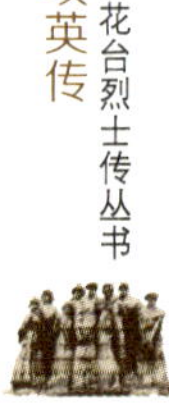

随着北伐战争的胜利进行，湖北和武汉地区革命形势的好转，湖北全省的工人运动迅猛发展，湖北省总工会在北伐军攻克武昌的当天即正式建立起来，由向忠发任委员长，李立三、刘少奇、项英任副委员长，许白昊任秘书长；项英还兼任总工会的中共党团书记。他和其他领导人一起，不分昼夜地开展工作，迅速地把湖北全省的基层工会恢复与建立起来，把产业工人和手工业工人都组织在工会的范围内，全省达 50 万之众，仅在武汉地区的工会会员就有 28 万，形成了强大的革命政治力量。

1926 年 10 月，北伐军攻克武汉，武汉各界热烈欢迎国民革命军的情形

北伐军攻占武昌后，连同汉口、汉阳在内的武汉三镇，都披上了革命的新装。国民政府的青天白日满地红的旗帜到处可见，革命的标语到处张贴，革命团体纷纷涌现，工人、学生经常在街头宣传，商店陆续开业，工厂陆续开工，人们为北伐的胜利而兴高采烈。为了支持北伐军，项英和陈潭秋、许白昊、林育南、李立三等一起，动员各工厂工人迅速恢复生产，恢复和建立基层工会组织。尽管工作很辛苦，但项英却有说不出的高兴。项英的家就在武昌，虽然已经阔别母亲很久了，但忙碌的他

却顾不上去看望一下母亲，日夜奋战在最前线。

在这段时间，他首先从抓统一工人组织着手，为湖北省总工会的成立创造了有利条件。项英由沪返汉时，武汉工人运动在北伐战争的推动下空前活跃，各级工会组织迅速恢复和发展。仅 1926 年 9 月上旬，已恢复的工会组织就有 30 多个，还建立了一批新的工会组织。为了统一武汉工人阶级的力量，9 月 14 日，项英与许白昊主持召开武汉各工会代表会，决议将武汉工人代表会改为武汉总工会。

随着北伐军的顺利进军，全国工人运动的蓬勃发展，1926 年 9 月 17 日，中华全国总工会在汉口友谊街 2 号设立办事处，办事处主任为李立三，秘书长为刘少奇，项英任宣传部长。在他们的领导下，武汉工人运动进一步高涨。9 月 21 日，在李立三的主持下，中华全国总工会汉口办事处和武汉总工会召集武汉各工会代表会议，参加这次会议的代表 94 人。会议讨论了工会组织原则和工会工作方针，决定成立湖北省总工会筹备委员会。

10 月 10 日，湖北省总工会正式成立。省总工会下设武昌、汉阳、硚口三个办事处和工人纠察队，项英等先后任纠察队队长。从此，湖北工人阶级有了自己公开的战斗司令部。武汉工人阶级的队伍因此也进一步团结、壮大起来，不仅产业工人，而且自邮务、印刷、纱厂、银行职员直到店员、手工业工人，都举行罢工斗争。据统计，1926 年 10 月至 12 月，湖北省总工会指导了 150 个工会以上的经济斗争。这些斗争虽然以经济斗争为主，但斗争矛头主要指向帝国主义和封建主义，而且斗争的规模和革命精神都是空前的。例如，1926 年 11 月 30 日开始的汉口英美烟厂工人罢工和 11 月 20 日日本人雇佣之中国工人的罢工，分别向英、日资本家提出了增加工资、改善待遇、厂方增加工人须由工会介绍、开除工人须得到工会同意等要求和条件。1926 年 12 月 6 日，武汉洋务总工会还向日领事提出了要尊重中国工人的人格等要求。这些罢工斗争均取得胜利，所提条件基本得到满足，更促进了工会组织和工人运动的发展，到 1926 年 12 月上旬，武汉基层工会组织发展到 200 个以上，会员达 30 万人。这些成就，自然都凝结着项英的心血。

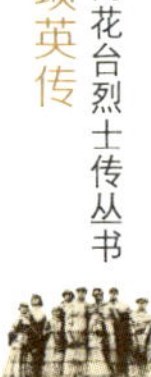

根据中共中央特别会议的决议，同年 12 月，项英还参加了中共湖北区委(党的五大后改为省委)的领导工作，负责组织工作。

湖北省总工会成立后，为了适应斗争的需要，在项英的支持下，设立了武汉工人纠察队。项英十分重视纠察队的组建。在组织纠察队时，他挑选单身、做工两年以上、具有小学文化程度的工人，在纠察队总部下设两个大队和一个女生直属队。每个大队下设三个小队，小队下设区队。武汉工人纠察队相当于一个团的兵力，大队相当于连，区队相当于排。工人纠察队成立初期，有 2000 余人，队员都拿着木棒。项英通过多方渠道，为工人纠察队配备武器。这些武器，一部分是发动汉阳兵工厂的工人自己制造的，一部分是叶挺的二十四师提供的。纠察队队员多时发展到 5000 余人，有枪 2000 多支。项英还亲自担任工人纠察队的队长，亲自指挥这支武装，负责武汉重要地区的巡逻警戒，保卫北伐的成果。在组建和领导工人纠察队的过程中，叶挺给予了大力的支持，项英与叶挺的接触也较多，结下了共同战斗的友情。

为了培养工人纠察队骨干，在项英的支持下，湖北省总工会工人纠察队训练班在汉口血花世界举行开学典礼。项英还亲自召集纠察队各级队长联席会议，布置纠察队防线等问题。

武汉工人纠察队成立后，在汉口、武昌、汉阳等地和一些工厂的青少年中建立了劳动童子团。为了适应形势发展的需要，湖北省总工会决定成立劳动童子团总队，统一领导全市的基层劳动童子团组织。1927 年 2 月，湖北省总工会劳动童子团总队在省总工会院内召开成立大会。项英还到会祝贺并讲了话。为了巩固童子团的组织，提高童子团干部的阶级觉悟，省总工会举办了童子团训练班，项英也亲自为训练班讲课。劳动童子团员穿黄色军式制服，脖子上围着鲜红的布巾，执行任务时手里拿着木棒，和纠察队的队员们，为维护社会治安、逮捕工贼、支持革命等各方面做出了贡献。

工人运动的蓬勃发展，迫切需要大批工会干部。刘少奇、李立三、林育南、项英等非常重视对职工进行思想政治教育，注意培训工运骨干。项英在任全国总工会汉口办事处宣传部长时，就开始筹办工人运动讲习所(以下简称“工讲所”)。湖北省总工会成立后,即在武昌、汉口正式开办。1926年冬,第一期工讲所学员毕业后,又于1927年1月开办了工讲所速成班。工人运动讲习所开设工会组织工作、工会经济问题、经济学浅说、社会主义浅说、中国民族运动史、工会应用文、三民主义、国民党农工政策、工人教育工作、中国国民党史等10门课程。项英是工人运动讲习所的兼职教员,“工人教育工作”便是由他主讲。应聘到这里来讲课的还有刘少奇、李立三、林育南、董必武、恽代英、陈潭秋、许白昊、詹大悲、张国焘等。学员毕业后,由省总工会统一分往武汉各工会及附近的县担任工人运动的领导工作。这些学员在各地发挥了骨干作用,“成绩斐然”。3月中旬,讲习所又招收学员340名,根据形势的发展,增加了军事训练课。工讲所呈请武汉国民政府拨给枪200支,子弹2500排,“以资实际操练之用”。

在开办工讲所的同时,省总工会教育委员会还大力开办了工人学校和工人夜校。1926年年底,湖北省总工会为了满足工人的要求,先后设立了省教育委员会和汉口市教育局。在1926年12月到1927年4月,工人学校发展到40所,入学的工人达到5万多人。工人教育的蓬勃发展,需要一批工人教师。李立三、刘少奇、项英等人非常重视工人教育,他们亲自到工人学校和教师讲习所讲课、作报告。在李立三、刘少奇、项英等人的领导下,湖北省教育委员会在第四次教育委员会上作出了《今后发展教育的决议》,决定:“在三个月内要开办一百七十九个工人学校,至开办劳动大学。”

武汉工人运动讲习所和工人学校的开办,锻造了一批工运骨干,提高了工人阶级的思想素质和文化素质,为武汉工会运动的持续发展奠定了思想基础和准备了干部。

为了把工人运动推向高潮,组织和检阅自己队伍的力量,制定新形势下的斗争策略,1927年1月1日,湖北省总工会在汉口召开第一次代表大会。与会代表588人,代表工会300多个,会员近30万人。刘少奇、李立三、项英、林育南、许白昊等工运领袖出席了大会。在这次大会上,李立三作政治报告,刘少奇作组织报告和修改章程的报告,林

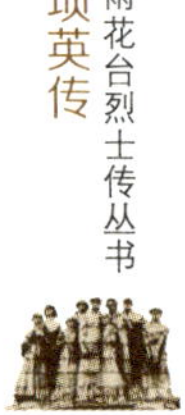

育南作宣传教育问题报告和童工及女工问题报告，项英作职工运动报告，向忠发作会务报告，许白昊作经济争议问题报告，袁大时作纠察报告，苏联顾问鲍罗廷也到会讲演。

项英作的职工运动报告，总结了中国工运的历史经验教训，高度评价了二七斗争的革命精神和湖北省总工会成立以来武汉工人阶级为民众争自由、为民族争独立的革命热情。他指出：

> 湖北工人阶级是全国工人阶级的一部分，因此，湖北工人阶级应在中华全国总工会的领导下，团结农民、商人、知识分子、革命军人，为自身和民族的解放，共同进行斗争。

这次大会发表了《湖北全省总工会第一次代表大会宣言》，还通过了《全省总工会章程》及宣传、教育、组织等26个决议案。大会最后选举李立三、向忠发、刘少奇、林育南、项英等35人为省总工会执行委员，向忠发任委员长，李立三任外交主任，项英任组织主任，林育南任宣传主任，刘少奇任秘书长。

如果说，这次大会前，湖北工人阶级的斗争是以经济斗争为主的话，那么，以这次会议为转折，则由经济斗争为主转入以政治斗争为主了。这次会议明确指出：

> 工会是工人群众的组织，它的任务是要领导工人阶级“打倒摧残自由之敌人”，这就是“帝国主义者、军阀及一切反动势力”。

收回汉口英租界的斗争便是明证。

汉口英租界是1856—1860年第二次鸦片战争后根据签订的中英不平等条约而设立的，是英帝国主义用炮舰威胁清政府签订的不平等条约的产物。自1861年以来，上至江汉路下至合作化路的795亩的地方，成为独立于中国行政和法律之外的“国中之国”。在汉口英租界内，设立了殖民当局，驻扎有军队。

那时，北伐军虽然占领了武汉，但帝国主义在武汉的势力仍在，江面上经常停泊着成群的外国军舰，多时达30多艘。这些军舰的炮口对准武汉市中心区，军舰上的水兵暗自戒备。至于租界的殖民当局，更凭借他们的特权和政治、经济等方面的实力，不断制造借口进行破坏干涉。当时，英帝国主义在汉口设立的租界当局蓄意与革命为敌，策动各国领事向武汉政府“抗议”，英国水兵多次上岸制造事端。这种对中国政府和人民不友好的行径，激起了人民群众的极大义愤，项英和李立三、刘少奇、许白昊、林育南等工会领导人都认为对帝国主义势力必须进行反击。于是，由湖北省总工会发起，于1926年12月26日在武汉举行了有30万人参加的反英大会，强烈要求政府收回英租界。

1927年1月1日至3日，武汉人民举行大会，庆祝国民政府由广州迁至武汉和北伐取得胜利。3日下午2时，中央军事政治学校宣传队在汉口租界附近的江汉关前讲演，听讲演的群众很多，但秩序井然。英帝国主义调集大批水兵登陆，驱赶宣传队和群众。群众知其有意挑衅，并不理睬。英兵竟然蜂拥而入，用刺刀向人群中乱刺，当场刺死一名海员工人。在场的听众被刺成重伤者五六人，轻伤者30余人。这就是英帝国主义制造的骇人听闻的一三惨案。

英帝国主义的暴行，激起了武汉全市工人和各界群众的无比愤怒，他们包围了英租界。就在一三惨案发生的当天，湖北省总工会第一次代表大会正在汉口召开。听闻消息，省总工会当即决定休会，李立三、刘少奇、项英等人亲自赶到现场了解情况。当晚，在李立三、刘少奇、项英等人的主持下，省总工会第一次代表大会连夜召开紧急会议，讨论通过了对英斗争的六项条件，要求武汉国民政府解决。同日晚，武汉国民政府对英领事提出抗议，限他们在24小时内撤退水兵和义勇队，解除水兵和义勇队的武装，由中国派兵进入英租界。英国领事则采用拖延战术，迟迟不给答复。深夜，越来越多愤怒的工人聚集到租界周围。英国领事看到工人势力很大，如不答应工人提出的条件，租界秩序将很难维持。英方被迫于1月4日清晨将水兵撤到军舰上，巡捕撤回巡捕房，并通知国民政府派军警入租界维持秩序。4日上午董必武主持国民党湖北省第四次代表大会，讨论对英方针。湖北全省总工会第一次代表大会代表在《汉口民国日报》上发表《为反对英水兵残杀同胞通电》，强烈要求收回英租界。4日下午，刘少奇召集武汉工、农、商、学各界200余个团体500名代表举行联席会议，阐述省总工会第一次代表大会的六项条件，受到与会代表的拥护。联席会在省总工会一大六项条件和省党部对英方针的基础上，制定了对英“八项条件”。会后，刘少奇、李立三、项英等分别代表中华全国总工会和全省总工会前往武汉国民政府请愿，要求政府按“八项条件”向英领事提出严正交涉，限英领事在72小时内圆满答复，否则，即请政府封锁英租界，收回关税，不负责在华英人的治安。4日下午，国民政府派兵三个连进入英租界。项英等人培训的武装工人纠察队300名也随之进入，拆除作战设施、张贴标语。当晚7时，武汉国民政府正式宣布，接受工、农、商、学各界联席会议提出的要求，并表示“此次对英交涉，政府与人民完全一致”。

1月5日上午，武汉的工人和革命群众掀起了声势浩大的反英高潮。湖北省总工会命令全市实行罢工、罢课、罢市，声讨英帝国主义的罪行。5日中午，在李立三、刘少奇、项英、许白昊等人的领导下，武汉工人和各界群众30万人举行了武汉市民追悼一三惨案死难同胞暨反英示威大会。项英等人在大会上愤怒地谴责英帝国主义的罪行，号召群众为死难者报仇，将侵略者逐出中国。会后，李立三、刘少奇、项英等人带领群众冒雨游行。

走在队伍最前面的是工人纠察队，他们和群众队伍高呼“收回英租界！”“收回海关！”“为死难同胞报仇！”等口号。英帝国主义为了阻止游行队伍进入租界，关上铁栅门，设置了沙包、电网。码头工人纠察队用肩膀扛起跳板，架起一座桥梁越过了铁栅门，海员工人纠察队乘小木船，由水路进入租界。各路游行队伍在租界内胜利会师，租界内的巡捕和其他公务人员纷纷逃避。武装工人纠察队将租界内的沙包、电网等障碍物全部清除。武装工人纠察队占领了租界，一些屋顶上高挂的英国米字旗被工人纠察队队员降了下来，升起了我国自己的国旗。国民政府于当晚决定设立汉口英租界临时管理委员会，对英租界实行管理，随即与英国政府进行交涉。在武汉工人和各界群众的支持下，经过激烈斗争，英国政府代表被迫于2月19日在《关于汉口租界的协定》上签字，同意将汉口英租界交还给中国。3月15日，武汉国民政府正式收回汉口英租界，结束英帝国主义对这块土地长达66年的殖民统治。紧接着，九江英租界也被武汉国民政府收回。

收回被英帝国主义霸占的汉口英租界，是中国人民反对帝国主义侵略的一次伟大胜利，是中国反帝斗争史上的空前壮举。在这场斗争中，项英领导的武汉武装工人纠察队为收回汉口英租界斗争的胜利发挥了重要的作用。武装工人纠察队冲在斗争的前线，用实际的武装力量为广大群众提供了强大的支撑。项英在斗争的过程中，也更加意识到武装力量对于工人阶级斗争的重要作用。

汉口英租界的收回，足以证明了工人阶级势力之壮大。这是中国工人阶级和人民群众第一次依靠自己的力量，把帝国主义统治下的租界收回来，这一事件将被永远载入史册。而作为这次斗争主要领导人的刘少奇、李立三、林育南、项英等人的名字，也将永远彪炳史册。

北伐战争的胜利进军和工人运动的迅猛发展，沉重地打击了中外的反动势力。然而正当北伐战争继续推进，中国大革命掀起高潮之际，蒋介石在上海发动了四一二反革命政变，大肆屠杀工人和革命群众。蒋介石的反革命行径，激起了武汉工人阶级和全国人民的无比愤慨，武汉掀起了声势浩大的讨蒋运动。在刘少奇、李立三、林育南、项英等领导下，武汉工人阶级在讨蒋斗争中一马当先。1927年4月16日，湖北省总工会发出《讨蒋通电》，宣布了蒋介石与帝国主义军阀相勾结，“共谋策划镇压工人”等六大罪行，明确号召：“打倒帝国主义军阀！打倒反革命派！打倒叛党国杀工人之新军阀蒋介石！”湖北省总工会在《讨蒋通电》中表示：率湖北全省40万有组织的工人，誓死为诸同志后盾，打倒帝国主义军阀，打倒反革命派，打倒新军阀蒋介石。4月22

日，武汉工人阶级和各界群众30万人，参加武汉中央军校在阅马场举行的讨蒋大会，会上群情激昂，高呼“打倒叛党的蒋介石!”并通过了《讨蒋通电》。

在4月27日至5月9日召开的中国共产党第五次全国代表大会上，项英再次当选为中央委员。

6月23日，全国总工会发表《讨蒋宣传大纲》。指出：

> 打倒蒋介石就是打倒帝国主义者在中国的潜势力，就是打倒一切的反动派。
>
> 不打倒蒋介石，何以对东南民众！不打倒蒋介石，何以对努力革命的农工阶级！不打倒蒋介石，何以完成北伐！不打倒蒋介石，何以雪吾党之耻！不打倒蒋介石，我们是对不住先总理，国民革命是不能完成的！

在讨蒋斗争中，武汉工人阶级的队伍进一步得到发展。据省总工会5月底至6月初的统计，湖北全省总工会77个，工会229个，分会71个，分部67个，会员51.4万多人。充分显示了中国工人阶级的力量和战斗精神，说明武汉的工人运动在继续高涨。

但是，全国总的革命形势这时已开始逆转，蒋介石叛变后，在帝国主义指使下，5月中旬，武汉政府所辖的独立十四师师长夏斗寅联合四川军阀杨森进攻武汉，企图推翻武汉国民政府。夏斗寅趁国民革命军主力在河南与奉系军阀部队苦战、武汉空虚之时机，在宜昌发动叛乱，挥兵进犯武汉三镇。驻守武汉的叶挺将军，指挥部队痛击夏斗寅。项英也带领武汉武装工人纠察队参加了战斗。在他们的共同努力下，革命军击溃了夏斗寅的叛军，保卫了大武汉。

然而，5月21日，盘踞在长沙的三十五师团长许克祥发动了马日事变。与军队叛变的同时，武汉国民政府内汪精卫集团叛迹也日渐明显。5月底，湖北境内最大的黄冈、黄陂两个农民协会被解散。6月5日，帮助中国革命的苏联顾问鲍罗廷被解除顾问合同。与此同时，汪精卫与蒋介石暗中勾结，以期宁汉合流，共同镇压革命。中国革命到了最危急的关头。

为了阻止革命逆转，挽救革命，1927 年 6 月 19 日至 28 日，中华全国总工会第四次劳动大会在汉口召开。项英与刘少奇、李立三、林育南、苏兆征等工运领袖主持会议。这次会议明确强调要加强工人阶级的领导，巩固工农联盟，使大革命“借着省港罢工的胜利，沿着珠江发展到黄河的胜利，一直到成功”。大会通过的《政治报告决议案》指出：

> 中国工人阶级是中国革命的先锋，数亿被压迫的农民是工人阶级最可靠的同盟军，必须建立更巩固更亲密的联盟。

会议还强调，要进一步武装工人。这次会议给全国和武汉的工人阶级指明了斗争方向，对挽救革命危机具有重大意义。嗣后，武汉工人阶级众志成城，继续讨蒋，为挽救革命而斗争。7 月 6 日，湖北省总工会发表《讨蒋宣言》，痛斥蒋介石明目张胆破坏革命的罪行，号召湖北工人阶级尽其力量，“与革命同志一致行动，向敌进攻……以求打倒蒋介石”。7 月 9 日，湖北省总工会在汉口总理纪念堂召开 300 余人的第四次代表大会。大会决定全体代表向国民政府及中央党部请愿，要求国民政府“立即出师，打倒反革命的罪魁蒋介石，继续北伐，以完成国民革命”。

遗憾的是，武汉工人阶级为挽救中国革命而作出的努力都未能达到目的，终因汪精卫“七一五”分共而归于失败。

在这段时间，项英由于劳累过度，突患重病。7 月之后的两个多月不能下床，只好躲藏在武汉养病。但项英仍然保持着高度的政治责任感，对于当时的政治形势极为关注。在这一段时期，国民党唐生智的部队采取了行动。武汉的许多工会被取缔，一些工人领袖被捕杀。听闻这些消息，项英痛心疾首。其后，汪精卫集团发动了七一五事变，正式叛变革命，对共产党人和革命群众举起了屠刀，轰轰烈烈的大革命失败了。项英病魔缠身，无法直接参与斗争，连党的八七会议也未能参

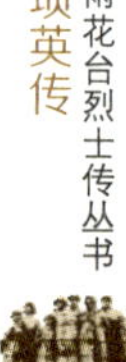

加，度过了他一生中心情十分痛苦的一段时间。大革命的经验和教训也给项英留下了深深的思考，启迪和激励他继续探寻革命道路。

从二七风暴到轰轰烈烈的大革命失败，项英一直战斗在工人运动的第一线，立场坚定，旗帜鲜明，不怕牺牲，勇往直前，在实践中经受了考验和锻炼，积累了丰富的斗争经验，因而成为党在大革命失败后，在白区继续从事工人运动的骨干。

第三章

战斗在白区

白色恐怖下的斗争

1927年秋，项英在经过一场大病之后，逐渐恢复健康。此时，革命形势急剧恶化。汪精卫"分共"后，提出了"宁可错杀一千，不可使一人漏网"的反革命口号，疯狂地镇压与屠杀共产党人和革命群众。武汉顿时成了杀人的屠场，每天都有共产党人和革命群众被杀害。武汉的党组织被迫转入地下斗争。为了保护革命力量，中共中央决定派项英到上海工作。于是，项英便由武汉秘密转赴上海，从事党和工会的秘密工作，开始了在白区的战斗。

此时，上海也笼罩在白色恐怖之中。四一二反革命政变后，大批的共产党人被捕被杀，革命的工会组织被破坏，被迫转入地下。上海的中

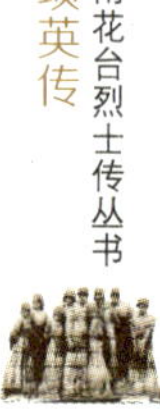

外资本家乘机反扑，推翻了大革命时期答应工人的条件，使工人已经争得的政治、经济利益丧失殆尽，生活陷入痛苦之中。国民党反动派深知在上海控制工会和工人群众的重要性。四一二反革命改变后，他们先后成立了所谓的“上海工会组织统一委员会”（以下简称“工统会”）、“上海工人总会”（以下简称“工总会”），大肆破坏革命的工会组织。

项英到达上海后，立即和党中央新派往上海的许白昊等一起，领导上海工人与反动的工会作针锋相对的斗争。他们积极帮助上海总工会恢复组织，积极开展经济斗争，反抗国民党的高压政策。在项英、许白昊等人的努力下，上海革命的工会组织重新得以恢复和发展起来。1927 年 10 月间，上海总工会集中力量组织了反对“工统会”运动月，发表《为反对工统会告工人宣言》，编印小册子，在机关报《上海工人》开辟专栏，开展反对“工统会”的宣传。项英此时参与了《上海工人》的编委工作。上海总工会还召集了沪中区各工会代表大会，要求各工会联合起来，打倒“工统会”。与会代表表示，要与“工统会”作决死的斗争，宣布脱离“工统会”，坚决拥护老工会——上海总工会。在当时的历史条件下，这一斗争扩大了革命的红色的上海总工会的声望，但也造成失去了获取公开合法的工会阵地的可能性，同时还暴露了自己的政治目的。

同年 11 月 13 日，中共江苏省委发出通知，项英（化名韩应）为江苏省委常务委员。项英还先后担任上海总工会秘书长、中共江苏省委职工运动委员会秘书和江苏省委常委。此外，他还参与地下刊物《上海工人》的编委工作。

1928 年 2 月初，中共中央对江苏省委进行组织调整，由项英接替邓中夏担任省委书记。此时江苏省委管辖的范围，包括上海、南京 2 个市委，无锡、苏州等 13 个县委，泰县、扬州等 10 个县特别支部，并在南汇、盐城等 14 个县设有特派员，全省党员共有 3128 名，其中上海市为 1799 名。[①] 由于江苏省委所处的位置重要，项英肩负的责任是很重的。

同年 2 月 13 日，党中央决定，项英参加中央常委会。这表明，党中

---

① 参见王辅一《项英传》，第 89—90 页，中共党史出版社，2008。

央对项英的革命实践是满意的，对发挥他的作用是重视的。

同年2月16日，由于叛徒的告密，江苏的党组织和上海的工会组织遭到很大破坏，省委常委、分管组织的陈乔年，省委常委、上海市总工会委员长郑覆他，省委委员、上海市总工会党团书记许白昊等被捕，后均被杀害。在这期间，项英也几次遇到危险，然而由于他的机智，均得以脱险。

江苏省委机关常驻上海，统管江苏、上海两地的工作。在上述时间内，中共中央出现了“左”倾盲动错误，项英和他领导的江苏省委在对上海工运的指导过程中，“也同样地犯了过分估量现时形势盲动主义的错误”，并相应地实行了一系列关门主义和冒险主义的策略。在敌我力量过于悬殊的情况下，江苏省委不是组织有秩序地退却、积蓄力量，而是强调进攻、武装暴动、夺取政权。因而，江苏省委的上述策略，势必在实践中导致严重后果。

1928年3月21日是上海工人第三次武装起义胜利一周年的日子。江苏省委在3月13日的通告中规定：

> 自19日至25日一星期为起义纪念周，其中在3月21日各区各厂工人必须用尽可能的方式做以下的行动：1. 在厂内临时关车几分钟，大呼口号和演讲；2. 不能关车时，亦须想法鼓励一时的纷扰或单呼口号；3. 几分钟的飞行集会、飞行演讲；4. 给反动派、工贼、走狗一种行动的恐怖。①

紧接着，省委又相继提出若干不切实际的目标和偏激口号，如“加紧准备上海第四次暴动！”“上海暴动是中国革命势力与反革命势力的最后决死战！”“上海暴动开始了中国苏维埃形式的革命！”“上海暴动是全中国工农革命的信号！”等。②

①② 转引自马军《项英与上海工人运动》，《史林》1994年第3期。

一个月后，江苏省委又颁布了关于纪念五一节的指示，其中也同样充满着盲动冒险的情绪。该指示错误地估计了形势，声称，“中国确已到了军阀豪绅地主资产阶级坍台，建立工农兵苏维埃的时代，阶级斗争到了极烈时候”。指示将 4 月 27 日至 5 月 3 日辟为纪念周，要求上海各工会届时“尽可能召集群众大会、代表大会或飞行集会”，“应尽力发动群众的红色恐怖，使群众自己动手打工贼走狗拿摩温等”，“可以用各种的武器或斧头、铁条等组织红色恐怖队，执行一切红色恐怖工作”，“应当多量的准备各种壁报、画报、标语、传单等向各工厂各马路发贴”等。此外，还规定了若干“左”的口号，如“武装暴动夺取政权”、“拼个你死我活”、“以红色恐怖制止白色恐怖”等。①

飞行集会、红色恐怖遭到反动派的残酷镇压。大革命失败后保存下来的工运力量消耗殆尽，许多工会领袖被捕遇害，广大工人情绪低落，赤色工会难以活动。原上海总工会所属各级工会的中下级干部损失过半，使中国共产党在工人和工会中的工作一度中断，不得不另起炉灶。这不能不是一种策略上的失误。如果当时能够意识到革命的长期性，以及工人运动必须从战略上转入退却和防御的必要性，主动撤退一批已经公开暴露的革命干部，并将其余力量打入“工统会”，利用工会的合法阵地，利用敌人的内部矛盾，继续保持与工人群众的联系，开展在当时条件下可能和必要的斗争，对于保持和继续工人阶级的力量，将是有益的。

盲动主义的做法从一开始就引起多方面的强烈批评和抵制，到 1928 年初，全国有许多地方实际已停止执行。同年 2 月，共产国际执委会通过《关于中国问题决议案》，系统批判了瞿秋白领导的中共中央对中国革命性质、形势等问题的错误估计。1928 年 5 月 7 日，项英为首的江苏省委常委会通过《关于接受中国问题决议案的决议》，表示认同共产国际对中共中央的批评，同时对前段时期的盲动也做了自我批评。但是，由于没有从根本上认识“左”倾盲动主义的严重危害性，不久

---

① 转引自马军《项英与上海工人运动》，《史林》1994 年第 3 期。

以后，江苏省委在纪念“五卅”“六三”时，故态复萌，依旧号召“店员停业，学生罢课，工人停工，举行飞行集会、群众大会、讲演、游行、示威……”其结果自然可想而知。

当然，“‘八七’以来，各地工作的盲动倾向完全是要由中央多负责的”[①]，中央对不同意见者采取宗派主义的打击政策，很严格地威逼各地党部组织暴动。否则，便“立即雷霆风火地停职查办”。对江苏省委的工作，“中央不深切去了解工作做不起来原因，而唯简单地责备是负责同志不好”，“拼命地指摘下级党部摇动错误，轻易调动处罚”。[②] 这种形势下，对于项英所犯的错误，应当说是可以理解的。

参加中共六大

大革命失败后，中国革命进入中国共产党独立领导的新时期。在如何认识这时的社会性质，以及革命的性质、对象、动力、前途等关系革命成败的重大问题上，党内存在着认识上的分歧和争论。这就迫切需要召开一次党的全国代表大会认真加以解决。1927 年 11 月党内出现的“左”倾盲动错误，更加表明正确估计形势、认识中国革命基本问题的极端重要性。[③] 因此，尽快召开党的第六次全国代表大会，已经刻不容缓。1928 年 4 月党中央发出了在莫斯科召集第六次全国代表大会的通告，并分配了各省代表名单。

中共六大的召开，经过了一年的酝酿和准备。早在八七中央紧急会议上就已决定召开党的六大。八七会议通过的《党的组织问题决议案》规定：“中央临时政治局应在六个月内召集第六次全国代表大会。”1927 年 11 月的中央临时政治局扩大会议，通过了《关于第六次全党代表大会之决议》，宣布六大于 1928 年 3 月初至 3 月中旬之间召开。

① 《江苏革命历史文献汇集》(1928 年 1 月—1929 年 8 月)，第 336 页。
② 转引自马军《项英与上海工人运动》，《史林》1994 年第 3 期。
③ 参见中共中央党史研究室《中国共产党历史》(上卷)，第 155 页，中共党史出版社，1991。

1928年1月18日，中央临时政治局召开第八次会议，瞿秋白、任弼时、罗亦农、周恩来、邓中夏、顾顺章等出席。会议认为召开党的六次大会是非常必要的，并确定了党纲、农民土地问题大纲、政策问题大纲等草案的起草人，从各方面进行准备。由于此时国内白色恐怖十分严重，很难找到一个保证安全的地方召开，中共中央在得知赤色职工国际第四次代表大会和共产国际第六次代表大会将分别于当年春天和夏天在莫斯科召开，少共国际也将在莫斯科召开第五次代表大会时，考虑届时中国共产党都将派代表出席这几个会，而且中共中央也迫切希望能够得到共产国际的及时指导，遂决定党的六大在莫斯科召开。

1928年2月13日，中共中央报请共产国际执委批准中共六大在苏联境内召开，并要求国际执委代表团参加，斯大林、布哈林能有一人出席大会。下旬，中共中央获悉共产国际已定于5月1日要召开第六次大会(共产国际六大因故改在1928年7月17日至9月1日召开)，于是决定中共六大改在国际六大之后召开，在国际六大召开前召开一次中央扩大会议。

3月15日，中共中央临时政治局召开会议。讨论选派出席共产国际第六次大会的代表及有关问题。瞿秋白、周恩来、李维汉、罗亦农、任弼时、项英、顾顺章等参加。会议确定了出席共产国际六大的代表人数。

4月2日，中共中央召开常委会议，瞿秋白、李维汉、项英、任弼时、蔡和森等出席。任弼时首先在会上转述了共产国际执委会关于召集中共六大的决定，然后进行讨论，一致认为，党的六大必须开。因为这次大会意义重大，可以说是重造我们党的大会。会议除决定了工运报告起草人和农民运动与土地问题材料的整理者外，还指定了各重要省份出席会议人员。项英和王若飞被指定为江苏省的代表。

从这里可以看出，项英这时已受到党中央的重视，在六大召开前他便出席中央政治局和常委的会议，这是一般中央委员望尘莫及的。

5月中旬，项英与江苏省代表乘日本轮船离开上海，经当时日本占领的大连，再转乘火车去哈尔滨。在哈尔滨稍事休息后，再乘坐火车，到达中苏边界口岸满洲里。项英到达满洲里后，寻找到共产国际交通站的同志，在其安排下，越过国境，乘火车经两周的旅行到达莫斯科。6月上旬，项英终于到达了莫斯科，随即由苏联的同志派专车送到六大会址。

中共六大的会址是在莫斯科郊外的一座乡间别墅，虽然简陋，但设施齐全。项英非常高兴，他第一次出国，来到了自己一直盼望的列宁的故乡，世界上第一个社会主义国家。

共产国际对中共六大的召开十分重视。会议召开前，6月12日左右，斯大林用一天半的时间三次会见部分代表和五届中央委员瞿秋白、苏兆征、周恩来、蔡和森、项英、张国焘、向忠发等，着重谈了中国革命的性质，并回答了中国当时的革命形势是"高潮"还是"低潮"的问题，在长达14小时的会见中，斯大林反复阐述他对中国革命性质和形势的看法，明确指出，中国现阶段的革命是资产阶级民主革命，不是社会主义革命，革命的形势不是高潮，是低潮。李立三争辩说，现在还是高潮，因为各地还存在工人、农民的斗争。斯大林用铅笔在纸上画了表示高潮和低潮的曲线，然后在曲线的最低点又画了几个波浪，幽默地说："在低潮时，有时也有几个浪花。"

斯大林的这次讲话，使大会有了明确的指导方向，也对当时中国革命的形势有了清醒的认知。项英很高兴，以能够受到斯大林的亲自接见而感到荣幸。

6月14日、15日，布哈林又以国际代表的身份，召集政治谈话会，这实际上是一次小范围的预备会议。瞿秋白、苏兆征、周恩来、蔡和森、李立三、项英、邓中夏、王若飞、向忠发、张国焘等21人出席。会议就当前革命形势的估计，过去的经验教训即党内机会主义错误问题，党今后的任务方针等广泛交换了意见。项英在会上也发了言，对当时的革命形势、工人运动、党的组织和改造，以及当时党的错误的发生、发展和形成的过程与教训等，表达了自己的看法。

6月17日下午，召开各省代表团书记联席会议。项英为江苏省代表团书记。会议通过了中央临时政治局提出的包括国际代表在内的19人主席团名单，大会秘书长和副秘书长名单，代表资格审查委员会

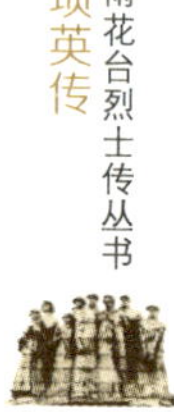

委员名单，并决定委托项英代表各省代表团提交大会预备会议审议。晚上，预备会议在瞿秋白主持下召开，决定主席团由 19 人增至 21 人，项英为主席团成员。会议一致同意周恩来为大会秘书长。

6 月 18 日，大会正式开幕，向忠发主持大会，瞿秋白致开幕词。当天，大会主席团召开第一次会议，讨论并通过了 10 个专题委员会的名单。项英是大会政治、组织、职工运动、农民土地问题、苏维埃、军事六个委员会的委员和财政审查委员会的召集人。

根据大会会场规则，大会主席团成员划分为五个组，每天上下午各由一个组主持会议，项英和苏兆征、王若飞及布哈林为第一组。会上，布哈林于 6 月 19 日作《中国革命与中国共产党的任务》的政治报告，瞿秋白于 20 日作《中国革命与共产党》的政治报告，周恩来于 6 月 30 日、7 月 3 日作组织问题的报告、军事报告。在讨论政治报告时，项英于 6 月 22 日、26 日分别发言和发表申明，表示拥护政治报告对中国革命性质和革命形势的分析。在讨论组织报告时，项英于 6 月 30 日两次发言，强调加强组织建设，党的组织机关要注意从群众斗争的实践中选拔工农积极分子。

7 月 1 日，李立三向大会作《农民和土地问题报告》。报告完毕后，大会主席团宣读了由项英领衔的 29 人提案："提议用大会名义致电中央政治局指示正确的政治路线"，其主要内容是：

> （一）中央政治局应完全根据国际执委第九次扩大会议对中国问题决议案决定一切工作方针。
>
> （二）在全国范围内，变立即暴动的口号为宣传口号，切实制止盲动倾向，但对群众自发的暴动或乡村游击式的暴动仍应积极领导。
>
> （三）目前工作重心是挽救党与群众脱离的现状，在反帝运动、城市与乡村的日常斗争中，艰苦地动员群众和组织群众。

国际代表米夫不同意这个提案，建议不在会上讨论，将提案作为问题和研究材料提交政治委员会。经过讨论，大多数代表赞成通过如下决定：

（一）赞成对国内给以政治路线的指示。

（二）提案提交政治委员会作为研究材料。

（三）其他同志有意见可用书面形式提交政治委员会。

7 月 4 日，向忠发向大会作职工运动问题的报告。当晚，由蔡和森主持，大会主席团召开第 11 次会议，讨论出席共产国际六大代表团的选举问题，确定中共出席国际六大的代表团由 23 人组成，以项英、周恩来、李立三组成代表团选举委员会。

7 月 5 日，在大会讨论职工运动时，项英第一个发言。他从中国当时工人运动的实际出发，高度赞颂了工人阶级是反帝反封建斗争的伟大力量，同时也强调要纠正“左”倾盲动主义的错误。项英的发言得到了与会代表的赞同。

7 月 10 日，大会在通过《关于组织问题草案决议》和《中国共产党党章》后，选举新的中央委员会。向忠发、张金保、苏兆征、关向应、毛泽东、周恩来、蔡和森、项英、任弼时、瞿秋白、李立三、张国焘等 23 人被选为正式中央委员；邓中夏、史文彬等 13 人当选为候补中央委员；刘少奇等 3 人当选为中央审查委员会委员。

7 月 11 日，大会闭幕。7 月 19 日召开第六届中央委员会第一次全体会议，选举中央政治局委员和常委。苏兆征、项英、周恩来、向忠发、蔡和森、瞿秋白、张国焘 7 人当选为中央政治局正式委员，关向应、李立三、罗登贤、彭湃、杨殷、卢福坦、徐锡根 7 人当选为中央政治局候补委员。周恩来、苏兆征、项英、蔡和森、向忠发当选为中央政治局常务委员会委员，李立三、杨殷、徐锡根当选为中央政治局常务委员会候补委员。由向忠发任中央政治局主席和中央政治局常务委员会主席。

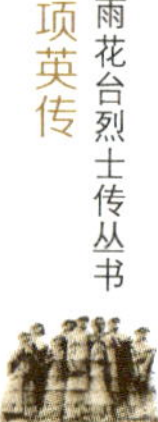

7 月 20 日，中央政治局召开第一次会议，指定瞿秋白、张国焘、苏兆征、项英、周恩来 5 人组成出席共产国际六大中共代表团之主席团

（中共代表团共33名，其中有表决权的22名，有发言权的11名）。在7月17日至9月1日，化名“张成”的项英参加了于莫斯科召开的共产国际六大。能够参加共产国际大会，和全世界的工人运动领袖一起探讨工人运动的发展，项英感到非常高兴。在这次大会中，项英当选为共产国际监察委员会委员。

项英在莫斯科的日子里，虽然暂时离开了中国工人运动的最前线，但仍然心系工运。他以极高的使命感，为在工人运动中牺牲的战友们撰写传记。项英先后为上海总工会原委员长郑覆他和湖北全省工团联合会原委员长、后任上海市总工会中共党团书记的许白昊烈士撰写传记，记述了两位工运先驱的英勇事迹，歌颂他们崇高的革命精神，为后人留下了宝贵的文献材料。

项英由一名领导基层工会工作的普通中央委员经党的六大后，一跃而成为党中央的核心领导成员之一，这是他政治生涯中的一个重大变化。虽然这与当时共产国际强调工人阶级出身的态度有一定关系，但项英从入党后，一直战斗在群众运动的第一线，勤勤恳恳，任劳任怨，克己奉公，不怕牺牲，与群众建立了很好的联系，在党和工人群众中有一定的威信。应该说，他被推到党中央核心领导地位上来，是有相当群众基础的。中共六大选举项英担任党中央的核心领导成员，是对他从事党和工人运动业绩的肯定。

担任全总委员长

1928年11月上旬，项英参加完党的第六次全国代表大会和共产国际第六次代表大会之后，从莫斯科回到白色恐怖下的上海。

按照中共中央政治局常委的分工，项英主要分管职工运动和妇委的工作，曾任中央组织部代主任、中央军委委员；同时，参加中央的集体领导活动。

在从莫斯科回国的途中，项英考虑最多的是如何在职工运动中贯彻六大通过的《职工运动决议案》。他认为，决议案中强调的工会应当在领导工人进行日常经济斗争中去团结群众，再转变为政治斗争；要有正确的罢工策略；要采取争取群众的政策等精神，在职工运动中都应很好地贯彻执行。在火车上，他就着手为中共中央对职工运动的策略起草通告。

为了贯彻党的六大精神，使处于低潮的工人运动重振旗鼓，领导工人阶级继续斗争，项英向党中央建议，恢复全国总工会机关刊物《中国工人》。

《中国工人》原是 1924 年 10 月由中国共产党创办的工运刊物，1925 年 5 月发行到第六期时，中华全国总工会成立，即改为全总机关刊物。1927 年汪精卫叛变革命后停刊。党中央同意项英的建议：

> 恢复《中国工人》刊物的出版，由项英、沧海（罗章龙）、石溪（林育南）三人组成编委会。

项英在《复刊号》上指出：

> 《中国工人》是中国工人阶级的革命先锋，是全中国工人的灯塔，这个灯塔好久没有照耀着全国工人阶级了，现在中华全国总工会要将这个灯塔重新建立起来，使全国工人在黑暗世界可以得到一线光明，这是再好没有的事了。

当项英返回上海后，得知上海法商电车、电灯、自来水公司（以下简称“法电”）的工人吴同根惨遭法国兵刺死，法电工人正在酝酿举行罢工的情况后，建议抓住这个时机，发动工人举行大规模的罢工斗争，为死难的工友申冤，反对开除工人，要求提高工人的待遇，以此来推动江苏和上海的工作。党中央及职工运动委员会对此都非常重视，作了专门研究。

同年 11 月 20 日，项英在出席江苏省委的会议上宣布，要集中央及

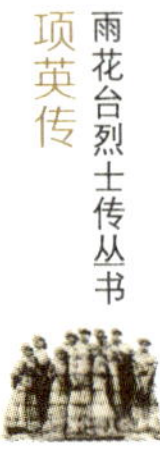

江苏的党、团、工会的力量来指挥这次斗争，成立了由李富春为主席的江苏省行动委员会。12 月 3 日，上海法电工人举行罢工，要求为死难工友申冤、承认工会合法、改善工人待遇、缩短工时。随后，党中央为加强对法电罢工的领导，派项英指导上海市总工会的工作。

就在这时，党内发生了江苏省委的问题。① 项英参与了对这一问题的处理。还在当年 10 月，项英正从苏联回国途中，党中央领导在研究江苏省委的组成时，考虑到江苏位置重要，确定派工人出身的中央政治局候补委员罗登贤担任江苏省委书记。江苏省委同意中央的工作路线，但反对中央派人去担任省委书记，认为江苏也有工人同志，也有新的精神，而罗登贤是广东人，对江苏情况不熟悉，语言不通，工作难以开展。江苏省委的意见反映到中央后，中央要求江苏省委再作讨论，在最后决定前，由徐锡根担任书记。江苏省委开会讨论时，表示接受罗登贤到江苏工作；同时希望中央不要将此事扩大，不要说他们拒绝。为了加强对江苏工作的指导，中央政治局于 11 月 20 日决定成立两个巡视委员会：一个由周恩来、罗迈（即李维汉）、赵容（即康生）、李子芬组成，巡视上海党的工作；另一个由项英、罗登贤、王灼、王克全组成，巡视上海工运。

项英根据党中央的决定，迅速做了研究安排，着手对上海工运进行巡视工作。他在后来谈起这次巡视时曾讲道：

> 在 1928 年 12 月间，曾举行上海工作的下级巡视，由全总分派工作人员到市政、交通、运输、纱厂、丝厂、重要手工业及店员工会中，实际考察工会及群众情形，参加讨论问题和决定，随时予以指导和纠正其错误，使工作路线更能正确，工作更能发展。

看来，项英当时对这次巡视是满意的。

1929 年 1 月 3 日，在中共中央政治局会议上，向忠发正式提出由中央兼江苏省委。向忠发认为，江苏省委的同志过去是很努力的，但不

① 参见王辅一《项英传》，中共党史出版社，2008。

够，工作仍未建立起来，中央兼省委后，有些同志可分配到重要区域工作，加强区委的力量，使上海成为一个很好的模范来指导全国工作。向忠发的意见，与会的多数政治局委员表示赞同，唯项英不赞成。他认为，中央本身的工作尚不能很好地应付，如果中央只注意江苏的工作，便不能更好地注意其他各省的工作，就会顾此失彼，因此，他建议对中央兼江苏省委的问题应慎重考虑。

项英所以能大胆提出与总书记向忠发不同的意见，一是他有在江苏省委、上海市总工会和党中央机关工作的实践，有切身的感受；二是他在武汉搞工人运动时，曾同向忠发共过事，知道此人的底细。项英这种敢于提出与总书记相反意见的精神，在当时是很难能可贵的。

这次政治局会议确定，由向忠发、项英、李立三、徐锡根、赵容、罗迈、李子芬七人组成特别委员会，向忠发任主席，就中央兼江苏省委的工作问题，制订一个执行的精密计划。

中央兼江苏省委的消息，很快传到了江苏省委。他们于1月6日讨论后函告中央，要求中央将决定中央兼省委及组织特别委员会的理由正式书面通知省委。

1月10日，在中央政治局会议上，项英再次提出中央兼江苏省委的办法不妥。他强调指出，省委的工作很实际，与各方面接触面广量大，会直接影响到保密工作，如果中央机关被破坏，那就会影响到全党；同时，中央用很大的力量对江苏工作进行具体指导，就会影响对全党工作的指导。但向忠发、李立三等其他与会者，还是认为由中央兼省委是较好的办法。

就在这时，中共中央政治局常委周恩来由天津回到了上海，在听到中央兼江苏省委的消息后，也认为应慎重考虑，表示不同意，要求向忠发再开政治局会议讨论。在1月13日的会议上，周恩来分析了江苏的工作状况，说明了中央不宜兼江苏省委的理由，提出解决江苏问题可以用改组省委的方法进行。随着情况的变化，在14日政治局会议上，向忠发、李立三也同意中央不兼江苏省委，要改组江苏省委，并正式通过了中央不兼江苏省委的决议。

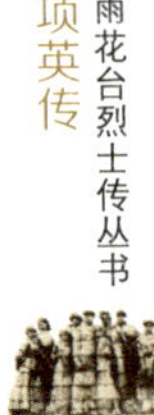

1月16日，项英与向忠发、周恩来一起出席江苏省委会议，耐心地回答了他们提出的问题。随后，项英还和周恩来又找江苏省委负责人谈话，进行耐心的教育，指出他们的做法是违反组织原则的，是无组织无纪律的，要很好地接受教训。经过一系列的工作后，江苏省委于19日开会通过决议，承认错误。24日，政治局决定改组江苏省委。至此，江苏省委的问题得到了妥善的解决。

项英在参与解决江苏省委问题的过程中得到了锻炼，提高了对全局问题的分析能力和解决内部矛盾问题的能力。

为了研究1928年2月召开的第一次中华全国总工会会议以来的中国工人运动发展形势，贯彻赤色职工国际第四次扩大会议和六大精神，确定当前的任务，中华全国总工会于1929年2月17日至20日，在上海秘密召开了第二次扩大会议。出席会议的除全总执委外，还有17名各地选派的代表。会议由项英、苏兆征、罗章龙主持。

苏兆征在会上作了关于出席赤色职工国际第四次会议的报告，罗章龙作了关于出席太平洋劳动会议秘书处第三次会议的报告，项英作了《关于过去一年来职工运动发展的形势和目前的总任务》的报告。项英这篇长达5万余言的报告，是会议的主要文件。报告用具体详细的材料，论述了当时全国的政治经济形势，分析了中国工人阶级的现状，提出了工人阶级革命斗争的基本任务和策略。

项英在报告中指出：

> 全国工人阶级，在过去虽在极端白色恐怖之下，受了很大的打击，但是对于反动势力进攻的反抗，还是不断地发生。在最近一年来，工人阶级斗争的情形，已逐渐向前发展，表现复兴的形势。

项英列举了上海邮务工人、上海法商水电公司工人和汉口、天津、北京等地的工人大罢工，来说明只有运用正确的斗争策略，排除国民党及反动工贼的破坏干扰，罢工斗争才能取得胜利，并不断向前发展。

项英还分析了大革命失败后帝国主义列强对华侵略的现状和中

国反动统治阶级内部的情况，提出了工人阶级目前斗争的基本任务：

> 动员所有的工人阶级的群众，团结在革命工会组织周围，发展工人群众的政治的经济的阶级斗争，强大工人阶级的革命的战斗力，保证工人阶级在中国革命运动中的领导作用，以完成中国革命，谋得工人阶级的解放。

为实现这一基本任务，项英在报告中又提出了下列斗争策略：

> 在实际工作中必须发展工人群众的经济的政治的斗争；由下而上地建立起赤色工会组织；领导群众与改良主义作斗争；利用社会一切公开的可能机会来扩大赤色工会的活动；正确运用工厂委员会的策略来团结广大的工人群众作经济斗争；争取参加黄色工会的下层群众；积极发展重要产业的工人组织；加强和扩大赤色工会的政治宣传等。

与会代表对项英的报告进行了热烈而认真的讨论，尤其对斗争策略等问题，"有很长时间的辩论，得到集中的，一致的观念"。

根据项英的报告，中华全国总工会第二次扩大会议最后通过了《全国职工运动目前的总任务》等决议案，发布了《告工友书》，为党在白区坚持工人运动指明了前进方向。

接着，项英又于1928年6月25日至30日，参加了党中央在上海举行的六届二中全会，会上通过了《职工运动决议案》等文件。决议案在对形势的分析中出现了"左"的苗头，对形势估计得不准，对"左"的做法过于肯定。例如，借纪念周年搞游行示威或政治罢工导致敌人的镇压，非但没有汲取教训，反而作为成功的经验来肯定和推广。当时，国民党在帝国主义指使下，屠杀的范围无限扩大，"从城市到乡村，已经是杀人如麻，尸首山积，遂使整个反动统治完全沉浸在革命工、农、学生、平民的血河里"。在这种严重的白色恐怖下，机械地搞周年纪念游行示

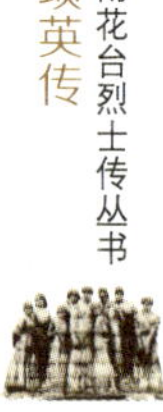

威，显然是不妥的。

在处理黄色工会问题时，项英一方面正确地指出了黄色工会存在的问题，另一方面却出现了较“左”的分析。

中共六届二中全会在工运方面，对盲动主义的种种错误有所纠正，要求争取工人阶级的大多数，以组织日常经济斗争为主，加入黄色工会去争取群众。项英在会议中指出：

> 自五卅惨案以后，上海工人斗争的发展，邮务工人的斗争情绪，更加增高。
>
> 国民党见工人斗争情绪不可制止，欺骗方法已被工人识破，遂改变方法，扬言赞成罢工……表面藉援助名义派代表帮助工作，其实进行破坏罢工工作。

关于黄色工会问题，项英认为：

> 上海黄色工会的发生，是经过相当时期的转变……所谓“上海八大工会”的联合，这就是最主要的黄色工会的模型。

项英正确地批评了轻视黄色工会和将其下属群众全部视为黄色群众、机械地与之对抗的观点，强调应加入其中。但同时，他又片面地坚持建立赤色工会——在严重的白色恐怖下实际是不可能的，提出要“夺取黄色工会下面群众到赤色工会影响之下”。

项英在《职工运动决议案》中指出，“上海目前工会运动应坚决地运用公开活动的策略，使工联会的组织成为广大群众总的团体，扩大赤色工会运动”，“今后应当将工作中心转移到产业工人中，特别是工联的群众基础要建立在海员、铁路、五金、市政、邮电、码头、重要产业工人的组织上”，“在上海没有组织的广大纱厂工人，工联应积极将他们组织起来，最好的方式是运用工厂委员会来团结”，“只有在这些黄色工会的工作有基础后，夺取其群众到赤色工会影响和领导之下，才能给黄色工会运动一个重大的打击”，等等。显然仍坚持组织赤色工会的错误策略。

在极为严重的政治局势下，党中央为了贯彻六届二中全会精神和共产国际对中国职工运动决议案，促进工人运动的恢复和发展，决定1928年11月7日至10日，在上海秘密召开中华全国总工会第五次全国劳动大会（以下简称“五次劳大”）。大会在项英、林育南、李立三等全总负责人的具体领导下筹备召开。

为了保证五次劳大开得成功，会前，他们在英租界内租了两栋三层楼房，由五次劳大秘书长林育南化装成南洋回国经商的华侨，和张文秋（刚从济南一监狱脱险出来）扮成假夫妻住在这里，具体筹备五次劳大事宜。

由于房屋两面临街，处于闹市，因此，他们精心设计，把里里外外修葺一新，而且陈设富丽堂皇，俨然一个家藏万金的大资本家的豪华住宅。与此同时，还“雇”有“厨师”、“佣人”（全总派来工作人员），出门都坐小汽车，从而瞒过了狡猾的敌人。反动军警每天从房前屋后巡逻经过，但不敢上门问津，保证了五次劳大按时、安全召开。

大会由项英、林育南、李立三等七人组成的主席团主持，参加大会的代表来自铁路、海员、矿山、五金、纺织等行业及上海、天津、满洲（东北）、山东、河南、福建、香港和闽西红色区域等地，共30多人。“这些代表都是在业工人经过各业、各地的工人选举出来，并且都是群众斗争中最勇敢的战士”。

五次劳大的主要任务是：

（一）号召全国工友反对帝国主义与国民党进攻苏联，保护中国革命，讨论对于武装保护苏联和保护中国革命之全国工人阶级之实际准备与行动。

（二）规定全国工人阶级革命斗争的策略和全国工人的总要求。

（三）讨论革命工会运动中心战略和具体工作方针（如革命工会的发展、保障罢工斗争的胜利、反对黄色工会及改良主义等）。

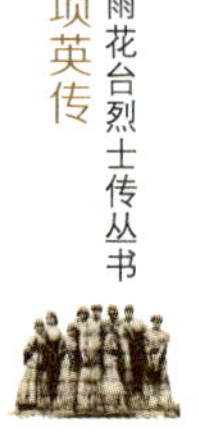

（四）改造全总执行委员会，健全领导斗争的总指挥部。

大会开幕后，先由林育南代表中国共产党中央委员会致祝词。祝词深刻地分析了国内外形势，明确指出了工人阶级和革命工会目前的任务，最后庄严地宣告：

中国共产党始终是站在革命的前面，始终要执行工人阶级的先锋队的使命，而与本阶级密切联络的向一切敌人进攻，为中国革命的胜利而奋斗！为工人阶级的解放而奋斗！为世界共产主义的伟大前途而奋斗！

大会一共开了六天，会场始终充满"热烈、勇敢、坚决斗争的情绪。这种热烈讨论的会议精神，实为二三年来少有的现象"。前五天都是小组会，阅读和讨论文件。小组会开得很紧张，夜以继日地进行。最后一天举行全体代表大会，由项英作《中华全国总工会工作报告》。时为大会秘书的张文秋回忆说：

那天，我也参加了，代表们都持严肃的态度默不作声地坐在草席上静听着项英同志以低沉声音作的报告。在项英同志发言以后，有个东北抚顺的代表突然站起来，以十分沉痛的心情和愤怒的声音报告了当时东北矿工生活的惨痛情况，日本帝国主义对中国工人惨无人道的暴行和无情剥削的事实，激起了全体代表的愤怒和同情，许多人都流出了眼泪，我也感到鼻子一阵发酸，两眼泪水盈眶欲滴。

项英的报告，总结了四次劳大以来全总各方面的工作，指出：

全国总工会是全国 280 多万工人阶级组织的联合机关，是全国工人阶级的总指挥部。从四次劳大至今两年半时间里，全国总工会指导全国工人阶级，与帝国主义、豪绅资产阶级、国民党作了坚决斗争。这说明中国工人阶级在反对帝国主义及豪绅、地主封建势力的革命中，是主要的革命动力。

项英说：

第四次劳动大会交给全总的任务，是领导全国工人阶级向反动统治阶级反攻；在斗争中艰苦地发展工人群众的组织，尤其是要注意大的产业工人群众的组织的恢复和发展，实现工人阶级革命的任务。所以全总在这两年多时间的工作，就是努力执行这一个任务。

接着，项英向与会代表详细汇报了全总在领导斗争、发展工会组织、宣传教育、培训干部、指导工作、常委经常工作、全总与赤色职工国际的关系、全总与各国工会的关系等方面的工作，最后还报告了全总的现状和全国工人群众组织的概况。这个报告，材料具体生动，受到与会者的好评，会议一致通过了这个报告，并对全总两年多来的工作表示满意。

五次劳大通过了《中华全国工人斗争纲领》等决议案。这个纲领主要是根据项英等人的大会报告写成的。纲领中规定：

中国工人阶级在目前革命阶段，最根本的革命任务是联合农民结成坚固的革命同盟，准备武装暴动，准备推翻帝国主义和国民党的反动统治，消灭封建的残余，帮助农民实行土地革命，建立工农兵代表会议——苏维埃政权，完成中国革命，以达到工人阶级的解放。

为实现这一最根本的任务，又具体规定了工人阶级的行动纲领。政治上，要争取工人集会、结社、言论、罢工的自由；撤销监视工人工作

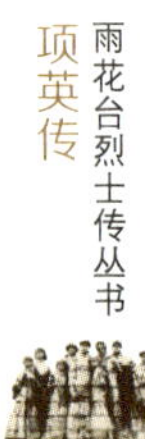

之武装警探；废除工厂中一切政治虐待；反对逮捕工人、杀害工人及法西斯组织的活动；反对强迫加入党部、官厅的御用工会；在黄色工会的区域，有成立工厂委员会及工人自己革命的组织以保护工人利益的自由等。

经济上，应立即实行八小时的工作制；增加工资，应按照生活标准，规定最低工资，反对任何克扣工资、拖欠工资的办法；规定每星期有连续36小时的休息，每年有四星期继续休息，工资照发；应废除14岁以下的童工工作及童工女工之危险工作，同样工作应给同等工资；应根本废除包工制及包工头制，反对开除工人等。

这个纲领，反映了工人的切身利益，密切联系工人阶级的实际，成为组织和号召工人阶级斗争的有力武器，得到了全国工人阶级的拥护。

五次劳大共开了六天，在最后一天，项英作了大会总结。他强调：

第一，要加强工人斗争的领导，在斗争中积极扩大赤色工会的政治影响。

第二，要加强工会组织的建立，有组织才有力量，有健全广大的组织才能表现斗争的力量，斗争才有胜利的可能。

第三，加强宣传教育，提高工人的阶级意识，揭破国民党黄色工会的欺骗阴谋。为此，要把复刊的《中国工人》和《劳动周刊》办好，还准备编印一些小册子。

第四，要贯彻深入基层的工作路线，到工厂、作坊去，全总要经常派人下去巡视指导。

五次劳大还选出了新的中华全国总工会执行委员会，项英、邓中夏等27人被选为执行委员，张金妹等18人被选为候补执行委员，项英当选为中华全国总工会委员长。

这次大会，时间虽短，但圆满实现了预定的各项议程，更正确地确定了中国工人阶级的革命中心任务，规定了一切斗争的策略和新的战术，“这不仅是政治上，而且在中国工会运动上都有非常大的意义。可以说这次大会在各方面都获得了相当的成功”。自始至终主持这次会议的项英，是有一份功绩的。

项英在全总领导岗位上的工作，也有些失误。1930 年，随着革命力量的增长和革命形势的发展，党内“左”倾思想又有了新的发展。党中央多次发文件强调：中国革命有首先爆发、震动全世界、引起全世界革命运动爆发、推翻整个帝国主义统治的可能。“中国革命，将要在世界最后的阶级决战中取得完全的胜利”。对这些文件，项英作为中共中央政治局常委，都参与研究并表示赞成，而且在中华全国总工会的工作中也是积极贯彻执行的。当年 2 月 25 日，中华全国总工会给各级工会的信中，要求各地工会在巴黎公社纪念日——3 月 18 日和上海三次暴动纪念日——3 月 21 日，举行群众集会、游行示威等，以鼓起群众之革命热情，促进革命高潮的更快到来。3 月 1 日，总工会安排“红五月”的工作时，提出要准备“五一”在全国举行总罢工和广大群众示威运动。结果，上海工人、学生在 4 月和“五一”举行集会、罢工和示威时遭到了镇压，有一些工人和学生被捕。武汉、天津等城市也在“五一”举行示威，均受到不同程度的镇压。

这一时期，中共中央内的“左”倾冒险主义情绪在不断滋长。1930 年，在上海举行了全国总工会特派员会议，项英在会上作了《阶级斗争，我们的工作以及中心任务》《黄色工会与工厂委员会问题》《组织红五月的工作》三个长篇报告，系统地部署了以发动全国总起义为中心的冒险计划。可以说，这是以李立三为代表的中共中央“左”倾冒险主义路线在工人运动中的集中反映。项英认为，“全国的统治阶级，一天便走向崩溃的道路”，“工人阶级的斗争并不因其压迫而稍缓和，反而更加尖锐起来”，“从北到南，从东到西，没有一个地方不发生剧烈的斗争，没有一地的斗争不是日趋尖锐。”所以，“全国革命高潮之要很快地到来”。而目前任务应是“变军阀战争为革命的武装暴动，武装拥护苏联，积极地准备武装暴动”，其中的中心任务是“组织同盟罢工和政治罢工”。至于黄色工会，它“到现在已完全法西斯蒂化”，因而“要公开宣传赤色工会的纲领，以使群众充分认识黄色工会与赤色工会的区别，

使群众加入赤色工会”，“要坚决地发动反黄色工会的斗争，作坚决的独立领导”。

在布置红色五月的工作时，项英当时的“左”的情绪更为明显。他说，“今年的红色五月，更要快的更剧烈的使中国革命走上更高的阶段，要推动阶级斗争到更高的方式，使中国革命走上直接革命的道路”，要在“五一”、“五四”、“五七”、“五九”及“五卅”组织全国性的总罢工、罢课、罢市，特别是五一节，“一定要实现广大的罢工和示威”。

他还说，“示威是对敌人进攻的，应当公开地去号召”，“示威是巷战冲锋的演习”，“应当采取公开的形式来号召群众去冲锋，不要采取埋伏的形式”，“示威发动时，一定要断绝交通”，“飞行集会一定要有演讲，讲几句也好”，“一定要在示威中应用旗帜”，“要有武器在身，以准备与敌人作武装冲突”，等等。

错误的理论导致错误的实践。特派员会议精神的贯彻，使各地刚刚有所恢复和发展的工运力量再次遭到极大摧残，许多赤色工会的组织被破坏，数以千计的干部和积极分子被捕被杀。以上海为例，1930年6月以后的半年间，由于接二连三地举行了极其冒险的游行示威，赤色工会的会员数从2100人骤减至700余人。

项英在领导工人运动近10年的时间里，应当说基本上是正确的，成绩是很突出的。在李立三“左”倾冒险主义错误统治党中央期间，他虽然受到“左”的错误思想影响，有些失误，但属于思想认识问题，而且很快纠正了错误。项英无愧为中国工人运动的先驱和杰出的领导人。

1930年，中国共产党人已经从大革命失败的阴影当中走出。中国共产党党员的数量达到了12万之多，全国的工人运动有所恢复和发展，各地的赤色工会会员也有了一定程度的增加。更为重要的是，中国工农红军经过三年的游击战争，壮大了武装，拓展了根据地。而蒋介石正在忙于与冯玉祥、阎锡山的军阀混战，短时间内难以集中兵力进攻红军。革命的形势出现了大好的局面。

在这样的大好形势下，当时中共中央的领导人错误地估计了当时的形势，夸大了革命的主观力量，使得“左”倾进一步泛滥。1930年6

月 11 日，中共中央政治局在李立三、向忠发的主持下，通过了《新的革命高潮与一省或几省的首先胜利》的决议，要求全国各地都要准备马上起义，集中红军进攻中心城市。这就是以冒险主义为特征的“立三路线”。在李立三看来，“湘鄂赣之首先胜利”，“就必须得到武汉”，“武汉之首先胜利也就是全国革命胜利之开始”。对于这一决议，项英不但投了赞成票，而且也是积极贯彻执行的。由于项英熟悉武汉，有丰富的斗争经验，再加上项英拥护李立三的“左”倾冒险主义路线，项英被派往长江局主持工作。

6 月 20 日，中共中央和中央军委在武汉设立了长江办事处，项英任办事处书记。他根据中央和中央军委制定的《中央军委长江办事处工作计划》，具体规定了各地红军的任务是：赣西南、赣东北和闽西地区的红军“以主力侧击南浔路”，“取南昌，攻九江，夺取整个江西，以切断长江”；湘鄂赣地区的红军“帮助鄂南与鄂东南地方暴动”；“占领大冶，切断武长路”；湘鄂西地区的红军“帮助鄂西与鄂西南地方暴动”；鄂豫皖地区的红军“帮助鄂中以及沿京汉路的地方暴动，切断京汉路”。然后各路红军向武汉进迫，会师武汉，饮马长江。项英在参与制定这个计划时，对各地红军情况的了解是很少的，对他们完成任务的主观条件估计过高，而对他们的客观困难则估计不足。

8 月 3 日，中央政治局决定举行武汉、南京暴动与上海总同盟罢工，派项英、刘伯承到武汉，项英担任长江总行委书记，由刘伯承协助项英策动武汉暴动；决定曾中生任南京暴动总指挥，要聂荣臻到镇江组织暴动，成功后进攻南京，尔后和攻打南昌、长沙的红军会师武汉。

8 月 6 日，项英肩负着“力争武汉武装暴动首先胜利”的重任到达武汉。项英到达武汉后，面临的革命形势并不乐观。武汉的工人虽然历经工人运动的洗礼，革命基础好，但是当时武汉革命的主观力量“很弱”。在国民党反动派的压制和破坏下，党团员及赤色工会会员总共不到 300 人，多数组织没有支部生活。产业工人的组织也非常微弱，各级党部之间的关系也存在着一定的隔阂。尤其严重的是下层群众的实际情形还不能够反映到领导机关中来。单凭如此薄弱的革命力量，要

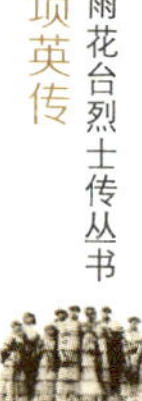

在武汉发动武装暴动，无疑是难以成功的。项英发热的头脑开始冷却下来，他感到很苦恼和不安。

8月8日，项英与关向应联名向党中央写了一个长达6000多字的报告。这个报告除了汇报长江局第一次会议情况和对武汉武装暴动胜利持乐观态度外，也如实地向党中央反映了当时武汉组织暴动存在的严重困难：

> 武汉三镇迭经破坏，目前党员数量不过百余人，团员八十余人……赤色工会组织更加严重，总共会员百余人（还包括一大半是党员），支部生活极不健全，不能完全在群众中起核心作用。
>
> 动员工作很不充分，广大群众没有充分发动，中央政治局6月11日的决议（《新的革命高潮与一省或几省的首先胜利》）至今未发到下级组织，更谈不上讨论和贯彻；领导机构很不健全，不了解下面的情况……

8月10日，项英第二次写报告给党中央，对武汉敌情和工作中的困难又继续反映：

> 白色恐怖愈加厉害，从八月七日到十日的四天里，国民党当局就杀了四十一个人，而且在汉口六码头、武昌、汉阳门等地砍头示众；将川军陆续调到武汉，使驻武汉的部队增加到七个团、一个旅，加上保安队，共约一万人；外县土豪劣绅聚集武汉，组织一个扭捆团，专门在街上抓人，从赤色区域调到武汉的干部很难存身，使长江局缺乏干部的困难更加突出，影响到许多工作无法落实。

这两次向中央的报告表明，项英在深入基层后，切实地了解到武汉当时的革命形势和革命力量的状况，对于武汉暴动计划已经产生了怀疑。项英发热的头脑开始变得清醒一些。

但是负责中央工作的李立三、向忠发并未考虑项英的报告中反映的情况。8 月 10 日中央仍指示长江局:“极猛烈地扩大组织,大批的吸收工人积极分子入党,至少每个党员每日须介绍一个同志,同时每人须组织一个赤色先锋队,加紧工人群众的组织,特别加紧京汉、粤汉两条铁路罢工”,以加速武装暴动的成熟条件。

8 月 20 日,红一军团主力奔袭文家市,歼灭国民党戴斗垣部三个团又一个营的胜利消息传到武汉后,项英受到很大的鼓舞。在向党中央报告各路红军“向武汉进迫……迅速与武汉工人汇合,取得武汉暴动的胜利”中,项英仍然提到困难:

> 最严重的是目前武汉党的工作非常微弱;工人武装的武器成问题,经济困难,缺军事人才……

就在这时,周恩来从莫斯科回到上海,传达了共产国际不同意中共中央关于组织全国武装暴动计划的指示,并说服了李立三和向忠发,武汉暴动的计划才停止执行。刘伯承带着党中央关于贯彻共产国际指示、停止执行武汉暴动计划的精神,于 9 月 2 日抵达武汉。

当天夜里,长江局举行会议,听取刘伯承传达中央新的指示。其基本精神是:在湘、鄂、赣、豫四省,国民党的力量可以暂时镇压某些城市尤其是武汉的革命力量,而我们主要部分的红军与赤卫队的力量还未完全集中指挥与行动一致,武汉的工人群众大多数还未发动与争取过来,工人组织的主力部分也还未建立,尤其是武汉党的领导还很散漫与隔膜(全武汉只有党员 150 余人),武汉还不是暴动的前夜。要求第一步应当争取长沙、岳州的胜利。刘伯承在传达中央新的指示精神后,还谈了自己对计划调整的意见。

项英在归纳会议讨论的看法时认为:

> 中央新的指示精神是符合实际情况的,武汉的情况还不可能立即实行暴动,接受中央新的指示,按中央新的指示精神改变和调整工作部署。

周恩来在看到项英和长江局的多次来信后，召开了两次政治局会议，于 9 月 4 日下达了《中共中央给长江局的指示信》，其中第一部分“关于武汉工作问题”是周恩来亲自起草的。周恩来在信中指示项英：

依据你们许多来信，都证明在今天的武汉，我们的主观力量的确还是很弱……在这样模糊的主观情形之下，要想订出一个切实而具体的计划，是万万不可能的……不能知道下层群众实际情形，不仅工作计划订不好，便连你们所说的政治影响的扩大，群众革命情绪的高涨，也还与实际行动离着很远，因为这中间还找不出党的领导作用与组织力量，而没有这些，是不能达到革命的胜利的。

周恩来在信中还明确告诫项英：

你们的第一个任务便是要将武汉工人群众的实际生活与要求弄清……不仅要注意一些先进勇敢分子或是少数干部所说的“现在不是谈工钱的事，而是大干问题”，“现在只有拿武装来干，才有用处”，等等，而更加注意的，还是大多数群众现在还没有人领导他们去作任何的斗争，大多数群众现在还没有造成可以干的组织力量。

周恩来还坚定地说：

没有可以大干的斗争力量和组织基础，尤其是没有党的坚强领导，大干是绝对不可能实现的。要造成大干的斗争力量和组织基础，不是仅仅以党的政治口号去动员便可以造成的，尤其不是仅仅以大干的口号即是以武装暴动的口号便可以造成。

周恩来特别强调地对项英说：

> 你们应坚决反对这一观念:"左"倾会比右倾好些,在现时只怕右倾不怕"左"倾。要知右倾会障碍革命,而"左"倾也同样会障碍革命与断送革命的。

周恩来还指出项英和长江局最中心的缺点,只是在布置暴动上做文章,"而忘掉积极准备武装暴动是要动员最广泛的群众,从斗争中锻炼自己,从斗争中组织自己,从斗争中认识党的领导与接受党的口号"。

周恩来的指示信是一服清醒剂,对李立三"左"顷冒险主义不顾主客观条件而盲目"大干"的错误思潮进行了有力的批判,对长江局和项英作了具体的工作指导,使项英受到了教育。

项英和长江局接到党中央的指示后,每次都及时召开会议,组织学习领会,联系武汉的实际情况,感到中央新的指示一针见血,十分正确,表示完全拥护,立即停止了原定武汉暴动的工作部署,把各项工作重新转移到正常的轨道上来。

项英在对中央关于停止武汉暴动的指示作了贯彻,安排好长江局的工作后,按照党中央的通知,赴上海参加党的六届三中全会。这次会议停止了"立三路线"的执行,项英也受到了教育。后会,项英回到武汉,取消了武汉暴动计划。

尽管项英在他工运生涯的后期犯有明显的错误,但是他在严重的白色恐怖下能够始终坚持斗争,其表现是英勇的,精神也是可嘉的。

会议结束后不久,1930 年 12 月底,党派项英到中央苏区从事军政工作,肩负组建苏区中央局的重任。从此项英离开了工运战线,在军政领域继续革命。

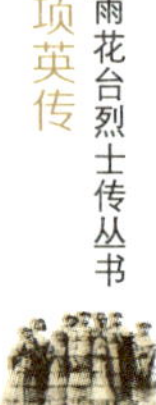

第四章 奋斗在中央苏区

组建苏区中央局

1930年8月之前，中共中央没有设立统一领导全国红色区域的党的领导机构。随着革命形势的发展，苏维埃区域不断扩大。这年夏天，全国红军已经扩大到了13个军，约10万人，建立了15块革命根据地。在这大好形势下，中共中央决定在湘、鄂、赣三省苏维埃区域中，成立苏维埃区域的中央局，以指导所有苏维埃区域的工作。1930年9月28日，扩大的中国共产党六届三中全会通过的《组织问题决议案》明确指出，“扩大的三中全会完全同意中央政治局立即在苏维埃区域成立中央局的办法，以统一各苏区党的领导”，“苏区的各特委与苏区中央局发生关系的地方，都应隶属其指挥。”①10月3日，中央政治局第二次会议决定，在苏区由周恩来、项英、毛泽东、余飞、袁炳辉、朱德等组成苏区中央局，决定由周恩来担任书记。因为周恩来一时难以离开中央，决定在周恩来抵达苏区前，由项英代理中央局书记职务。

同年10月17日，中共中央政治局会议又决定，由周恩来、项英、毛泽东、任弼时、朱德、吴振鹤、余飞等人为苏区中央局成员，以周恩来为书记，由项英暂时代理。会议还决定成立苏区军委，由项英、毛泽东、任弼时、朱德、彭德怀、贺龙、叶剑英、邓小平、刘伯承、周恩来、李富春等25人组成。这次会议，对项英到中央苏区的领导者责任进一步明确。

项英在赴中央苏区的准备过程中，对怀孕数月的妻子张亮作了安排。在他离开上海的四个月后，项英的女儿在上海诞生了，取名苏云。直到1932年5月，张亮才随邓颖超进入中央苏区，而女儿项苏云则留在了上海。

根据中共中央的指示，项英于1930年11月化装成广东熟练工人的模样，坐上轮船，离开上海前往苏区。从此，项英告别了他长达11年的白区地下斗争生活，前往他向往已久的新天地。项英离开上海后，再经由上海到中央苏区的秘密交通线，辗转多次于12月中旬进入闽西苏区。在闽西苏区，他听取了中共闽西特委书记邓子恢、闽西军委特委军委书记张鼎丞等人对闽西苏区发展状况的汇报。项英向他们传达了党中央六届三中全会的精神。随后，项英在闽西苏区所派武装的护送下于12月底到达江西苏区宁都小布，与红一方面军总部会合。此时，红军刚刚取得了第一次反“围剿”的胜利，活捉了国民党三十八师师长张辉瓒。项英在喜庆的气氛里见到了毛泽东、朱德，向他们表达祝贺，转达中共中央的问候。

1931年1月初，项英在红一方面军第一次反“围剿”作战胜利结束后，同毛泽东、朱德交谈，向他们传达了党的六届三中全会的精神，特别是根据红军和苏维埃区域发展的形势，确定建立苏区中央局以加强党

① 参见中央档案馆编《中共中央文件选集》(六)，第30、32页，中共中央党校出版社，1989。

的领导，成立中央革命军事委员会以统一军事指挥，并一起商量了如何组建中共苏区中央局和军委的问题。

1931 年 1 月 15 日，根据中共中央的指示，中共苏区中央局在赤坎村中的龚氏宗祠宣告正式成立。中共苏区中央局委员共 9 人：周恩来、项英、毛泽东、朱德、任弼时、余飞、曾山及湘赣边特委 1 人，共青团中央 1 人，中央指定周恩来任书记，暂由项英任代理书记。2 月 13 日，中央政治局又指定项英、任弼时、毛泽东、王稼祥等 4 人为苏区中央局常委。苏区中央局负责“管理全国苏维埃区域内各级党部，指导全国苏维埃区域内党的工作，将来苏维埃扩大的区域，仍归苏区中央局管理”。苏区中央局成立后，原中共红一方面军总前委宣布撤销。

在中共苏区中央局成立的同时，中华苏维埃中央革命军事委员会也在宁都小布成立，项英任主席，朱德、毛泽东任副主席。这是根据中共中央指示在苏区成立的、担负领导和指导全国苏维埃区域军事斗争和革命武装组织的最高领导机构。

至此，项英完成了党的六届三中全会赋予他组建苏区中央局和中央革命军事委员会的任务。然而，中央局虽然建立了，但在组织上还十分不健全。朱德负责总司令部工作，只能参加会议；毛泽东后因总政治部建立，不能同时担任中央局的工作，①事实上中央局的具体工作只得由项英一人来做。后来，项英在其自传中写道：“从此，我放弃了多年来的工会工作和白区秘密斗争，开始学习军事和苏维埃政府工作。”据统计，从 1931 年 1 月到 3 月，苏区中央局连续发出 17 个通告，无疑这些通告多为项英所起草，或者是在他的直接主持下通过的，较好地解决了苏区面临的许多重大问题，较顺利地完成了党中央交给他的组建中共苏区中央局的重托。

自此，项英的革命生涯进入了新的阶段。

---

① 参见王辅一《项英传》，第 153 页，中共党史出版社，1995。

处理富田事变

项英进入中央苏区之初，就发现赣西南地方和红军中存在着肃反扩大化的倾向，尤其是一个月前发生的富田事变，让项英非常震惊。在项英看来，这件事事关重大，应该尽快妥当加以处理。

经过调查，项英逐渐了解到了事件的经过。“AB团”是国民党的一个反革命组织，存在三个月就解体了。1930年5月，红一军团攻克吉安后，在缴获的敌人文件中，发现了有关“AB团”的材料，并涉及到当时的江西行委（领导江西全省暴动的机关）和赣南特委的某些干部。红一方面军总前委因此认为赣西南党组织存在“非常严重的危机”，必须“来一番根本改造”，以“挽救这一危机”。红一方面军内部和赣西南苏区在肃反中就普遍开展反“AB团”的斗争。当时，有两个人迫于酷刑，胡乱供说江西省行委有一个“AB团”总团部，段良弼、李白芳、谢汉昌为其首要分子。总前委先是轻信敌人有关“AB团”的材料，在11月间将中共江西省行动委员会书记李文林扣押，接着又根据“供词”，将段良弼、李白芳、谢汉昌列为“AB团要犯”。总前委还派肃反委员会主任李韶九于12月7日到江西省苏维埃政府所在地吉安县富田搞肃反，先是将段良弼、李白芳、谢汉昌和省苏维埃常委军事部长金万邦等抓起来，接着进行审讯。至12月12日晚，共抓120余人，并于11日处决了24人。

12月9日，李韶九带人押解谢汉昌，前往红二十军军部所在地江西东固。由于谢汉昌乱供，红二十军一七四团政委刘敌被说成是“AB团”，于是李韶九立即通知刘敌来东固。刘敌接到通知后，率该团第一营于11日抵达东固。李韶九找刘敌谈话，指出他有“AB团”问题。刘敌为自保，在12日紧急集合全营队伍，包围军部，捆绑军长刘铁超，释放谢汉昌等所谓“AB团”要犯。李韶九闻风逃走。为营救江西省行动委员会那些被诬为“AB团”的人员，谢汉昌、刘敌率第一营于当晚由东

固冲到富田，释放被捕的近百名人员。随后，谢汉昌、刘敌为避免红军内部发生互相残杀的冲突，带领红二十军的部队西渡赣江，拉到湘赣边区永新一带活动，脱离了红一方面军总前委的领导。[①]

红一方面军总前委对于富田事变十分震惊，认为这是“AB团”“里应外合，公开叛变”，将其定性为“AB团取消派合作的叛变”，决心消灭“叛逆”，采取“坚决进攻的策略”，发表宣言和公开信，号召开展反击和镇压。这样，事态不断扩大、升格，给党和红军造成了难以估量的惨痛损失。[②]1930年12月，在总数仅4万的红一方面军中，竟然破获“AB团”4400人以上，杀害约2000人。[③]

显然，富田事变及其前因后果是非常复杂的，如果处理不好，就会酿成红军之间相互残杀，后果不堪设想。为此，项英保持了冷静的头脑，采取了较为审慎的态度。1931年1月16日，项英发出了《苏区中央局通告第二号——对富田事变的决议》。在决议中，他批评了富田事变领导人的分裂行为，并在不了解真相的情况下表示“完全同意总前委对‘富田事变’所采取的斗争路线”，但同时也指出要“要纠正过去反取消派AB团斗争中的缺点错误”，强调今后要加强思想教育，“绝对不能乱打乱杀”，[④]在这长达6000字的决议中，项英没有一处指责富田事变是AB团领导的、有预谋、配合国民党军队消灭红军的反革命暴动。项英经过一个多月的调查，查清了富田事变的过程并实事求是地分析了事变的性质，提出了处理的办法，写出了《关于富田事变的始末》一文。

在2月19日的苏区中央局第十一号通告中，项英更明确地肯定了富田事变的性质不是“AB团”领导的反革命暴动。通告说：“中央局根据过去赣西南党的斗争历史和党的组织基础以及富田事变的客观行动事实，不能得出一个唯心的结论，肯定说富田事变即是AB团取消派

①② 参见何立波、宋凤英《项英与震惊中央苏区的“富田事变”》，《世纪行》2004年第5期。

③ 参见《江西文史资料》第二辑，第110页，江西省政协文史资料研究委员会，1982。

④《苏区中央局通告第二号——对富田事变的决议》（1931年1月16日），转引自刘勉玉《项英在中央苏区的功与过》，《江西大学学报》（社会科学版）1991年第1期。

的暴动，更不能有事实去证明领导富田事变的全部人纯粹是AB团取消派，或者说他们是自觉的与AB团取消派即公开联合战线来反党反革命，这种分析和决议正是马克思列宁主义唯物论的运用，是铁一般的正确。”随后，项英以中央局的名义，一方面责成红二十军政委蒋炳春过河西把红二十军带到河东苏区来，另一方面通知赣西特委负责人和参加富田事变的领导人到宁都黄陂苏区中央局来开会，以党的会议的方法分清是非、解决纠纷，同时议定对肆意乱杀的李韶九开除党籍。项英认为，谢汉昌、刘敌用兵变方式解决内部问题的做法是错误的，但他们继续坚持对敌斗争、打土豪分田地，扩大人民武装，准备攻打吉安，这些是对的。还应该看到，他们西渡赣江后没有任何一部分投降敌人，也没有和敌人任何一部分取得联系，而是向中共赣西特委王怀介绍了富田事件的由来和经过，并向党承认了自己的错误。项英这种处理党内矛盾的态度和方法，无疑是正确的。经过项英的冷处理，事态逐渐平静下来，肃“AB团”运动也暂时停止了。红二十军开赴前线，积极参加对国民党军队的作战。时隔50年后，萧克将军回忆这段历史时说，“我看项英同志为首的中央局的看法比较符合实际情况”[①]。

可是，六届四中全会以后的党中央不同意项英的看法，甚至否认以项英为首的苏区中央局，遂派出中央代表团来“全权调查与解决这一问题”。4月，中央代表团来到江西，支持总前委主张，坚持按敌我矛盾解决富田事变，并批评项英犯了调和主义错误。1931年4月17日，苏区中央局举行第一次扩大会议。中央代表团传达了中共中央六届四中全会精神，报告了中共中央对目前形势的估计及代表团对富田事变的意见。会议通过了五项决议，完全拥护四中全会后中央的一切工作，指出，“富田事变是AB团领导的，以立三路线为旗帜的反革命暴动，更清楚地说：富田事变是AB团领导的与立三路线一部分拥护者所参加的反革命暴动”；“中央局关于富田事变的解决，也是错误的”，“没有认清富田事变是AB团领导的，立三路线的一部分拥护者参加的反

① 《萧克同志谈中央苏区初期的肃反运动》，《党史研究资料》1982年第5期。

革命暴动”。①

这样，项英希望正确处理富田事变的愿望就落空了。此后中央苏区重大问题的决定权都集中到中央代表团手中，项英已不能履行苏区中央局代理书记的职责了。1931 年 5 月，苏区中央局责备项英在解决富田事变中“完全错误”，“因此丧失信仰，工作能力不够”，撤消了项英的苏区中央局代理书记的职务。6 月 20 日，苏区中央革命军事委员会也进行改组，项英的军委主席一职被撤销。同时成立中共江西省委临时省委，项英被派到江西省委帮助工作。

此后，按照中央代表团报告通过的处理富田事变的方针，将遵照中央局通告到中央局开会并向党认错的谢汉昌、刘敌、李白芳和王怀等人，以“AB 团”首领的“罪名”，抓起来先后处决。打“AB 团”的错误活动得以继续蔓延，在此过程中发生了日益严重的乱打乱杀现象，在红军中造成了严重的后果。

1931 年 12 月 20 日，周恩来到达中央苏区，正式就任苏区中央局书记。在赣南和闽西亲眼目睹了肃“AB 团”的严重后果，非常痛心，意识到了问题的严重性。1932 年 1 月 7 日，周恩来主持召开苏区中央局会议，作出决议，严厉批评了肃反工作中存在的扩大化和简单化。项英参加了决议的研究和通过，反映了他对这个问题的基本态度。决议采纳了他的许多正确意见，说出了一年多来他在这方面想说而未能说出的话。同年 1 月 25 日，苏区中央局专门作出了《关于处罚李韶九同志过去错误的决议》，决定给李韶九留党察看六个月的处分，派到下层做群众工作。对李韶九的处理，反映了广大群众的呼声。项英参与了对李韶九所犯错误处理方法的研究，对决议表示完全赞同。

1991 年，中共中央党史研究室编著的《中国共产党历史》对富田事变和打“AB 团”作了专门的叙述：“以项英为代理书记的苏区中央局，一方面指出发动富田事变是严重错误，另一方面采取解决党内矛盾的方法，将红二十军动员回到赣江以东。但是 1931 年 4 月中共中央代表

① 转引自何立波、宋凤英《项英与震惊中央苏区的“富田事变”》，《世纪行》2004 年第 5 期。

团到达中央根据地后，根据同年 3 月《中央政治局关于富田事变的决议》，错误地认定富田事变是'AB 团'所进行的'反革命行动'，逮捕并杀害了红二十军大部分排以上的干部，使本来正在纠正的'左'倾错误又发展起来，项英的苏区中央局代理书记职务也被撤销。"[①]文中肯定了项英处理富田事变的正确性。

建设红色政权

早在党的六届三中全会之前，党中央就积极地准备召开第一次全国苏维埃代表大会（以下简称"一苏大"），成立全国性的工农苏维埃政府。党的六届三中全会又一次重申这项重大任务。项英在主持中央局和中央军委工作期间，为贯彻党中央的指示做了不少准备工作。苏区中央局成立发出的第一号通告就明确指出，"举行全国苏维埃代表大会，成立中央临时政府"，"有第一等重要意义"。不久，中央军委发出通告，决定在 1931 年 8 月 1 日召开第一次全国苏维埃代表大会，以纪念八一南昌起义。后来，由于各苏区处于战争环境中，联络困难，交通不便，难以召集齐参会代表；加之中央苏区第三次反"围剿"又即将进行，因此决定将一苏大的时间改在十月革命（公历 11 月 7 日）纪念日举行。项英在主持苏区中央局和中央军委工作期间，协助毛泽东为准备召开大会和开好大会做了不少的工作。

1931 年 11 月 7 日至 20 日，第一次全国苏维埃代表大会在江西瑞金举行。大会推选了主席团和常务主席以领导整个大会，项英是主席团和常务主席之一，项英还被推选为提案审查委员会主任。

在大会的开幕式上，项英代表大会主席团致开幕词，他正确地分析了形势，指明了苏维埃政权的性质和任务。他说：全苏大会是全国工农及英勇红军斗争的结晶，它建立中华苏维埃共和国临时中央政府来

① 中共中央党史研究室编：《中国共产党历史》（上卷），第 306 页，中共党史出版社，1991。

1931年11月，中共苏区中央局委员合影（左起：顾作霖、任弼时、朱德、邓发、项英、毛泽东、王稼祥）

领导全国劳动群众，推翻帝国主义在中国的统治，推翻豪绅地主买办资产阶级统治，为争取苏维埃新中国而奋斗。9日下午，毛泽东代表苏区中央局作政治报告。12日，项英向大会作了劳动法草案报告。这个报告，本着“发展生产，保护劳动者，改善人民生活”的宗旨，比较完备地规定了劳动者一方的利益。14日，张鼎丞作土地问题报告。15日，朱德作红军问题报告。16日，周以粟作经济政策报告。17日，王稼祥作少数民族问题报告，邓广仁作工农检查处问题报告。18日，大会听取苏维埃宪法问题报告，经过讨论，大会通过了宪法大纲、土地法、劳动法等法令，以及红军问题、经济政策、少数民族等问题决议案。

19日，大会选举了毛泽东、项英、周恩来、刘少奇、朱德等63人为中央执行委员，宣告中华苏维埃共和国临时中央政府成立。20日，在大会闭幕会上，毛泽东、项英分别致闭幕词。27日，中央执行委员会举行第一次会议，选举毛泽东为中华苏维埃临时中央政府主席，项英、张国焘当选为中央执行委员会副主席。项英同时当选人民委员会副主席、劳动人民委员部部长。12月1日，毛泽东主席和项英、张国焘副主席联名签署，发布中华苏维埃共和国中央执行委员会第一号布告，明确表示:“中华苏维埃共和国中央执行委员会,受全国代表大会的托付,党竭尽全力执行大会制定的政纲、宪法、劳动法等一切法令和决议,建立巩固而广大的革命根据地,创造大规模的红军,组织大规模的革命战争,使革命……取得全国的胜利”。

一苏大以后,由于临时中央政府主席毛泽东当时大部分时间在前方领导红军作战,第二副主席张国焘在鄂豫皖苏区担任领导工作,因而项英作为第一副主席从这时起到 1933 年 5 月前,实际主持临时中央政府的全面日常工作,并兼任劳工、土地、财政、调查等部的部长职务。自此,项英主要致力于红色政权的建设工作,为建立各级苏维埃政权、巩固和发展革命根据地做出了卓越的贡献。

中华苏维埃共和国临时中央政府成立以后,首要的任务就是建立起各级地方苏维埃政权,加强地方苏维埃建设。项英一开始就十分重视这个问题。在中央临时政府成立不久就写了《地方苏维埃的建设问题》,论述建立地方苏维埃政权的重要性和具体做法,公开发表在《红色中华》报 1931 年 12 月 18 日头版上。在文中,项英指出,各地的苏维埃政府虽然领导了很广大的土地革命斗争,但是本身的组织和工作都没有很好地建立起来。建立各级苏维埃政权十分重要,“没有健全的地方苏维埃,就不能巩固中华苏维埃共和国的基础;没有强大工作能力的地方政权,就不能充分实施苏维埃的一切政纲团结千百万工农和劳动群众在自己的周围,去争取苏维埃在全中国的胜利。”项英特别强调,建立地方苏维埃政权,必须打破从前的“随便观念”,不是简单地对现有政权机构的改造,一定要按照中华苏维埃共和国颁布的宪法和法令的规定慎重周密地来做,把这件事当作一切工作的中心。

项英还指出了建立地方苏维埃的具体做法:第一,划分行政区域,规定乡区苏维埃的管辖范围。有了这一划分,才便于进行各级苏维埃选举。第二,加强县苏维埃的城市苏维埃建设。项英认为,过去,县一级是成立委员会,委员会下建立各科或各部,城市苏维埃一个也没有建立,现在必须要改变过去的组织方式和工作方式。这两项工作是地方苏维埃建设的最基本工作。项英还指出,建立地方各级苏维埃政权,

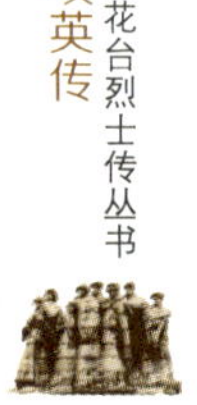

要发动广大工农群众，让他们明白苏维埃政权建设的意义，拥护并参加苏维埃政权建设，这样苏维埃政权建设才能获得成功。项英对于地方苏维埃建设的论述和工作，为各级苏维埃政权建设指出了方向。

在进行地方苏维埃政权建设的过程中，项英针对出现的问题，继续予以理论导向和指导具体工作实际。由于苏维埃政权在中国是个新生事物，缺少工作经验，加上一些长期受封建专制思想影响的基层领导干部和人民群众的民主意识淡薄，所以许多工作没有很好地按宪法和法令去做。如在城乡苏维埃代表大会选举时，不管选民到多少就选举；代表会议制度也没有建立起来，等等。项英发现这些问题后，立即为《红色中华》报写了《强固城乡苏维埃的组织工作》①的社论，强调指出，选举不合法的，应宣布无效，重新选举。他说："城乡苏维埃，是苏维埃政权的基本组织，是直接吸引大多数的工农群众参加政权工作的方式。"只有这种制度的建立——代表会议制度的建立，"才能巩固政权的基础，去争取苏维埃在全中国的胜利"。为要巩固这一制度，"就要代表会议按期开会，城乡苏维埃的工作，都要经过代表大会的讨论和决定，使每个城乡代表都要分担苏维埃的一切工作，消灭过去少数人包办苏维埃的现象"。苏维埃代表大会的代表，"要对选举他的选民负责，经常的向选民报告和传达苏维埃的会议决定和工作，要能随时搜集选民的意见和要求，提交代表会议讨论；同时要使每个选民知道随时监督代表的工作，并实行召回（不称职的）代表另行选举之职权"。项英认为，只有这样的苏维埃，才能有效地直接动员和领导工农劳苦群众，在上级政府的领导下，去积极参加革命工作，以争取革命的伟大胜利。

项英对政府工作人员的要求也是非常严格的，既要求他们切实执行中央临时政府制定的各项训令、通令、条例、决议等法规，又要求他们艰苦奋斗，廉洁奉公。他认为政府工作人员应当全心全意地领导群众，去争取革命的胜利，绝不能以权谋私。他在1932年3月2日发表在《红色中华》报上的《反对浪费严惩贪污》一文中严肃指出："贪污是苏维埃政

① 刊于《红色中华》1932年4月6日。

权下，绝对不允许的事，如有发生，即是苏维埃政府的羞耻。”又说，在领导人民革命斗争的过程中，政府工作人员中发生吞没公款、营私舞弊等贪污行为，“简直是反革命的行为”，“非用革命的纪律制裁不可”。

1932年春，中央政府派人到兴国、万太、赣县等县检查财政，发现兴国县主席和财政科长、鼎龙区财政科长，以及兴国县所办的国营商店经理等人，程度不同地有吞没公款、伪造账目、扯旧账造新账等贪污舞弊行为；还有许多地方将存款打埋伏，隐藏不报。项英对这些行为极为愤慨。他强调指出，必须将贪污分子从各级苏维埃政府中驱逐出去，严加惩办。同时，以中央政府的名义，命令江西省苏维埃政府，将兴国县主席、财政科长和龙鼎区财政科长、兴国商店经理一律撤职查办，并提交法庭审判。他说：“这样处理是非常之必要的，不如此，不能树立苏维埃政权的威信，有力地领导人民群众，巩固和发展革命根据地。”

随着革命根据地的扩大和发展，国民党对中央革命根据地的经济封锁越来越严重。1933年5月，国民党南昌行营颁布《封锁办法》，在赤白交界区和水陆交通要隘设管理所或检查站，严格禁止食盐、布匹、煤油、药材、电池等生活必需品流入苏区，同时订立“五家连坐法”，即规定五家中若有一家将食盐等运进赤区，其余四家不报告者，便以“赤化”罪论处。国民党公开叫嚣：“必须作到‘使敌无粒米勺水之接济，无毗蟀蚊蚁之通报’的程度。”

国民党的经济封锁给革命战争和人民生活带来极大的困难。为了打破敌人的经济封锁，临时中央政府通过各种渠道，采取各种方式，发展对白区贸易。一方面鼓励商人到根据地做生意，另一方面组织政府经济部门工作人员深入白区，秘密建立对外贸易局、转运局或采购站，从事对外贸易业务，出口粮食、纸张、钨砂、茶叶等，换回急需的食盐、药材、布匹、煤油等。许多共产党员和革命群众冒着生命危险，忘我工作，源源不断地将各种物资运回苏区，为打破国民党的经济封锁做出了贡献。但也有少数意志薄弱者、思想不坚定的共产党员和政府工作人员企图从中渔利。有鉴于此，毛泽东、项英、张国焘于1933年12月15日，联名发出了《中央执行委员会第二十六号训令》，对苏维埃机

关、国营企业及公共团体的工作人员利用自己地位贪污公款以图私利者，根据款数多少，判以死刑、监禁、强迫劳动、撤职等处分。这个训令对打击贪污腐败分子起了积极作用，进而加强了苏维埃政府的廉政建设。

1934年春，项英代表中央党务委员会与中央工农检察委员会，到于都检查工作，发现县委书记刘洪清为图个人生活舒适，竟置县委领导工作于不顾，弃政从商，领导少数党员干部做投机生意。县苏维埃主席熊仙壁，包庇贪污，以主席的资格，到财政部强拿公款，充作资本，交给弟弟贩卖食盐。在刘洪清、熊仙壁的影响下，于都县的部分党员和苏维埃工作人员争先恐后做投机买卖。他们将根据地的谷子出口，换成现洋，再贩盐到根据地内高价出售，从中牟取暴利。项英在《于都检查的情形与经过》一文中说："使于都城内的党与苏维埃机关形成了商人联合的集团。"一段时间里，全县利用职权经商的党员和苏维埃工作人员达60多人，贩卖谷子1263担，致使奸商富农操纵市价，谷价大涨，直接影响了临时政府粮食征购计划的完成和根据地人民群众的生活。

针对上述严重情况，项英为中央党务委员会、中央工农检察委员会（此时项英兼任主席）起草了《对于党员和苏维埃工作人员私自经商图利的决议》，并于1934年2月13日颁布。项英在《决议》中严肃指出：党员和苏维埃工作人员利用党的经济政策，"放弃革命工作不做，而去经商，甚至有些工作人员私拿公家的金钱或假借机关的名义去做生意，这种行为与党的目的背道而驰，是共产党员绝不应有的行动"。《决议》要求各级党务委员会、各级工农检察委员会在全党和苏维埃机关中开展斗争，使那些"因谋私利而擅离职守的工作人员受到国家行政的处罚，对于那些挪用公款或假借公共机关名义做买卖的人员，应予法律制裁"。

为了加强廉政建设，严肃党纪，项英秉公执法，逐一审查各个案子，将民愤极大、影响极坏的几个贪污要犯，组织全县公审并予以处决。3月20日，毛泽东、项英、张国焘联名发出中央执行委员会第五号命令："前任于都县苏维埃主席熊仙壁领导和包庇贪污、私用公款做生意谋利，熊系中央执行委员，交最高法院治罪。”

项英亲自出席最高法院特别法庭对熊仙壁的审判会，判处熊仙壁有期徒刑一年。对其他的违纪党员干部和苏维埃工作人员，也都一一给予了应有的惩处，从而狠刹了弃政经商歪风，促进了廉政建设。

保卫红色政权

项英常说，人民的政权需要人民来保卫。在白色政权四面包围和国民党军队不断进攻的情况下，苏维埃政权要坚持、巩固和发展，就必须在共产党的领导下，依靠红军和根据地人民群众，增收节支，发展经济，积极投入革命战争。因此，中央临时政府成立后，立即提出了恢复和发展农业生产的任务，鼓励开垦荒山，扩大耕地面积；组织劳动互助社和耕田队，不失时机地抢耕抢种；发动妇女参加农业生产，以弥补劳动力不足；组织犁牛合作社，合理使用耕牛农具。与此同时，还大力开展植树造林、兴修水利、发展畜牧、挑选良种及种植多种杂粮、蔬菜、棉花等活动。这一切都是为了准备充分的经济，支援前线，打破国民党的军事“围剿”。

为了宣传、贯彻、落实中央临时政府的这些措施，项英于 1932 年 2 月 17 日为《红色中华》报写了题为《发展生产节俭经济来帮助红军发展革命战争》的社论。在这篇社论中，项英着重强调了两个问题：一是努力发展苏区的一切生产，二是努力开展节俭活动。项英指出，中央苏区所以能取得第一、二、三次反“围剿”的胜利，就是由于准备了充分的经济，“若是经济准备不充分，红军给养困难，那么，三次伟大的胜利就不能很完满获得。”在当前，为准备粉碎国民党新的军事“围剿”，积极进行革命战争，就要准备充足的经济来帮助红军，“这是我们各级政府和广大工农群众一个很实际的工作”。

项英在社论中强调说：发展经济，首先要努力发展生产，特别要“大大的增高农产品的生产量，使得粮食充足，很丰富的供给红军给养”。

“同时，使得出口的生产恢复起来，在正确执行经济政策下，吸收现金，来帮助军事上的必须费用。但是，这还不够，一切费用都要十二分的节俭，不急需的费用不要用，要用的就要节俭，不要浪费一文钱，滥用一张纸，多用一点油，积少成多，就可以节省一大笔经费。我们要知道，节约一文钱即是对革命有一分的帮助，谁要是浪费一文钱实际等于革命的罪人。”项英最后指出：各级政府应坚决地去领导广大群众积极发展生产，“谁要是怠工和敷衍，谁就是苏维埃的罪人。我们要坚决同那些浪费金钱，滥耗政府财政的人作斗争，我们要号召工农群众驱逐那些人出苏维埃机关”。

项英抓工作，不是流于形式、一般号召，而是深入实际，亲自过问，抓得十分具体。这年春耕，他深入苏区各地农村检查，还重点指导一些乡、村苏维埃，和基层干部一起商讨抓好春耕的办法，并帮助他们解决一些实际困难。如有的农户缺少种子、耕牛和农具，项英就和村干部一起帮助他们以劳力换耕牛、农具以及募捐种子来解决，使春耕春种不误农时。

对于苏维埃机关中出现的浪费现象，项英一旦发现，立即严肃批评教育。一段时间，江西省保卫分局负责同志，为了显示保卫局的威风，大摆阔气，用 9 块多大洋做了一面旗子，花 1.24 元买两根手枪系带，用 3 块多大洋买 10 本日历，1 个月点洋烛 30 包。有的同志给保卫分局负责人指出不要摆阔气，这位负责人却说，这点花费算不了什么，甚至讥笑提意见的人“没见过大世面”，对这点小事“也大惊小怪”。项英得知这件事后，十分气愤，立即找保卫分局负责人谈话，严肃批评了他摆阔气的败家子作风，并在《红色中华》报上发表《好阔气的江西政治保卫分局》，予以公开揭露，既教育了各级党和政府的广大干部，又教育了保卫分局的负责同志，使他们认识和改正了自己的错误。石城县革命委员会的主席迁家讲排场，大搞铺张浪费，放了很多的鞭炮，还收群众的贺礼。项英知道后很生气，在《红色中华》报上发表的文章《好个石城县主席迁家大喜》中说：“现在是苏维埃政权，主席是代表工农群众来办政府的事，对于封建县长式的主席，就要请他出苏维埃。”

在项英和中央临时政府的领导下，苏区的农业生产迅速恢复和发展，“到 1933 年，中央苏区（赣南和闽西）的农产量比上年增长 15%；闽浙赣苏区增长 20%。种植杂粮更获得好收成，中央苏区有的县比上一年增加三至四成。农产量的增加，不但保证了苏区军民生活的需要，而且为巩固苏区提供了重要的物质基础。”①

项英在致力于苏维埃政权建设的同时，积极开展扩大红军（以下简称“扩红”）运动，为红军的建设和发展做出了贡献。

蒋介石调集 30 万军队对中央苏区进行第三次“围剿”失败后，经过九个月的准备，又向各苏区发动了第四次“围剿”。为了粉碎国民党新的军事“围剿”，中共中央于 6 月 11 日做出《关于帝国主义国民党“四次围剿”与我们任务的决议》，并做出相应的部署。与此同时，中华苏维埃共和国临时政府中央执行委员会先后发出了第十号训令和第十四号训令，要求各地苏维埃政府广泛动员群众，武装起来巩固和发展苏维埃政权，都能到红军中去参加前线作战，使红军在战争的开展中得到充分军役的补充。全国苏区广大群众和工农红军应实行全线出击，以革命的进攻来回答帝国主义国民党的新进攻。9 月 20 日，中央执行委员会又发出《关于扩大红军问题训令》，指出，当前战斗任务需要我们以最强大的武装力量来消灭敌人大集团兵力。这不但要号召千百万工农群众武装起来，而且最重要的是强大革命战争的主要武装力量——工农红军。扩大红军，是彻底消灭敌人的武装，保卫苏维埃，争取苏维埃政府在全中国的胜利的“一个最基本条件”。

项英认真实施中共中央和中央临时政府关于扩红的决议和训令，于 1932 年 9 月 13 日为《红色中华》写了《猛烈扩大红军反对对于扩大红军的消极》等社论，论述了扩大红军的意义和具体方法。项英在社论中首先指出，目前革命战争已进到与反革命决死斗争的时候。这一革命战争的剧烈形势，在主观上需要强大的红军力量来担负这一战斗任务，所以扩大红军是当前地方苏维埃政府的“中心任务之一”。因为革

① 李良明：《项英评传》，第 103 页，经济日报社，1993。

命战争是阶级斗争的最高形式，“只有彻底消灭阶级敌人的武装，才能取得阶级斗争的最后胜利。”项英接着说：集中一切力量去为战争服务，不断输送大批新战士到前方强大红军，这项工作应该列在各地苏维埃政府工作日程上的第一位。特别是城乡代表会议、选民大会、赤卫军少先队，这些组织，应成为我们经常发动和进行扩大红军工作的地方。项英号召：“一切英勇的工农群众，要踊跃的到红军中去！扩大红军，加强革命战争的力量！”项英告诫负责扩红人员动员和鼓励广大群众到红军中去，“要依靠我们的政治宣传鼓动，依靠我们在一切斗争领导上去动员群众，绝不能强迫命令。强迫命令，不仅不能扩大红军，反而阻碍红军的扩大”。项英说：关键是要通过政治宣传，“使得每一个工农群众了解当红军是为了争取革命战争更大的胜利，不彻底消灭敌人的武装，就不能保障革命已有的胜利，完成苏维埃在全国的胜利。这样，广大工农群众便会自觉自愿地踊跃参加红军，积极投入保卫苏区的斗争”。

项英抓扩红，就像抓生产一样，经常深入城乡亲自做宣传动员工作。一次他和国家医院院长周月林、儿童局局长张积之等人到广昌头陂一带检查扩红工作。负责这里扩红工作的红四军军部特务营政委刘华汇报说：“这里的工作很难做，群众一时发动不起来，主要原因是对我红军宗旨不了解，又长期遭受反动政府的压榨和掠夺。加上土豪劣绅造谣破坏，老百姓不敢接近我们。”项英听后，教育大家一方面要严格执行三大纪律八项注意，另一方面大张旗鼓地宣传红军的宗旨，宣传劳苦大众要翻身就要起来革命的道理。在方法上，项英提出了三条：一是登门上户，深入群众；二是开群众大会、演戏；三是调查摸底，摸清当地的土豪劣绅。经过一段时间的宣传动员，加上红军战士模范行动的影响，当地人民才知道红军是工农子弟兵，是为穷苦人求解放的军队；也懂得了劳苦大众只有拿起枪杆子，才能打倒反动政府，打倒土豪劣绅，才能砸烂剥削制度的革命道理。于是头陂一带掀起了参加红军的群众热潮，出现了许多父母送儿子、妻子送丈夫、兄弟相争参军的动人故事。特务营在头陂一下扩大了200多人。同时，头陂一带的地方武装也得到发展，先后成立了游击队、赤卫队、少先队、儿童团，两个月之后，广昌县独立团也成立起来了。

在临时中央政府和项英的具体指导下，扩红运动取得了很大成绩，苏区各县都建立了红军补充团（队），使红军的兵员及时得到补充，还发展了不少新的师团。

项英热爱苏维埃工作，并坚信苏维埃是中国的方向。从1933年6月起，他就积极准备召集第二次全国苏维埃代表大会。他说：为了加强对全国革命的领导，使全国反帝国主义反国民党的伟大斗争形成新的局面，为了总结两年以来全国苏维埃运动的经验，决定新的方针及选举中央执行委员会，必须召集第二次全国苏维埃代表大会。在项英亲自参与准备下，第二次全国苏维埃代表大会于1934年1月22日在瑞金沙洲坝临时中央政府礼堂举行。出席这次大会的正式代表693人，候补代表83人，另有1500人旁听。毛泽东代表中华苏维埃共和国中央执行委员会与人民委员会作政府工作报告，朱德作红军建设决议报告，项英作《关于宪法的报告》。

项英在报告中首先指出："宪法是国家的基本法令。宪法的内容，根据政府机关的阶级性而决定，所以帝国主义国家和地主资产阶级政权的宪法，与苏维埃宪法完全不同。"接着，项英总结了两年来苏维埃工作的经验，指出，第一次全国工农兵代表大会通过的宪法基本上是正确的，但随着革命的发展，需要修改、补充和完善，并详细报告了新宪法的主要内容。① 消灭一切封建残余，彻底实行土地革命。② 驱逐帝国主义出中国，使中国不受任何帝国主义的压迫，使中国成为一个自由独立完整的国家。③ 苏维埃政权是工人、农民、红色战士的政权。这个政权压迫军阀豪绅地主和一切剥削人的人，政权的最高机关是全苏大会。④ 中央执行委员会是由工人、农民、红色战士以及一切贫苦群众选举出来的，苏维埃的一切事情都必须经苏维埃代表大会讨论决定。苏维埃代表大会代表以地方为选举单位由选民选出，代表应与选民保持密切联系，接受选民的监督，选民可以随时撤回自己的代表。⑤ 因为我们的政权是工农兵的政权，所以我们的一切法令，都是根据保护工农兵利益制定的，工农兵就是我们的主人翁。项英在报告中还

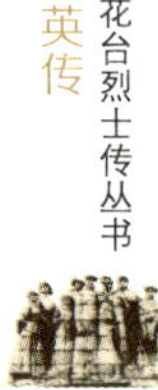

具体阐述了社会保险、土地、经济、外交、民主权利、婚姻、教育、青年、宗教、民族等政策。他最后满怀信心地说：新宪法“充分表现苏维埃的政权是工人农民的政权，只有苏维埃才能救中国，一定要使苏维埃在全中国迅速获得胜利”。

项英被第二次全国苏维埃代表大会选举为新的临时中央政府中央执行委员、中央执行委员会主席团成员、中央执行委员会副主席，并兼任工农检察人民委员。

项英在建设和保卫苏维埃的工作中鞠躬尽瘁、任劳任怨，做出了一定的贡献。他在这方面的一些理论和实践，为无产阶级革命积累了经验，就是在今天看来仍然具有重大的现实意义。

项英在中央苏区工作期间，正是王明“左”倾冒险主义统治党中央之时，他在思想上和行动上受到“左”倾冒险主义错误的影响，主要表现是赞成所谓“进攻路线”。

“左”倾冒险主义者的主要错误之一，就是在革命形势与党的任务上，认为“直接革命的形势”很快就要到来，一个或几个有中心城市在内的主要省份有“首先胜利的可能”，因此竭力主张党在全国范围内采取“进攻路线”。

1932 年 1 月 9 日，中共临时中央发出《关于争取革命在一省或数省首先胜利的决议》，要求红军“占取一二个重要的中心城市，以开始革命在一省数省的首先胜利”。特别要求将中央区、闽粤赣、赣东北、湘鄂赣、湘赣边各苏区联成一片，“占取南昌、抚川、吉安等中心城市”，“开始湘鄂赣各省的首先胜利。”[①]项英对此是拥护的。他先后写了《怎样配合红军的胜利争取江西首先胜利》《猛烈扩大红军反对对于扩大红军的消极》等文章。他认为，红军在北面的攻势，这不仅是“给帝国主义、国民党四次围攻的重大打击，而是取得实现江西首先胜利最有利的条件。夺取抚、樟、吉、赣中心城市，以实现江西首先胜利，就是目前的事

① 参见《中共党史教学参考资料》(一)，第 232 页，人民出版社，1979。

情了"[①]。还说:"目前革命战争已进到与反革命决死斗争的时候",因此,应以"粉碎帝国主义国民党四次围攻"、"夺取吉、赣、抚、南昌中心城市实现江西首先胜利"、"以革命进攻消灭帝国主义国民党的进攻"为动员群众当红军的中心口号。

3月中旬,苏区中央局在江口召开会议,讨论红军行动方向问题。"左"倾冒险主义者坚持冒险主义方针,主张"主力向北发展",夺取赣江流域各中心城市。项英是赞同这一主张的。毛泽东认为,攻打赣江流域是错误的,必将使红军造成重大损失,提出红军应集中力量向敌人统治力量比较薄弱、共产党和人民群众基础较好的赣东北方向发展。但是,毛泽东的正确意见却被"左"倾冒险主义者所否定,也未被项英所接受。10月,苏区中央局在江西宁都召开会议。"左"倾冒险主义者坚决认为攻打赣州是"绝对必要"的,批评毛泽东在江口会议上提出的正确意见是所谓对执行中央的"进攻路线"和"夺取中心城市"方针的消极怠工,是"不尊重"他们的领导,造成"领导不能统一"等,撤消了毛泽东红军总政治委员和前委书记的职务。项英对此表示赞成。

① 项英:《怎样配合红军的胜利去争取江西首先胜利》,《红色中华》1932年8月30日。

第五章 南方三年游击战争

临危受命留苏区

1934年10月，第五次反“围剿”斗争失败，中央红军主力8万余人在瑟瑟秋风中，迈着沉重的步履离开中央苏区，被迫开始了艰苦卓绝的战略大转移。中共中央在率领中央红军主力战略转移前夕，决定在瑞金成立中共中央分局，由项英、瞿秋白、陈毅、陈潭秋、贺昌等五人组成，项英任书记。与此同时，还成立中华苏维埃中央政府办事处，由陈毅任主任，梁柏台任副主任。项英担任过中共中央政治局常委、中央政府副主席、中央革命军事委员会(以下简称“中革军委”)代理主席，具有党、政、军全面工作经验，委任他为留守人员总负责，是较为恰当的人选。对于被留下坚持斗争，项英二话不说，表示服从中央决定，义无反顾地和其他领导人一起勇敢地挑起了重任。

1934年10月上旬，当中央红军主力陆续离开原来阵地向指定地域集结准备实行战略转移时，项英遵照中革军委的部署，指挥红二十四师和各军区的一些独立团接替主力红军防务。他们同时严密封锁主力红军转移的消息，积极开展游击战，阻滞敌人的行动，为掩护中央红军主力集结，进行长征前的准备工作，赢得了宝贵的时间。与此同时，项英根据中革军委的指示，领导各军区向中央红军主力输送兵员，增强主力红军的战斗力量。

10月10日至12日，驻瑞金的中共中央、中华苏维埃中央政府、中革军委机关编为两个野战纵队，相继撤离。项英和留下的同志与苏区群众一起，为他们送行。10月12日，项英在瑞金梅坑送别了博古、洛甫、周恩来、毛泽东、朱德、王稼祥等中共中央和军委总部领导人及最后撤离的队伍。

次日上午，项英赶赴医院看望陈毅，商谈以后的工作。陈毅于两个月前因在兴国老营盘作战负伤，刚刚做完腿部手术，仍躺在瑞金国家医院的病床上。项英对陈毅表示慰问后，向陈毅传达了中共中央对于中央分局的任务和要求，并就如何掩护红军主力转移等问题初步交换了意见。当天下午，项英又同陈潭秋、贺昌、瞿秋白等就掩护红军主力转移等问题分别作了交谈。

1934年10月14日，项英主持召开了中共中央分局第一次会议。陈毅、陈潭秋、贺昌、瞿秋白等人以及中共中央和中央政府各部门留在苏区的主要负责人列席会议。会上，项英传达了中共中央、中革军委赋予中央分局的各项任务，宣布中央分局和中央政府办事处正式成立。

自此，项英、陈毅等人一起携手，带领留在根据地的红军和游击队，在根据地人民的支持下，开始了艰苦卓绝又充满辉煌的南方三年游击战争。

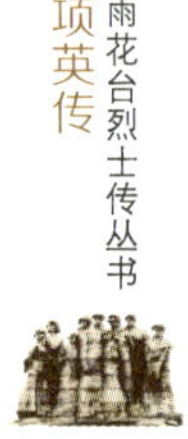

掩护红军大转移

1934年10月21日晚，中央红军主力于江西雩都县西南的王母

渡、新田之间，突破粤军防守的第一道封锁线。10 月 22 日，中央革命军事委员会在转移途中致电项英成立中央军区，由项英担任军区司令员兼政治委员，指挥江西、福建、闽赣、赣南及闽浙赣五个军区及各直属的地方独立部队与红二十四师和红十军。中革军委要求中央军区发动群众，广泛开展游击战，迅速扩大地方武装，镇压反革命，同时前运粮弹，后运重伤病员。中革军委赋予中央分局的主要任务是：牵制国民党军，掩护中央红军主力转移。同时，还要求中央分局保卫中央苏区和土地革命的成果，促使占据苏区的国民党不能顺利统治下去，准备在有利条件下配合红军主力反攻，恢复被国民党占领的地区。为了保证红军主力能顺利转移，党中央要求项英等人对中央红军主力战略转移的消息严格保密，直到中央红军主力和中央机关全部撤到湖南以后，才可以向留在苏区的干部群众和部队宣布中央红军战略转移的消息。中革军委还划出瑞金、会昌、于都、宁都四个县城之间的“三角地区”，作为中央分局和中央军区最基本的地区和必须最后坚守的阵地。

中央主力红军长征后，中央苏区处于国民党军队的强力进攻中。国民党军队除了薛岳纵队、周浑元纵队尾随追击中央红军主力外，其余的军队继续进攻中央苏区，从北、东、西三个方向不断深入苏区腹地，相继占领了宁都、汀州、石城、兴国、于都等地。陈诚等指挥的 20 多个师 20 多万人，则加紧构筑堡垒封锁线，将苏区分割成无数小块，企图瓮中捉鳖，彻底消灭留在苏区的红军，摧毁整个苏区。在政治上，国民党极力宣传红军逃跑以及被消灭以影响苏区群众的斗志，还以自新自首的欺骗政策引诱一部分信念不坚定的分子为他们“清剿”和镇压群众。同时，在进占苏区一地后便组织铲共义勇团，并建立保甲制度以恢复国民党的统治。

而此时，留在苏区的部队仅有红二十四师和 11 个团的地方部队及各独立营，总计三四万人左右。人数看似不少，装备却很差，有枪的少，半数手持大刀、梭镖。此外还有大量的伤员需要安置。对项英、陈毅等人来说，这无疑是一份极其沉重而紧迫的任务。

在严峻的形势面前，以项英为主要负责人的中央分局、中央红军坚决执行了党中央关于保卫中央苏区、抗击进犯之敌的指示，领导中央苏区军民英勇顽强地抗击敌人的进攻。

为了掩护中央红军主力转移，项英指挥部队不断阻击骚扰敌人，迟滞敌军的进攻。红二十四师和地方红军及游击队积极阻滞敌人进攻，开展游击活动，封锁消息，断绝交通，从而掩护主力红军胜利地踏上了两万五千里长征的征途。11月初，当粤军余汉谋纵队在南雄、大余、横江、铅厂地域追击主力红军，信丰、南康、安远等地甚为空虚时，项英根据中革军委指示，命令赣南军区独立第六团和独立第十四团深入到安远、信丰、南康地区开展游击活动，骚扰敌人。同时命令红二十四师在汀州以南河田地区，迟滞国民党军李延年纵队前进。

项英等人通过多种方式迷惑敌人，隐蔽红军主力出征的战略意图。他认为，尽管党中央领导人和中央机关已经离开瑞金，但是红军主力战略转移的意图还没有公开，国民党一时间摸不清楚。项英决定对外暂不改变党政机关的办公形式，仍然正常办公，以迷惑敌人，为中央红军主力战略转移争取更多的时间和机会。项英还与中央分局委员、《红色中华》报编委会主任瞿秋白研究，决定仍然继续发行报纸，保留报头原有的形式，并且标注“中国共产党中央委员会、中华苏维埃共和国中央政府机关报”。这样一来，既可以安定苏区的军心民心，又可以迷惑敌人，使其误认为中共中央和中央政府机关仍然在中央苏区。直到11月上旬，国民党军队还以为中共中央和中央政府机关仍在苏区，蒋介石直到11月中旬才彻底弄清红一方面军主力西移的战略意图。

红军主力实现胜利转移，继而到达陕北并创建新的根据地，与项英、陈毅等人领导的中央苏区的掩护和坚持斗争是分不开的。

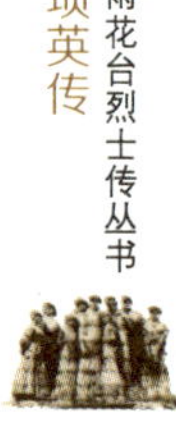

分兵突围到油山

为了抗击国民党军的进犯，保卫中央苏区，项英发表了《开展广泛的群众游击战争保卫中央苏区》一文，强调发展游击战争是中央苏区整个党与苏维埃目前最中心的任务，并注意加强地方武装和在群众中进行游击战争的教育。项英等逐步认识到不能把希望完全寄托在主力红军的回师上，提出了“独立作战”和“坚持斗争”的口号，在战略指导上亦开始了初步的转变。

一是派得力干部到各地区领导游击战争。当时，项英、陈毅和中央分局采取了一系列组织措施，派张鼎丞回闽西；调闽赣省委书记赖昌祚到瑞西地区组建中共瑞西特委并任书记，同时抽调部分武装组成瑞西独立营，调赣南省委书记钟循仁到闽赣省委任书记；调中央审计委员会原主任阮啸仙任赣南省委书记；派中央政府土地部原部长胡海回吉安东固地区，组建中央公（略）万（安）兴（国）特委并任书记；派少共分局干部李鹤鸣到胜利县（后转公略县）；派中共赣南省委组织部长罗孟文到杨赣特委任书记兼杨赣军分区政委；在于都小溪成立中共信康赣雄特委（后改为赣粤边特委）和军分区，由原在赣粤边坚持斗争的李乐天任特委书记、军分区司令员兼政委，调赣南省委宣传部长杨尚奎任特委副书记，随即抽调一个营的红军开赴赣粤边开展游击战争。

二是在“三角地区”的党内和群众中进行游击战争的动员教育。为了开展广泛的群众性游击战争，项英、陈毅和中央分局首先在中革军委划定的瑞金、会昌、于都、宁都之间的“三角地区”的军民中进行动员教育。项英在瑞西、瑞金两县活动分子会议上作了题为《目前敌人“清剿”形势与党的紧急任务》的报告，号召动员一切力量粉碎敌人的“清剿”，提出“一切工作为着开展游击战争”，要求每个党员要领导游击战争，要学习游击战术。与此同时，中央分局和中央军区在于都宽田龙泉径举办游击训练班，组织各县区游击司令部负责人学习游击战术，项英曾亲自到训练班作关于当前形势和任务的报告。

以项英为书记的中央分局在组织上、政治上实行的初步战略转变，对于一些地区游击战争的开展和以后游击战争的坚持起到了积极作用。然而，此时项英对于形势的严重性估计不足，还未完全认识到要彻底转变斗争方式，将游击战作为最主要的斗争方式。在军事上，项英仍然严格遵照中革军委的指示，把瑞金、会昌、于都、宁都四个城之间的

"三角地区",划为最基本的地区和最后的坚持阵地,在"三角地区"仍然坚持防御,搞大兵团作战。10月26日,国民党军队以优势兵力侵占宁都,11月10日侵占瑞金,11月17日又侵占于都。20日,当侵占瑞金的国民党军队向会昌进攻时,项英为了"兴奋苏区的群众,提高他们的信心",把红二十四师以及瑞金、会昌独立营集中在瑞金谢坊左侧的湾塘内,伏击国民党军第三师。这次伏击,虽然消灭了敌人半个旅,但是也削弱了自己的力量。同时,这次伏击战也暴露了苏区红军主力的目标。国民党军集中兵力,在宁都县以北寻找我军主力决战,并更加严密地对苏区进行分割包围。11月23日,会昌失守。至此整个"三角地区"的县城均落入国民党军队手中,中央苏区的所有县城及交通要道也都陷入敌手。

此时,形势异常危急。北面,国民党在宁都、瑞金、会昌一线布置的碉堡封锁线已经成形。南面,粤军余汉谋部重兵把守在赣州、信丰、安远、会昌一线。西面,敌军在兴国、赣县、于都一线也建起了坚固的封锁线。中央苏区被分割成了若干小块,敌人的"清剿"即将展开。

面对如此严峻的形势,迫切需要项英等人转变战略思想。1934年12月,中央分局召开会议。会上,陈毅强调广泛地发动游击战争,迅速地转变战略思想和斗争策略。项英接受了陈毅的正确意见。会后,中央分局在苏区军民中广为宣传主力红军突围转移的重大意义和面临的严重形势,动员和号召苏区军民团结一致,克服困难,坚决粉碎敌人的"清剿"。12月29日,项英在中央分局召开的瑞西、瑞金两县活动分子会议上,作了《目前敌人"清剿"形势与党的紧急任务》报告,分析了粉碎敌人"清剿"的有利条件和困难,提出粉碎"清剿"的具体措施,要求各被占领的地区秘密建立党组织,县区党组织都应有专人管理被占区工作,积极开展游击战争。同时将独立营扩展到400至500人,区游击队扩展到100至150人,并选派一批得力干部到闽西、闽赣等地加强领导。

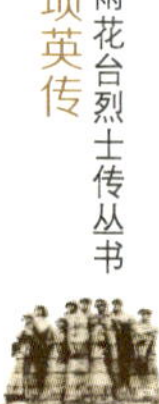

然而,中央分局十二月会议并未彻底转变斗争形式。项英仍然将红二十四师等主力继续留在"三角地区"周围进行大兵团作战,尚未将

其分散到敌后开展游击战争。1935 年 1 月 28 日，在牛岭战斗中，由于指挥不当，红二十四师在其他部队配合下进攻驻守在牛岭的粤军第二师一个营时损失惨重，伤亡达五六百人之多，师长周建屏亦负伤。牛岭战斗的失败，让项英感到非常痛心。后来他在《三年来坚持游击战争》一文中写道，牛岭战斗“是我们红军空前未有的败仗”，“同时成为结束我们大兵团作战的最后一仗”。牛岭战斗的失败使项英更加清晰地认识到，必须彻底地转变斗争方式，否则会面临更大的失败。为了保存革命力量，中央分局决定突围，放弃“三角地区”这一“最后的坚持阵地”。

1935 年 2 月初，中央分局在于都黄龙的井塘村召开会议，讨论突围问题。但是大家对如何突围、突围到哪里的意见并不一致。有的主张向西突围到井冈山一带，有的主张背靠于都向南突围到湘赣边、闽赣边和福建平和、漳浦、广东饶平一带。项英坚决不赞成向西突围，认为向南突围也不可取，但是对于新的方案又没有具体的妥当方法。因此项英主张向中央报告，由中央决定行动方针。项英心急如焚，急盼党中央回复。1935 年 2 月 4 日、5 日，项英连续向中央发报，请求对于行动方针速作指示。

5 日，项英接到了遵义会议后党中央发来的电报。中央书记强调分局应在中央苏区及其邻近苏区坚持游击战争，要求分局立即改变组织和斗争方式，使与游击战争的环境相适应，并指出许多庞大的后方机关部队组织和老的斗争法是不合适的。同时决定成立中央革命军事委员会中区分会，由项英、陈毅、贺昌及其他两人组成，项英为主席。一切重要的军事问题可经过军委讨论，分局则讨论战略战术的基本方针。并要求项英等人等待中央“决议详情续告”。

在接到党中央的电报后，项英立即召开中央分局会议，同陈毅等人一起研究精简机关部队、改变斗争方式的部署。确立中央分局只保留项英、陈毅、贺昌三人的集体领导，其他领导干部立即分散转移到各地领导斗争。同时，项英还派出一个排的武装，将患病的领导干部经由闽、粤向上海等地转移就医。长期患病的分局委员瞿秋白、年已六十的中央政府内务部原代理部长何叔衡，以及分局委员邓子恢等人，一起被安排转移就医。此时，项英的妻子张亮正怀有身孕，由于形势日趋紧张、环境日益险恶，项英不得已安排她随瞿秋白一行先去福建，再转赴上海。面对与妻子的分别，项英的心情是沉重的，可他不能不去作出这样的抉择。

在准备突围的过程中，妥当安置伤员是项英的一项重要工作。中央红军主力在转移时留下的1万多名伤员，其中的重伤伤员需要分散妥当安置。项英将他们疏散到群众家中，并发放几个月的钱粮和一些常用的药品，待痊愈后既可回到部队，也可以自行组织斗争，或者回家、隐蔽在群众家中。陈毅也拄着拐，亲自动员群众和地方干部收容重伤员。陈毅对伤员们说："江西根据地是失败了，但革命不会失败。革命的火种不断，革命的高潮一定会来。现在是险恶的时候，同志们回家或者到老百姓家去，种田也好，打游击也好，等革命发展了再回来。但是同志们千万珍重，做失败形势下的英雄。万一遇到敌人，牺牲只能牺牲一个，不要叛变，不要拉拉扯扯。只要有的同志还活着，将来一定会给我们报仇的！"陈毅对当地的群众说："你们把这些同志抬回去，做儿子也好，做女婿也好，他们伤好了，多一个劳动力，也多一个报仇的人！"群众和红军战士是血肉相关的。于是又是一个动人的场面：老大爷、老大娘，你驮一个，我抬一个，半天的工夫，两三千名伤员全被抬走了。[①] 经过项英、陈毅等人的努力，这些伤员得到了及时疏散、妥当安置。

由于军情紧急，为不至于被敌人封锁在于都河北岸，同年2月中旬，项英在做出部署后，同陈毅、贺昌等人一起，率领部队跳出了国民党的封锁线，转移到于都南部禾丰地区修整，并等待中共中央的"决议详情"。

2月13日，项英终于盼来了中共中央发来的电报——《中共中央关于坚持游击战争致中央分局电》。此时，遵义会议已经召开，结束了王明的"左"倾冒险主义错误路线，确立了以毛泽东为代表的新的党中央的领导。中央书记处来电明确指示："放在你们及中央区全党面前的任务是坚持游击战争，是动员广大群众用游击战争坚韧的顽强的反对

① 参见陈毅《忆三年游击战争》(1959年2月)，《陈毅军事文选》，解放军出版社，1996。

敌人的堡垒主义与'清剿'政策。应当承认目前中区环境的严重性,但应该认识中区的战争对于全国仍然有极大意义。""中区党内存在着对时局和当前环境的悲观认识是不对的,震骇于一时的困难是不应该的,对游击战(的)坚持性(认识)不足是最大的危险。因此,必须首先把这一斗争胜利前途的坚信放在你们及全体同志的心目中"。来电要求中央分局改变组织方式和斗争方式,以适应游击战争的环境。电报指出:游击队以短小精悍为原则,"一连左右的游击队,应是基干队的普遍形式",要以小游击队的形式有计划地分散行动,有利就集中起来,不利就迅速分散。同时要密切联系群众,普遍发展群众。应在边境和敌后有计划地部署游击战争,加派精干部队和好的领导到游击战地区。要加强秘密工作,使与游击战争联系起来,占领山地,灵活机动,伏击袭击。电报还指出出奇制胜是游击战争的基本原则,分兵抵御是没有结果的。中央还要求给予地方党和游击队以独立领导权,分局要在赣南、闽西一带活动,最忌胶着一地;同时,也要加强瓦解白区工作。

项英在接到中央来电后,很是高兴,这进一步坚定了他开展游击战争的信心,明确了游击战争的方式和策略。他立即召开紧急会议,部署部队突围,决定将部队分兵九路分散突围。具体部署是:

1. 由中共中央分局少共书记李才莲率领独立七团穿插封锁线至长汀瑞线边转闽赣军区进行游击,如有可能再穿插至博生以北,领导和恢复该地游击战争。

2. 由陈潭秋、谭震林率领红二十四师四个连突围到闽西,与闽西张鼎丞领导的部队会合,在闽粤边开展游击战。

3. 由中共中央分局保卫局长王金祥率红二十四师四个连,到寻乌南部和焦岭、武平一带开展游击战争。

4. 由李天柱和孙发力率红二十四师四个连,依靠寻南原有的游击区向广东东江发展,与古大存取得联系。

5. 由赣南省总工会委员长王贤率领红二十四师两个连向于都南部挺进,建立游击区,并与赣南游击区连成一片。

6. 由中央军区参谋长兼红二十四师七十一团团长龚楚和七十一

团政委石友生率七十一团由南安经油山转至湘南，收容红二十四师失散部队，并在该地开展游击战争。

7. 由赣南省委书记阮啸仙、省军区司令员蔡会文、政治部主任刘伯坚率独立六团在赣南坚持游击战争。

8. 由独立三团团长徐洪、政委张凯率独立三团，到湘赣传达中央指示，并在该地区领导游击战争。

9. 中央军区直接统帅红二十四师七十团，以周建屏为团长、杨英为政委，在中央苏区穿插游击，并与各苏区取得联系，指导工作，分局书记项英和委员陈毅、贺昌随红七十团行动，其余机关工作人员派到各地和各部队工作。

项英在下达突围命令后，召开了突围动员大会。要求各突围部队保持有生力量，不能蛮干，不能硬打硬拼；同时，要独立自主地开展游击战争，不能等命令靠上级来指挥作战。

同年2月23日，中央书记处致电项英和中央分局，对部队的分散突围以及开展游击战争再次作了具体的指示。这是正在指挥红军主力四渡赤水的党中央从贵州仁怀大坝地区发来的。党中央指示：一是要在行动前进行充分动员，让干部明确行动的任务和形势；二是突围部队要轻装上阵、迅速行动；三是要分散干部到各游击队中；四是苏区干部分散到游击外的地区，隐蔽在群众中，开展秘密工作；五是白区干部应尽量分散到白区，特别是邻近白区去。游击队携带的多余的干部，应留给地方党加强他们的领导。六是对所有干部解释清楚，万一被敌人冲散或隔断时，应有决心独立进行工作，顽强奋斗；七是必须周密地建立秘密交通网；八是在游击战中，反对关门主义，反对机械地使用苏区的一切办法的倾向，必须广泛发动群众。

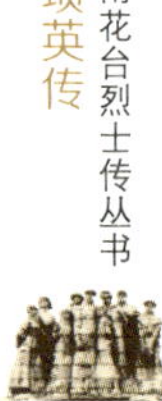

根据党中央的指示，项英和中央分局对部队进行短时间的整编和人员的个别调整，然后分兵分路突围。然而，由于突围的时间过迟，国民党军已经形成了严密的封锁线，队伍在突围过程中困难重重、牺牲很大。先行向湖南、粤赣、闽西突围的部队，面对敌人的优势兵力，有的被打散，有的付出惨重的代价才突出重围，而留在于都南部坚持斗争

的部队则全部被打垮。到2月下旬，被围困的部队虽付出惨重代价，但大多已陆续突围。此时还剩下两路：一路由中共赣南省委书记阮啸仙、赣南军区司令员蔡会文和政治部主任刘伯坚率领，约2000余人，定于3月4日向信丰、三南（龙南、定南、全南）突围。项英、陈毅、贺昌则随红七十团计划穿过会昌封锁线，向福建长汀方向突围。

1934年2月28日，中共中央致电中央军区、二军团、六军团、四方面军，传达遵义会议的决议精神，着重批判了“左”倾冒险主义在第五次反“围剿”中的错误军事路线。指出要坚持中央苏区、湘赣苏区等游击区的游击战争，运用正确的、灵活的、艺术的战略战术是取得胜利的关键。

项英、陈毅、贺昌等得知遵义会议的消息后，进一步增强了坚持斗争和革命必胜的信念。他指示机要部门立即转发给还保持电台联系的中共赣南省委等单位。

3月9日下午，项英、陈毅、贺昌从于都南部的上坪突围。在突围前，项英坚持向党中央发报，报告队伍的突围情况。由于当时党中央和红军主力天天作战，电台联络困难。电报从早晨开始，一直到下午四五点钟才发出去，项英一直焦急地守在无线电台旁。这是项英和中央分局向党中央发出的最后一份电报。然而，因中央电台密码更换，回电译不出来。发完电报后，项英和陈毅不得已下令埋掉电台，烧毁密码，从此中央分局与党中央失去了联系，“成了一支瞎眼的部队”，也与各游击区中断了联系。

随后，项英、陈毅等率领一个营的部队向外突围。部队刚刚出发便遭遇一场倾盆大雨，天黑路滑，项英等人一步一跌艰难行军。刚下山便遭遇敌人，与他们打了一仗。途中项英与陈毅的队伍失去联络，又走错了路，于次日晚又遭遇敌人截击，队伍被打散。第二天，项英收集失散队伍。可是，部队又遇上山洪暴发，安远河水上涨，渡河受阻。项英不得不率部退回上坪与陈毅会合，重新考虑突围方向。往哪里突围呢？经过分析，大家提出了三条路线：第一条路是往东，到福建去，那里是老苏区，且距漳州、香港较近，便于找到长征部队的关系，但高山大岭，又逢雨季，敌人封锁太严。第二条路是到东江去，那里距离较近，两天两夜可以赶到，但那里是沿海地区，公路网、电话网交织，敌人交通便利，军阀和地主武装都很强，而且没有根据地可依托，站不住脚。第三条路是到井冈山去，这里地跨两省，地形很好，毛泽东在这里建立过最初的红色根据地，估计还有游击队，但要过赣江，敌人控制得很严，过不去。还有一条路是过五岭，到赣粤边去。这里敌人虽强，但群众基础也强，过去的红二十二军就是在这里建立的。红二十二军进入中央苏区之后，李乐天曾在这里坚持游击斗争。[①] 经过反复比较，权衡利弊，项英最后决定到赣粤边去。

贺昌率红七十团两个营先行向福建长汀方向突围，突围途中在会昌县归庄与国民党军队遭遇，部队被打散，贺昌等重要干部也不幸牺牲。项英在 3 月 10 日得知贺昌牺牲，心情非常沉重。而此时，项英、陈毅率领的突围部队损失惨重，在转移途中再次与国民党军队遭遇，队伍再一次被打散，仅剩下 100 余人。为了缩小目标，项英、陈毅决定将队伍化整为零，分散跳出包围圈。项英、陈毅作为一路，只带少数警卫人员突围，但也几次突围受阻。

正在危急时刻，项英、陈毅巧遇原代英县（今属福建省上杭县）县委书记曾计财。他是当地人，对于周边情况非常熟悉。在曾计财的带领下，项英、陈毅等人化装成老百姓，专走敌人未曾发现的崎岖小路，绕过封锁线，历经艰难，终于在 3 月下旬到达了赣粤边根据地的中心——大余县油山，与中共信康赣雄特委领导人李乐天、杨尚奎等会合。三天后，蔡会文、陈丕显率领的部队也抵达油山。几支队伍连同当地游击队和主力红军长征时留下的伤员，共 1400 余人。从此，项英、陈毅等人便以油山为中心，开始了艰苦卓绝的游击战争生活。

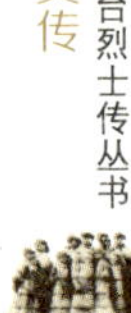

① 参见陈毅《忆三年游击战争》（1959 年 2 月），《陈毅军事文选》，第 23 页，解放军出版社，1996。

红旗飘扬赣粤边

从 1934 年 4 月起，项英在以油山为中心的赣粤边游击区域开始了长达三年的游击战争历程。赣粤边游击区位于赣南与粤北的交界之地，它以大余岭油山为中心，包括江西的信丰、南康、赣县、大余、上犹、崇义、龙南、定南、虔南和广东的南雄 10 个县的部分地区。赣粤边地理位置十分重要，是赣州通往粤北韶关的必经之地。这里群山连绵不绝，森林密布，地势险峻，对于红军开展游击战争十分有利。此外，这里在大革命时期就有党组织，开展过轰轰烈烈的工农群众运动，有较好的群众基础。这里还处于蒋介石势力和广东军阀势力的交接地带，红军可以利用两者的矛盾在夹缝中生存、发展起来。项英、陈毅率领部队突围到油山后，赣粤边成为中央分局和中央政府办事处的所在地，成为南方八省 15 块游击区的中心区域。

项英、陈毅到达油山后，立即在中共信康赣雄特委领导人李乐天、杨尚奎等人的陪同下，去看望突围出来的同志和在当地坚持战斗的部队。大家看到项英、陈毅安全突围都很高兴。此前，国民党不断放出谣言，说项英已被抓获，关在监狱中。项英风趣地对大家说："国民党报纸上造谣，吹大牛，说我项英在江西仁风山上被抓，现在被关在监狱里，难道说我这个项英是假的?"大家听完哈哈大笑，也都为项英的乐观主义精神所感染。出于保密的需要，到达油山后，项英、陈毅分别化名"老周""老刘"，在三年的游击战争中大家都习惯性地称呼他们为"老周""老刘"。

项英、陈毅等人虽然突围到了油山，但是形势依然严峻，国民党军队在占领中央苏区后就会将关注的焦点集中到赣粤边，一场更加残酷的考验即将到来。在如此困难的局面下，如何坚持游击战争？如何让革命的红旗始终飘扬在赣粤边？这是摆在项英等人面前亟待解决的事关革命队伍生死存亡的问题。此时，红军游击队中存在着两种思想倾向：一是主张硬“拼”，认为中央根据地都已经沦陷了，在这里打游击是无耻的，不如直接和敌人拼，能拼掉几个是几个。还有一部分人则陷入了悲观失望中，认为革命进入了低潮，对于坚持游击战争心存疑虑，对于革命前途也丧失信心。

1934 年 4 月初，项英、陈毅在广东南雄县大岭下村召开会议。参加会议的人员主要包括信康赣雄特委、军分区和部队领导干部。会议首先听取了李乐天对部队突围情况、当时敌我状况的介绍，以及杨尚奎对当地党组织情况、群众工作情况的介绍。经过三个多月的努力，红军已经在赣粤边地区站稳了脚跟，开展游击战争的各项工作已经初步部署。项英充分肯定了大家的努力和成绩，认为赣粤边是十分有利于开展游击战争的，这里既有地利的优势，又有群众基础，还可以利用蒋介石和广东军阀的矛盾获得生存、发展的空间。项英要求大家在坚定信念的同时，还要看到形势的不利与红军存在的问题和不足。他认为，首先对于形势要保持清醒头脑，不能盲目乐观。虽然当下情形相对比较“平静”，但国民党军队的“清剿”迫在眉睫，要充分做好应对敌人进攻的措施。另外，在赣粤边游击区不能照搬苏区的做法，要坚决地适应游击战争的环境，不能处处搞正规化，吹号集合，吹哨吃饭，那样容易暴露目标；也不能老想着集中兵力和敌人硬拼，要坚决地分兵作战，迅速地利用有利形势开展斗争。项英还指出，为了适应游击战争的需要，要精简机关，分散队伍，积极地开展小规模的群众性的游击战争。项英的讲话使得大家清晰地认识到分散游击的必要性和重要性。在大岭下村会议上，项英、陈毅等人研究决定将中共信康赣雄特委改为中共赣粤边特委，仍由李乐天任书记、杨尚奎为副书记，同时让年仅 19 岁但斗争经验丰富的陈丕显参加特委领导。大岭下村会议是三年游击战争中的一次重要会议，它使游击区的领导骨干在思想上明白了分散游击的必要性以及游击战和苏区战争方式的区别，采取了一些有效的措施适应游击战争的环境。在大岭下村会议后，为了保存革命力量，针对国民党军队即将对油山地区进行全面进攻的形势，项英、陈毅等人立即率领中共赣粤边特委机关和部队由油山向北山转移。

同年 4 月上旬，项英在大余的长岭召开全体干部会议。项英、陈毅在会上作了重要讲话，总结了主力红军战略转移后留守在中央苏区的红军实行大兵团作战的教训，分析了当前的斗争形势，指明了今后斗争的策略和革命发展的前途。

针对一些人的悲观失望情绪，项英特别指出，“中国革命正在新的条件下向前发展，中央苏区虽然被失掉，但主力红军的存在和游击战争的进行”，不仅能使革命有新的发展，也必然会推动新的形势的到来。因此要反对一切悲观失望的情绪，那种认为中国革命已经失败了的观点是错误的。革命的前途是光明的，要坚决地坚持游击战，为恢复苏区而斗争。项英还对游击队中单纯的游击主义倾向进行了批评，告诫大家，游击战争一定要发动、依靠广大人民群众，反对单纯地去打土豪。同时，打土豪要严格执行阶级路线和政策，游击战争也要贯彻执行纪律和政策。项英在报告中，向与会人员传达了党中央关于分散开展游击战争的精神和指示，总结了前一段斗争的经验和教训，提出分散开展游击战争的方针策略。他特别强调，不能和敌人蛮干硬拼，要迅速分散，保存有生力量。只有保存有生力量，才有可能发展壮大。几个人的队伍可以发展成几十个人的队伍，几十个人可以发展成几百个人的队伍。在军事上，要采取守势，寻找机会打击敌人。在政治上，要积极进攻，保持党的旗帜，给群众以希望。同时，要加强内部教育工作，把军事工作和内部教育工作结合起来。

会议确定：在军事上以南岭山脉为依托，以北山、油山为主要根据地，坚持进行游击战争。项英从当时的斗争形势和敌我力量状况出发，确立了“依靠群众，坚持斗争，积蓄力量，创造条件，迎接新高潮”的方针。按照“统一指挥，分散行动”的原则，会议还作出了分兵的决定，把部队分为四个大队，分区开展活动。南雄北山是一区，油山是一区，信丰、南康、康口区、长安区是一区，龙南、定南、全南是一区。在大队下面再分若干分队，每一分队十几个人左右。项英、陈毅驻扎北山指挥各地的游击战争。会议还决定建立以油山为中心的秘密交通站，传递信息，指导工作。

长岭会议使绝大多数的干部认清了当前急剧变化的革命形势，也有利于克服在一部分干部和士兵中存在的消极、悲观情绪，增强了革命斗争和革命必将胜利的信心，为坚持游击战争做好了思想和组织上的准备。长岭会议是一次重要的会议，它在革命遭受严重挫折时正确地执行了党中央制定的方针政策。这次会议是对党中央二月来电精神的进一步贯彻，成为赣粤边红军游击队进入新的斗争阶段的转折点，实现了由正规作战转向游击战争的战略转变，也为胜利坚持赣粤边游击战争奠定了坚实的基础。

反"清剿"、反"封坑"、反搜山

1935年3月，国民党军队在占领中央苏区后，迅速调遣兵力围困赣粤边游击区。为了防止游击区壮大，乃至中央苏区又一次"死灰复燃"，蒋介石指派汤恩伯、余汉谋召开军事会议，妄图彻底消灭南方各省的游击队。粤军第一军军长余汉谋同时兼任赣南第六"绥靖"区司令官，指挥第一军和第二军第四师。除此之外，还有4万余人的江西保安团以及各地的地方武装"铲共团"，一起配合"清剿"。国民党军队以五十倍于红军游击队的兵力对赣粤边游击区进行全面、残酷的"清剿"。余汉谋在军事会议上扬言，要在三个月内彻底消灭共产党游击队，即使不把游击队"打死"，也要把游击队"饿死、困死"。从当年4月中旬开始，国民党军队在完成对赣粤边的包围后，即开展全面大规模的"清剿"。

1935年4月，国民党粤军第一军兼江西第六"绥靖"区司令余汉谋率三个师在保安团的配合下，正式向赣粤边游击区发动大规模的"清剿"。国民党军队以营、连为单位，组成"清剿"队，每天清晨进山"抄剿"，傍晚返回驻地。为了彻底消灭红军游击队，"清剿"队采用"听响声、看烟火、跟脚印"等方式追踪游击队，在山上隐蔽伏击游击队。这样还找不到红军游击队，便化装成老百姓，找个妇女弄个饭篮子带着走

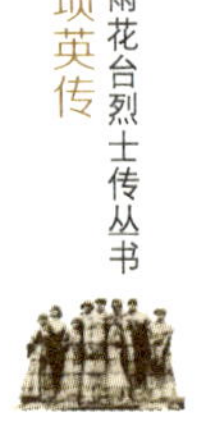

前头，满山喊:“游击队同志，反动派去了，给你们送饭来了。”或者装成砍柴的、打猎的、种香菇的、烧炭的来欺骗红军游击队。[①]

国民党还在政治、经济及宣传等多面，积极配合军事上的“清剿”。政治上，国民党实行保甲制度和连坐法，强迫游击区附近的村落移民并村，编制保甲。强迫群众以十户为一甲、十甲为一保、五保为一联保，在此基础上实行连坐法。如果发现一家“通匪”，十户株连；一保“通匪”，五保连坐。在保甲之内，还强行组织青壮年编成“铲共义勇队”，严密监控群众的行动，企图通过恐怖统治切断群众对红军的支持。在经济上，实行严密的经济封锁。严厉控制集市墟场，限制群众购买货物的数量，禁止群众往山里运送货物，严防食品、药品、日常用品等流入到红军中，妄图困死、饿死红军。这样还怕控制不住，对挨近山区的村子，便派人化装成游击队员或红军的伤兵，半夜拍门“我是分散的游击队，讲讲阶级友爱，弄点饭给吃吧!”老百姓答了话，立即抓起来，以此挑拨游击队与群众的关系。[②]国民党还运用“剿抚兼施”的手段，引诱意志不坚定的游击队的干部和队员“自首”，并四处宣传游击队是“朱毛不要的土匪”，试图瓦解游击队的军心、欺骗根据地群众。同时，国民党还在赣粤边各地张贴告示悬赏通缉项英、陈毅等人，“抓到项英、陈毅，给五万元”。

面对严峻的形势、残酷的“清剿”，项英分析和总结了井冈山斗争时期、中央苏区斗争时期游击斗争的经验，制定了灵活机动的游击战术原则，指挥红军游击队同国民党军队展开了针锋相对的斗争。

在残酷的“清剿”中生存下来，是取得斗争胜利的前提。项英清醒地认识到，在新的残酷的斗争环境下，扩大游击队是非常困难的。如果不能较好地保存武装力量，只去和敌人拼，即使总打胜仗不打败仗，每次作战也都会损耗革命力量。如果游击区武装力量不断被削弱，就会

①② 参见陈毅《忆三年游击战争》(1959 年 2 月)，《陈毅军事文选》，第 26 页，解放军出版社，1996。

被迅速消灭掉。因此，项英在游击战争实践中不断总结经验，加强隐蔽伪装，切实地保存革命力量。

1935 年 4 月下旬的一天，一些游击队员外出运粮时，由于没有做好隐蔽工作，暴露了行踪。敌人发觉后，跟随踪迹，一路到达项英、陈毅和特委机关所在的北山附近的棚洞村。项英、陈毅率领的游击队 100 多人遭到突然袭击，只得仓促应战，2 名战士牺牲。这就是棚洞遇袭事件。当天夜里，项英和陈毅等人研究决定将部队和机关进一步缩小，分散活动。为了便于隐蔽，防止敌人袭击，项英决定以后不再住民宅，而是进山搭棚。从这时起，项英、陈毅等人就和房子告别，在山林里过起了“流浪生活”。

一开始，红军游击队在山上利用地形，拾捡一些树枝、茅草搭成棚子。后来，由于棚子目标较大，也不能搭了，项英就给大家发伞，下雨天时就在伞下避雨睡觉。再后来，山区的雨季长、雨水多，雨伞也解决不了问题，游击队就设法买雨布做成盖子，在其四角钉上绳子挂在树上，遮风挡雨，带走也比较方便。项英为了缩小目标，还将红军游击队进一步化整为零，组成武装工作队。武装工作队多者不超过十余人，少者只有三五个人，平日里一律按当地群众的衣服着装。为了便于隐蔽身份，武装工作队的战士还把长枪的枪托截短，这样就不容易暴露出武器。项英还提出了干部群众化和职业化的口号，要求游击队的干部和战士都能学会一门手艺，以方便在白区以及赤白交界的地方开展工作。当时负责传递情报的交通人员或扮作铁匠、或扮作篾匠来往于白区和赣粤边游击区，以手艺人的身份为掩护开展工作。

对于敌人的“清剿”，项英领导的红军游击队采取灵活多变的方式与其周旋，保存革命力量。敌人在搜山时，往往第一天去过的地方，第二天就不再去了。游击队针对敌人搜山的这一特点，采取捉迷藏的方式，回避敌人的搜剿。如果与敌人遭遇，游击队也沉着冷静，不到万不得已不暴露自己的身份。为了防止敌人伏击，游击队尽量不走大路，改走小路，甚至走没有路的地方。在行走的过程中，注意消灭痕迹，遇到溪流则走水中，使得敌人寻找不到游击队的痕迹。为了迷惑敌人，游击

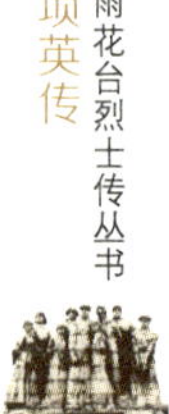

队还时常扰乱痕迹，或者故意丢弃一些东西，制造假象，让敌人深陷深山中转悠个不停。

由于红军游击队隐蔽措施得当，在“清剿”中敌人很难发现目标，时常被游击队牵着鼻子走。革命力量因而得到保存，赣粤边的红旗才得以始终不倒。

项英、陈毅等人还根据游击战争的实践，不断总结经验教训，制定了灵活机动的游击战战术原则。这些原则表述质朴、简单、实用，非常容易被游击队干部和普通战士接受与运用。

1. “赚钱就来，赔本不干”。在每次战斗中，一定要以最小的牺牲换取较大的胜利，绝不死拼硬拼，损耗实力。

2. “有把握就打，无把握就溜”。在游击战中要打就一定打有把握的仗、能打胜的仗，否则绝不轻易去打。

3. “打不赢就走，走不了就并（躲）”。即遇到强敌打不赢的时候，就赶紧转移，转移不了就隐藏起来。

4. “反对只吓敌人，要歼灭敌人”。要利用敌人的弱点和空隙的地方去进攻，力求消灭敌人的有生力量。

5. “有利的时候就集中起来打，否则就分散”。游击队的分散和集中要审时度势，趋利避害，灵活处理。

为了使这些战术原则深入人心，让每个红军游击队的指战员都能熟练地运用，项英、陈毅等还将这些战术原则编成浅显易懂的歌诀：

团结群众，配合行动；支配敌人，自己主动。
硬打强仗，战术最忌；优势敌人，决战要避。
敌人正面，力量集中；攻打费力，又难成功。
敌人侧翼，力量虚空；集中力量，坚决猛攻。
驻止之敌，施行袭击；行进之前，采用伏击。
动作突然，敌难防范；不行火战，白刃来干。
行迹飘忽，敌难追踪；死板不动，挨打最痛。
胜利要诀，进攻进攻；保守主义，革命送终。

这一歌诀深入浅出地表达了游击战争的基本战术原则，对于游击队的指战员开展游击战争起了重要的引导作用。

此外，项英、陈毅等还规定了行军、宿营、侦察、警戒、袭击等一系列原则。

行军。主要利用夜间和敌人不经常出动的时机进行，不走大路，专走小路，有时专挑没路可走的山上爬过去。夜间行军禁止打手电筒。行军前，要先向群众打探清楚敌人的情况再出发。行军过程中严禁讲话。

宿营。完全不住房子，或者搭棚子，或者打伞、披雨布等，选择隐蔽性好、能够进退自如的地方。驻地要经常转移，绝不在一个地方长时间驻扎。隐蔽时，要做到生火不出烟，说话要小声，睡觉不脱衣，武器不离身，时刻保持战备状态。一旦发现异样情况立即转移，转移时要消灭营地的一切痕迹，防止暴露目标让敌人发觉。

侦察。主要依靠群众和自己的观察哨。

警戒。一般只警戒自己的宿营地，远处的敌情和敌人侦察要充分依靠群众的掩护和报告。在紧急情况下，日夜派哨警惕，夜间靠听动静，白天靠观察，哨兵要隐蔽。

袭击。分为伪装袭击和团袭击，袭击不成立即撤离。对于相等之敌，侧击后方；对于弱小之敌，则包围全歼。

这些原则，语言生动、朴实，内容具体、实在，是对井冈山时期毛泽东、朱德提出的“敌进我退、敌驻我扰、敌疲我打、敌退我追”十六字诀的运用和发展。

根据上述原则，红军游击队有时穿起敌人的服装去摸敌哨，抓反动区长，打击敌人的气焰；有时在公路上设埋伏，截尾巴，打掉队之敌；有时跳过敌人封锁线，突袭据点。今天夜晚这里打一仗，明天早上又改变方向；敌人搜山我下山，敌人下山我上山。

赣粤边红军游击队遵循上述原则，巧妙与国民党“清剿”军队进行周旋，并采取“调虎离山”“引蛇出洞”“化装出山”等战术，伺机打击国民

党地方武装。5 月下旬，油山游击队在队长曾彪率领下，跳出粤军包围圈，夜袭南雄县乌迳圩，全歼靖卫团。随后，油山游击队又夜袭大庾县游仙圩，歼灭保安团一部。7 月，三南游击队在队长黄成则、政委张日清率领下，进入虔南县青龙山腹地，开展游击战争。8 月，信康赣游击大队在大队长肖玉山、政委康世光率领下，袭击了驻黄泥巷据点的国民党保安团分队。9 月，油山游击队在（南）雄（大）厦公路，伏击粤军车队，缴获一批弹药和物资。红军游击队积极开展游击活动，扰乱了国民党军的"清剿"部署，[①]使余汉谋计划三个月消灭赣粤边红军和游击队的企图终未得逞。

1935 年 10 月，粤军陈济棠利用叛徒龚楚制造了北山事件，妄图一举摧毁赣粤边特委领导机关，抓住项英、陈毅等人。龚楚曾代理中革军委总参谋长、中央军区参谋长。1935 年 2 月龚楚率部突围到湘南一带，建立了游击区，其后于 3 月中旬突围到达粤北的乐昌、湖南的宜章一带。由于龚楚率领的游击队在国民党军的"清剿"下损失惨重，龚楚对革命感到悲观失望，于当年 5 月脱离革命队伍。很快，龚楚被粤军陈济棠请出山，封为少将"剿共游击司令"。龚楚告诉陈济棠："现在赣南最大的官是项英和陈毅，我曾经和他们共事过，是他们的参谋长，知道他们的特点和爱好，有办法把他们抓住。"陈济棠一听很高兴，立即给他配备了 30 多人、装备精良的特务队，要他在北山破坏赣粤边游击队的指挥中枢。[②]

由于当时电台已毁、通讯困难，各游击区并不知道龚楚叛变的消息。为了使龚楚的真面目不被暴露，粤军余汉谋派 100 多人配合龚楚行动。龚楚带领 30 余人，伪装成红军游击队，深入到赣粤边游击区。到达北山后，他们贴了大量标语，欺骗当地群众说他们是湘南的红军，是过来联络赣粤边游击队的。赣粤边特委后方主任何长林出来买东西，不加考察即与龚楚会面。在龚楚的威胁利诱下，何长林也叛变了。

---

① 参见阎景堂主编《南方三年游击战争史》，第 44 页，解放军出版社，1997。

② 参见王新生《南方三年游击战争中的项英、陈毅与叛徒的斗争》，《百年潮》2008 年第1 期。

何长林带龚楚率领的伪装成红军游击队的粤军30余人进入北山天井洞附近的龙西后，以集中开会为名将北山游击队一部集中围歼，除八九人冲出包围外，30多名红军游击队员壮烈牺牲。[①]

10月20日，龚楚、何长林又带粤军“抄剿”项英、陈毅驻地。途中遇到外出执行任务的侦察员吴少华，他们以向项英、陈毅汇报工作为名，要吴少华带路。吴少华与何长林熟识，发现何长林等人的衣服很新，与赣粤边游击队明显不同；另外说话中自相矛盾。吴少华机智地识破他们的阴谋，在到达营地时抢先登山，大声喊叫：“他们是反革命！”并告诉哨兵鸣枪报警。此时，在山上的项英、陈毅正在下棋，一听到枪声，项英、陈毅立即和特委领导成员迅速转移到后山隐蔽起来。龚楚不知虚实，怕被游击队包围，打了一阵乱枪之后仓促撤到山下。龚楚的阴谋破产了。

北山事件之后，项英、陈毅认为敌人已经发现了赣粤边游击队的指挥机关，一定会作进一步破坏，此地不可久留。他们商议立即由北山向油山转移，并派人通知油山和信丰、南康的县委与游击队作好防范，以避免损失。

北山事件及此后发生的几次叛徒事件，使赣粤边的游击斗争形势更加严峻。有些人经受不住考验，悲观失望情绪不断滋长，最后脱离了革命队伍。项英、陈毅深深地感到叛徒的危害性，与叛徒作斗争成为赣粤边游击战争的重要任务之一。

项英、陈毅等人认真分析部队的思想情况，采取在游击队内部开展形势教育和反叛徒斗争等一系列措施，提高指战员的思想觉悟。项英提出把革命前途的教育放在首位，使全体游击战士坚定革命胜利的信念。项英强调要在政治上坚决反对那种认为“革命前途渺茫”的悲观主义倾向，号召大家坚信红军是土地革命战争特别是游击战争中创造出来的，同样也能在游击战争中得到巩固和发展，这就是革命的前途。[②]

①② 参见阎景堂主编《南方三年游击战争史》，第44页，解放军出版社，1997。

针对在白色恐怖下有些意志薄弱者动摇、叛变的情况，项英编写了《反叛徒斗争大纲》，发到中共党内和游击队中，开展反叛徒斗争。

北山事件后，项英、陈毅到信康赣县委指导工作。他们和县委警卫班的战士谈心，项英对大家说："现在我们处在最困难的时期，广东军队和地主武装，几万人马把我们围困在狭小的山区内。我们和上级的联系也中断了，和各根据地也联系不上。我们留在这里坚持斗争的同志，随时有被打死、饿死的可能。我们要有为革命而牺牲的准备。但是只要剩下一个人，也要顽强坚持下去。共产党的红旗不能倒，游击队的旗帜不能倒。革命的火种是消灭不了的，黑暗总会过去，革命必然会到来！"①

项英把话锋一转，说："当然，在这样艰难的时刻，总会有少数人经不起考验，叛变革命，当敌人的走狗。也有的人开小差，不辞而别。这也没有什么了不起，除掉了沙子，金子会更加闪闪发光。"② 项英、陈毅的一席话，使警卫班的战士们受到很大鼓舞，对革命的光明前途充满了信心。

针对红军游击队长期分散执行任务，易于产生游击主义习气和出现纪律松懈现象，项英、陈毅还注意加强对游击队进行任务和纪律教育，为红军游击队规定了五大任务：1. 做群众工作；2. 打土豪分田地；3. 消灭反动武装；4. 建立苏维埃；5. 创造红军。

并为红军游击队制定了五大纪律和十项注意。游击队的五大纪律是：

1. 一切行动听指挥；2. 不准侵犯群众的利益；3. 打土豪要执行阶级路线；4. 爱惜武器同自己的生命一样；5. 不准打人、骂人。

游击队的十项注意是：

1. 武器不能离身；2. 说话要小声；3. 行军不能掉队；4. 没有勤务不准离开队伍；5. 打土豪要归公；6. 说话要和气；7. 买卖要公平；8. 借东西要还，损坏东西要赔；9. 不搜俘虏的腰包；10. 对同志要

---

①② 王新生：《南方三年游击战争中的项英、陈毅与叛徒的斗争》，《百年潮》2008 年第1 期。

友爱。

项英还编写了《红色指挥员必读》《红色战士必读》等教材。在《红色指挥员必读》中规定了指挥员的职责、游击队的政治工作，还对战术、袭击、埋伏和行军宿营、侦察、警戒的要诀提出了要求。在《红色战士必读》中除讲清共产党的十大政纲、游击队的五大任务、五大纪律、十项注意外，规定了红军战士的职责和射击、刺杀的要领，还对士兵委员会的组织与工作以及要学唱红军歌、游击队歌等都作了讲解。

项英很关心身边的干部、战士学习马列主义理论，常给他们讲：革命导师马克思、列宁写的书，是告诉穷人闹革命求解放的道理的；一个革命者只有懂得革命的道理，才能懂得怎么去革命。为了解决文盲问题，项英、陈毅还编写了识字课本，把学文化同思想教育结合起来，让干部、战士既学习了文化，又开阔了眼界，明白了革命道理，坚定了革命到底的决心。许多同志就是在项英、陈毅的耐心帮助下学到了文化，由一字不识到能够写信，能够看懂文件。

项英、陈毅同叛徒斗争所采取的措施，在游击队的干部、战士中产生了很大反响，带来了新的信任和团结。此后，各县、区和游击队的领导同志也先后采取了这些方式，使党组织和游击队的内部得到进一步的巩固，有效地遏止了叛徒的危害。

国民党粤军余汉谋部在连续数月的“清剿”红军游击队活动中，未能达到目的，于是在 1935 年 11 月初，采取移民并村和赶群众出山的“封坑”手段，对红军游击队进行更为残酷的“清剿”。

余汉谋命令所属部队将红军游击队活动的山区的群众全部强迫出境，一切粮食均要搬出，如若不肯搬出，即以“通匪”论罪，并予以枪决，妄图将红军游击队陷入无人无粮的空山中。国民党军队将赶出山的群众并于山边山外的大屋场居住，由保甲长严密监视，以断绝他们与红军游击队的联系。各山坑及要道经常由军队巡察埋伏，以使红军游击队无法出山。同时组织谍报队、守望队、观火队，寻找游击队的踪迹。余汉谋军企图用这种“封坑”手段把红军游击队冻死、饿死、困死在山上。

为了挫败国民党粤军的“封坑”，项英、陈毅在信丰县的潭塘坑召开中共赣粤边特委和信康赣县委、南雄县委联席会议。李乐天、杨尚奎、陈丕显、王龙光、刘新潮和南雄县委书记罗世珍、信康赣县委书记刘符节等出席了会议。项英在会上指出：敌人的“封坑”是进一步的进攻，企图把群众与我们隔离，便于其“清剿”，陷我们于空山而饿死。他批评了有的地方党组织空喊反对出山，没有任何工作布置的做法。他强调说，目前不是空喊反对出坑，而是有计划有胆识地领导出坑的群众进行斗争。会议研究了七条对抗国民党粤军“封坑”的办法：1. 有计划地分配党团员随群众出山到大村庄居住，在那里重新组织党支部或党小组，继续领导群众斗争；2. 动员群众离山之前把粮食埋藏起来，留给游击队使用；3. 游击队转移到边界地区埋伏，或深入国民党军后方袭扰；4. 组织群众性的游击小组积极配合游击队的行动；5. 动员群众以“无房住，无柴烧”为理由，开展“闹回坑”的活动；6. 警告保甲长，不准他们胡作非为；7. 做好少数落后群众的工作，使他们不受国民党军的欺骗和利用。

为了加强对各地反“封坑”斗争的领导，项英、陈毅和中共赣粤边特委决定分散到各地指导斗争。项英、陈毅到信康赣县委；李乐天率直属队到信丰崇仙地区，向三南边界发展新游击区；杨尚奎、陈丕显到南雄县委；王龙光到大龙中心区委；刘新潮到信丰上乐，领导游击队向大庾、南康边界活动，并在潭塘坑设立秘密交通站，建立三条秘密交通干线，以便与各地加强联络。

信康赣县委和南雄县委负责人则分散到各区委，深入到山边或山外加强对新区群众工作的领导。领导机关的进一步分散，不仅加强了对各县委、区委和各地群众反“封坑”斗争的领导，而且使党组织和游击队在群众中得以保存和发展。

赣粤边党组织和红军游击队广大指战员在反“封坑”斗争中，英勇顽强，机动灵活，巧妙地袭击国民党军。红军游击队针对国民党军“清剿”中早出晚归的特点，经常事先隐蔽在其回去的路上打埋伏、“截尾子”。有时采取调虎离山的战术，出其不意地跳出封锁线，奔袭国民党军后方驻地。红军游击队在反“封坑”斗争取得了一些胜利，但也付出了沉重的代价。

1936年1月底，中共赣粤边特委书记兼军分区司令员、政委李乐天在从油山返回崇仙区途中，在信丰县凹背村遭国民党粤军余汉谋部一个营的包围，突围中不幸腿部负重伤。他沉着迎战，掩护战友突围，一连击毙几个粤军士兵之后，用最后一颗子弹壮烈地以身殉职。李乐天的牺牲是赣粤边游击区的一个重大损失，他的牺牲更加激发了赣粤边游击区军民反“清剿”的斗志。

1936年春天，正当赣粤边游击区反“封坑”斗争不断取得胜利的时候，项英、陈毅和赣粤边特委获悉国民党粤军密令各地保甲组织：“要组织1万民众，自带柴刀、火柴和7天的口粮，随军‘搜剿’，违抗命令者，以通匪格杀勿论。”

项英、陈毅和赣粤边特委立即开会进行研究，认为这是国民党军在游击队广泛发动群众对抗“封坑”使其阴谋破产后施展的一个狠毒的伎俩，企图把油山变成秃山，使游击队无处藏身，从而断绝革命的根苗。

不几天，粤军余汉谋部果然要大庾、信丰、南康的群众大举搜山，强迫群众携带斧头、火柴和粮食分路搜山。每路有粤军或保安团一个连并强迫群众200余人随同，对信康赣游击区进行“梳篦式”的大“抄剿”。

赣粤边特委在项英、陈毅领导下，采取敌进我退、攻其不备的战术，开展了反“搜山”斗争。首先领导机关由信丰转移到大庾、南康境内暂时隐蔽，工作人员撤到山外，动员群众把棚子全部拆毁，消灭目标。当国民党军进山“抄剿”时，红军游击队则到山外游击，突袭国民党军的后方机关，吸引“抄剿”的国民党军出山。当国民党军在上乐地区开始烧山搜山时，信丰游击队急行军80里，潜入到粤军后方的信丰西牛一带，白天隐蔽在密林里，晚上出来放冷枪，贴标语，打乡公所，抓土豪。游击队从西牛一直活动到龙回、大龙区，闹得敌人晕头转向，弄不清楚到底来了多少游击队而自乱部署。其次是组织动员群众对抗搜山。当敌人

强迫群众砍树时,群众故意拖延时间。当着敌人的面,用刀砍两下;敌人一走开,就用刀背砍。当敌人强迫群众搜山时,群众就用“杭唷!杭唷!”的山歌声,示意游击队隐蔽或离开。再次是组织游击小组在山外砍电线,在洋油箱里燃放鞭炮,纷纷传说来了游击队,扰乱敌人的后方,使其首尾难顾。搜山的国民党粤军害怕游击队端掉他们的老窝,便提前把部队调出山,把被他们胁迫进山的群众解散。国民党军苦心经营的“万人大搜山”闹腾了几天,便草草收兵。

在极端残酷的恶劣环境下,在红军游击队最困难的日子里,人民群众采取种种巧妙的办法冲破国民党的经济封锁,千方百计地支援、接济红军游击队。当国民党实行“移民并村”,赶群众出山之际,群众把自己的口粮、食盐等物资埋在地下,做好暗记留给红军游击队。当红军游击队处于缺粮断炊的危难之际,群众乘上山砍柴或下地种田之机,将定量配购的粮、油、盐等,想方设法送给红军游击队。在红军游击队活动的基本地区,只要是红军游击队一进坑,当地的青壮年便自觉组织起来,站岗放哨。如发现国民党军进山,即高喊“东边牛吃禾了”“西边猪吃菜了”,暗示红军游击队隐蔽。红军游击队打土豪或袭击国民党军驻地时,群众先侦察敌情,后当向导,有的还和红军游击队一道参加战斗。为了支援和保护红军游击队,许多群众献出了宝贵的生命。

项英、陈毅十分重视群众工作,他们认为,游击战争的主要基础是依靠人民群众的支援,没有群众的拥护和参加,就不能战胜敌人长期的“清剿”。项英经常教育周围的人说:我们进行的游击战争,是群众性的游击战争,我们要坚持,要生存,要发展,主要靠群众力量。为了指导大家做好群众工作,项英亲自编写了《群众工作者必读》的小册子,详尽地论述了群众工作的性质、方针和方法,通过特委的油印处,印发给各级党组织成员和游击队员,成为大家做群众工作的指南。

项英要求游击队处处关心群众的利益,和群众同甘苦、共患难。群众农忙时,要帮助收割、耕种。对欺压群众的保甲长,要设法秘密规劝、警告,使其有所收敛。对群众所痛恨的作恶多端的地头蛇,要坚决惩治,为民除害。对被国民党军抓去的群众,要设法营救。因此,游击队走到哪里，都能和群众打成一片，处处得到群众的拥护和支持。

同时，项英还处处以身作则，用自己的模范行动来影响广大指战员，共同战胜困难。当时，他虽是赣粤边游击区的最高领导人，但生活却是非常艰苦，衣食住行和普通战士完全一样。按规定，干部战士发的伙食费月底结账，可以分点伙食尾子，可分到项英名下的伙食尾子总是放在警卫员或炊事员手里，经过几个月，就拿出来买点菜加加餐，大家吃上一顿。

冬天，项英穿的也是两件单衣、一套夹衣，盖的是一条夹被。夜里，他冻得够呛，就和警卫员丁上淮、曾忠山挤在一起睡，说是挤在一起睡更暖和。到了冬天，警卫员通过白区工作关系弄到两床丝棉被，项英和陈毅各一条，但他仍然和警卫员挤在一起睡。

项英那时身体不大好，可他总是忍耐着，坚持着，不表露出来，不愿意拖累大家。他有病，叫他吃药，总是不肯吃，说要留着急用。当时药品奇缺，仅有的药就是几盒万金油、几瓶剂众水和几包八卦丹，拉肚子也就是吃剂众水。

正因为项英在生活上和大家同甘共苦，在思想感情上和大家非常融洽，因而大家十分信任他、尊重他，和他一起度过艰难的日子。

两广事变后的反“清剿”斗争

1936 年 6 月，广东军阀陈济棠联合广西军阀李宗仁、白崇禧，提出抗日和反蒋的口号，发动了两广事变。事变发生后，粤军暂时停止了对赣粤边游击区的进攻，并陆续从大庾、信丰等地撤走。当时许多人不明真相，众说纷纭。项英了解到事变情形后，正确分析了形势和两广事变性质，指出两广事变是两广军阀与蒋介石的冲突加紧的表现，是军阀间的战争，是两广军阀利用抗日的名义实行反对蒋介石的战争。

为了抓住这个有利时机，项英、陈毅和赣粤边特委及时在信康赣县委驻地召开了各县委负责同志、游击队长以及交通站长参加的干部

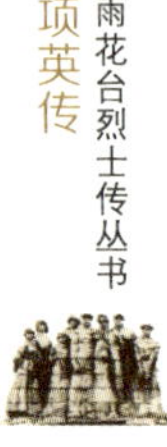

会议，研究对两广事变的认识。项英提出“反对军阀战争，实行抗日战争，变军阀的战争为抗日的革命战争”的口号，同时强调指出，要利用蒋介石与两广军阀的矛盾，抓住有利时机，积极开展游击活动，恢复和扩大游击区。会议发表了《为两广事变告群众书》。会后，各地游击队相对集中整训后主动出击，先后袭击了信丰、大庾、南雄县境内10多个据点，歼灭了一批保安团队和地主武装，镇压了一些作恶多端的豪绅地主，游击区得到了恢复和扩大，出现了三年游击战争期间少有的好形势。

在信康赣游击区，信丰游击队从游击区的上乐、潭塘坑一带分路出击：一路向大庾新城，一路向信丰大小窝、九渡、长安等圩镇，一路向南康贤女埠等地发展，打击保安团和地主武装。7月，信丰游击队夜袭驻大庾新城的保安团队部，击毙数十人，并缴获一批武器。

在北山游击区，北山游击队相继袭击了南雄上嵩围子和角湾、塘洞民团，缴获了一批枪支。

在油山游击区，中共南雄县委和油山游击队乘两广事变的有利时机，集中兵力打击保安团，先后袭击了大庾的青龙、长江、留地和南雄的里东、乌迳、邓坊等地的保安团与区、乡公所。1936年8月，油山游击队在群众的协助下，袭击了池江区公所，俘虏数十人，缴获一些枪支。杨尚奎在梅山黄坑一带积极开展群众工作，发展党的组织，成立了中共梅山区委，使梅山地区成为游击队活动的基本地区之一。陈丕显率工作团在大厦的彭坑、黄种、小汾、弓里、板棚下等地积极发动群众，组织贫农团，逐步建立党团组织，把游击区从山里伸向山外，向池江平原发展。

在三南游击区，三南游击队在龙南的下山围伏击国民党保安团一个中队，击毙十多人；在虔南的楠木山、茶坑、决坑、大竹园、松毛山和龙南的东坑等地打击地主武装，开辟了新的游击区域。南山红军游击队积极向青龙山以西的南雄县坪田、南亩、水口、乌迳一带发展。崇仙红军游击队向信丰县小江、龙洲一带扩展。1936年9月，根据中共赣粤边特委指示，崇仙游击队、南山游击队和三南游击队正式合编为三南游击支队。三南游击区的发展，不仅牵制和分散了国民党军的兵力，而且有力地支援了信康赣和油山等游击区。

两广事变解决后，1936 年 7 月 31 日蒋介石命令驻福建上杭的国民党军第四十六师进驻赣粤边游击区，继续进行"清剿"，使赣粤边游击区的形势再度紧张起来。

国民党军第四十六师进驻赣粤边游击区后，在保安团的配合下，扼守要道和圩场，分路抄山，"清剿"红军游击队；同时，强迫群众构筑碉堡，组织民团和"铲共义勇队"，指定反动豪绅充当保甲长，严密保甲制度，并用重金奖赏叛变分子，收买落后分子。1936 年 8 月底，第四十六师对赣粤边发动了第一次大规模的"清剿"。

针对国民党军新的"清剿"，项英、陈毅于 9 月在信丰油山召开干部会议。会议分析了国内政治形势和国民党军第四十六师"清剿"的特点，研究当前的对策。项英亲自起草了会议决议，史称《九月决议》。决议指出当前的中心工作是动员和领导群众配合游击队粉碎敌人的"清剿"，群众工作是我们粉碎敌人新的进攻的基础，只有依靠群众，我们才能求得生存和发展。要建立各种形式的群众组织，巩固、扩大游击队与广大群众的联系，动员群众力量，粉碎国民党军筑碉堡、建民团、编"义勇队"的阴谋。决议还规定了斗争的政策和策略，强调党既要正确执行阶级路线，又要积极做争取国民党军的工作。要求红军游击队转向白区活动，开展"两面政权"工作，开辟新的游击区。

中共赣粤边特委根据《九月决议》的精神，组成以游击队和地下党员为骨干的宣传工作队，分四路进入白区的圩镇和大村庄，进行宣传活动。与此同时，特委派出一些游击队，跳出国民党军的"清剿"包围圈，深入到国民党军后方和非"清剿"区开展游击活动。根据《九月决议》关于在白区建立"两面政权"的精神，赣粤边特委要求各地党组织调整政策，改变斗争方式，利用国民党撤换保甲长的机会，派一些没有暴露身份的地下党员和开明人士去充当保甲长，同时争取一些比较开明的保甲长，使他们成为"白皮红心"的两面人物，把国民党的保甲机构逐步变成表面上应付国民党，实际上为红军游击队办事的"两面政权"。

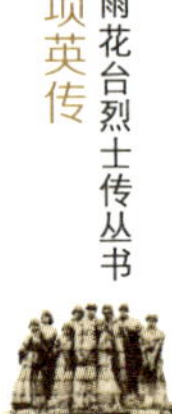

对于一些与红军游击队作对的反动保甲长，红军游击队坚决给以打击。由于积极开展争取保甲长工作，使有些开明的保甲长主动帮助红军游击队购买物资和报纸，为红军游击队送情报。赣粤边特委还派人员打入国民党军第四十六师开展兵运工作，秘密建立共产党的组织和士兵委员会，宣传共产党联合抗日的政治主张。“两面政权”的建立和兵运工作的开展，从内部削弱了国民党军的力量，为争取反“清剿”斗争胜利创造了有利条件。

1936年11月28日，江西省第四行政区保安司令部为配合第四十六师“清剿”，将赣粤边游击区划分为信康赣、信康庾、庾雄、信龙虔定四个“清剿”区，从12月10日开始，限期四个月“肃清”游击队。正当江西第四行政区保安司令部配合第四十六师发动新的“清剿”时，发生了震惊中外的西安事变，第四十六师被迫暂时停止了对赣粤边红军游击队的“清剿”。

西安事变的消息传到赣粤边游击区后，赣粤边特委领导和红军游击队员十分兴奋。项英、陈毅随即召集赣粤边特委和各游击区负责干部会议，讨论蒋介石被扣后的形势，研究新的斗争方针。项英、陈毅在会上提醒大家不要对西安事变盲目乐观，要做好各种准备，粉碎国民党军新的“清剿”。

西安事变和平解决后，国民党实行“北和南剿”的方针，加紧了对南方各游击区的“清剿”。1937年1月中旬，国民党军第四十六师在保安团和“铲共义勇队”的配合下，向赣粤边游击区又一次发动了大规模的“清剿”。

这次“清剿”的重点仍是信康赣地区，第四十六师强迫群众日夜不停地砍山、烧山、抄山，企图一举消灭红军游击队。为粉碎国民党军的大砍山、大烧山、大抄山，项英写信通知各县委做好战斗准备，并指示北山游击队向南雄方向转移，以牵制和吸引敌人。同时指示信丰两支游击队秘密转移到北山开展游击活动。项英随信康赣县委在信丰坑口至大庾新城一带与国民党军周旋。3月，赣粤边特委根据项英、陈毅的指示精神，发动和组织各地群众开展闹春荒斗争，游击队积极配合，声东击西，打土豪，筹款项，开粮仓，发粮食，救济群众，整个斗争热火朝天，有力地反击了国民党军的“清剿”。

1937年5月，发生了梅岭事件。项英在广东南雄，约陈毅到梅岭附近开会。叛徒陈宏与国民党军密谋设下圈套后，于5月2日晨返回梅岭，谎报中央派人来了，要找项英、陈毅谈话。陈毅与梅岭区委书记黄赞龙下山，前往大庾县城接头。陈毅等进入大庾城后，发现有诈，即返回梅岭，隐蔽在半山腰的石洞里。陈宏在大庾县城久等不见项英、陈毅，就领着国民党军包围了梅岭。游击队哨兵发现敌情后，随即鸣枪报警，项英等闻声冲出棚子，隐蔽在茅草丛中。当天午夜，陈毅与项英等会合后，立即撤离。国民党军第四十六师派出五个营的兵力在梅岭山上搜索了五天，未找到项英、陈毅和特委领导的踪影，只得撤出梅岭。此即为梅岭事件。

梅岭事件后，项英、陈毅估计国民党军知道中央分局和赣粤边特委领导人的行踪后，必然对赣粤边游击区发动更大规模的“清剿”，于是指示各地党组织和游击队做好准备迎击敌人的进攻。

1937年5月上旬，国民党军第四十六师向赣粤边游击区发动了第三次大规模“清剿”。第四十六师将赣粤边区划分为信康、信南、康赣三个“绥靖”区，重点“清剿”信南地区，计划40天内消灭红军游击队。项英、陈毅和赣粤边特委得到情报后立即将机关分散，并命令北山游击队离开游击区向外发展，分散国民党军第四十六师对信南地区的“清剿”力量；命令三南游击支队向龙南、虔南边境和龙南、安远边境转移。5月中旬，三南游击支队在虔南县白石下伏击国民党保安第十二团一个中队，击毙十多人。5月下旬，北山游击大队在北山地区不断打击保安团和豪绅地主，恢复了南雄县澜河、白云、天井洞等地游击区，并开辟了一些新游击区。

正当国民党军第四十六师加紧对赣粤边游击区进行“清剿”的时候，1937年7月7日卢沟桥事变爆发了。全国人民同仇敌忾，强烈要求停止内战，一致抗日。在此形势逼迫下，国民党军第四十六师被迫于1937年7月11日停止了对赣粤边游击区的“清剿”。

赣粤边游击区红军游击队，在项英、陈毅的直接领导下，先后挫败了国民党军余汉谋部和中央军第四十六师五次大的“清剿”，坚持了三年的游击战争。

下山谈判促抗日

1937年7月7日爆发了震惊中外的卢沟桥事变，然而项英由于天天在深山老林里打游击，非常闭塞，对这一事变的情况知道得比较晚。

就在这时，“围剿”赣粤边红军游击队的国民党军第四十六师突然于7月11日停止了军事“清剿”，局势骤然平静下来了。项英凭着丰富的政治和军事实践，从征兆中敏锐地预感到，一定发生了重大的事变。果然不出所料，抗日战争全面爆发了。

几天后，项英从报纸上得知发生了卢沟桥事变的消息。他立即给陈毅写信，派交通员火速送去，陈毅接信后，立即赶到项英驻地。他俩商量后，迅速召开中共赣粤边特委会议分析形势，确定了同国民党当局谈判“联合抗日的方针”。项英根据个人和大家对形势的看法，立即写了一篇题为《卢沟桥事变与抗日斗争高潮》的文章，强烈要求国民党政府实行对日宣战，反对和平妥协；同时表示愿意联合抗战，为保卫祖国而奋斗。

项英还根据当时的形势，领导红军游击队进行武装宣传，强调保卫平津就是保卫华北，保卫华北就是保卫全中国。要保卫华北，就得实行对日宣战。于是，抗日的浪潮在赣粤边游击区内外迅速掀起。

7月下旬，项英通过同情者之手，买到了香港出版的一批进步书籍。特别是从一本名叫《新学识》的书刊中，看到毛泽东当年5月在延安召开的中国共产党全国代表会议上所作的题为《中国共产党在抗日时期的任务》的报告摘要。摘要中讲道，从1931年九一八事变特别是1935年华北事变以来，中日民族矛盾已上升为主要矛盾，国内阶级矛盾降到次要和服从的地位。为了适应民族矛盾和国内矛盾这种新的发展与变化,确定调整党在当时的国内政策,以便于建立抗日民族统一战线共同对敌。

同党中央失掉联系两年多的项英,此时看到党中央对形势的分析和所作出的政策调整的指示,如同久旱逢甘霖一样的高兴。正如他自己后来所说的:看到毛泽东同志关于调整党的政策的指示,我们如获至宝,那种高兴的心情真是无法用言语来形容的。因为有了它,我们再讲国共合作就有根据了。

7月底,项英和陈毅、杨尚奎、陈丕显、刘新潮等一起开会,学习毛泽东的讲话,领会党中央关于建立抗日民族统一战线的政策和对同国民党地方当局谈判联合抗日提出的具体要求。他随即以他个人的名义,写了一篇题为《中国新的革命阶段与党的路线》的文章来解释党的路线的转变。他指出,中国革命各个阶段的发生和变化,主要是由于中国社会阶级关系的变化,目前已发展到抗日民族统一战线与国共两党重新合作的阶段。帝国主义是中国革命的主要敌人,打倒帝国主义是实现中国革命任务的中心。日本帝国主义是现阶段最主要、最凶猛的敌人,不打倒日本帝国主义就不能达到中华民族的解放,无法完成中国资产阶级民主革命的任务,更不能取得社会主义革命的胜利。国共合作正是为了联合全国力量实行对日抗战,削弱日本帝国主义进攻中国的力量,保证中国抗日民族革命战争的胜利。文章还指出,我们党放弃苏维埃运动和土地政策及改变红军名称,是为了取得全国团结一致抗日以达到革命的目的,并未放弃这一阶段中的其他革命任务。

项英在文章中,要求各游击区在同国民党当局谈判合作抗日时,必须严格遵守党中央指示中所提出的条件:一是在特区和红军中必须保持我们党的领导权;二是在国共两党关系上,必须保持党的独立性和批评的自由;三是争取抗日战争的领导权。

项英为了使赣粤边游击区各地党政机关和红军游击队了解党中央的指示精神,在和陈毅等研究后立即派人赴各地传达当时的形势变化、党中央的指示精神和赣粤边特委的贯彻意见,告诉各地红军游击队抗日战争全面爆发,国共两党已经合作,游击队应下山集中整训,准

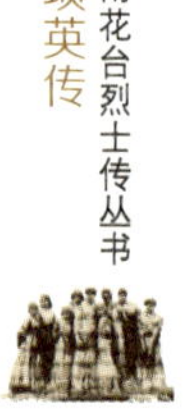

备上前线去打日本侵略者。他们为了争取合作抗日的需要,确定将赣粤边红军游击队正式改名为赣南人民抗日义勇军。

8月8日,项英在和陈毅、杨尚奎、陈丕显、刘新潮等研究后,亲自起草了《中共赣粤边特委和红军游击队联合宣言》,指出,赣粤边特委和红军游击队为争取民族的解放,挽救中国的危亡,愿意遵照党中央的路线,放弃对政府的敌对活动,停止游击战争,与国民党政府合作抗日。同时要求国民党当局立即停止"进剿"游击区,允许抗日自由,呼吁团结抗日,采取最低限度安定民生的办法。

8月20日,项英以中共赣粤边特委的名义写信给国民党江西省政府主席熊式辉、第四行政督察专员公署专员兼第四行政区保安司令马葆珩及国民党军第四十六师师长戴嗣夏,宣传中国共产党关于建立抗日民族统一战线的政治主张,敦促他们协商合作抗日事宜。同一天,项英还以中共赣粤边特委的名义,命令南雄、大余、信丰、南康、赣县的党组织和游击队,立即停止游击活动,以表示合作抗日的诚意。

8月25日,项英以中共赣粤边特委的名义发表《告赣南民众书》,号召赣粤边人民和各界人士团结一致、共同抗日,同时指出赣粤边的红军游击队已经停止游击战争,正在枕戈待命,待与国民党地方当局谈判达成协议后,即开赴抗日前线,英勇杀敌。

为了广泛宣传中国共产党的抗日主张,项英领导中共赣粤边的党组织和红军游击队开展武装宣传,把抗日口号写在竹片上、木板上,插在交通要道上,投入河流中,漂流到大余、南雄、赣州等地。

可是,当时国民党地方当局和反动军警却借此宣传游击队要"投降",归顺国民党军队,给游击队发出信件,要游击队负责人出来"自新",要游击队下山改编。为了回击国民党的造谣污蔑,争取政治上的胜利,项英又领导中共赣粤边特委以笔战的形式,严厉谴责国民党地方当局违反国共两党合作抗日的精神,破坏抗日民族统一战线的行径。经过针锋相对的斗争,加上日本侵略军发动八一三事变进攻上海,局势进一步紧张,国民党才被迫承认南方共产党组织和红军游击队的合法地位。在这样的情况下,赣粤边游击区周围的政治形势发生了重大变化,国民党当局的腔调完全变了样,围攻游击区的国民党军陆续撤走。

国民党大余县长彭育英,于8月27日给项英、陈毅发来电报,专函表示欢迎红军游击队下山谈判,共商北上抗日事宜。

项英和陈毅、杨尚奎、陈丕显、刘新潮等研究分析了上述变化的情况,认为与国民党地方当局谈判的时机已经成熟了。

项英和陈毅为不失时机地掌握斗争的主动权,扩大政治影响,立即提出将南方各游击区的红军和游击队联合起来成为一支抗日力量,以便与北上抗日的红军主力相呼应的正确主张。这就同党中央当时决定将南方八省红军和游击队集中编组在一起,后来确定统一整编为国民革命军陆军新编第四军想到一起去了。

项英为实现其正确主张,一面积极扩大部队、壮大抗日力量,一面准备与国民党地方当局进行谈判。

8月下旬,项英又召开赣粤边游击区党组织和游击队干部会议,再次学习毛泽东有关合作抗日的指示精神,强调要正确认识国共合作的形势,既要防止麻痹思想,又要防止关门主义倾向。他同时强调对国民党顽固派破坏合作抗日、污蔑红军游击队下山合作抗日是要求投诚归顺国民党等情况,要给予坚决的回击。

绝大多数游击区的领导人,由于较好地理解了党的方针政策,实行新的战略转变,为红军游击队尔后的集中改编铺平了道路。

接着,项英起草了同国民党当局谈判的内容。主要是:要国民党承认共产党的合法地位和言论行动的自由,要释放政治犯,要解散“铲共团”,要重新组织抗日武装,要将游击队组成独立的抗日部队,要保证游击队的给养。

这些就成为赣粤边和附近游击区同国民党地方当局谈判的基本依据。鉴于谈判的政策性很强,项英请陈毅作为中共赣粤边特委和赣南人民抗日义勇军的全权代表。9月3日,陈毅在和项英商量后,以他个人的名义给大余县长彭育英发去“快邮代电”,表示为停止内战一致对外,赣南人民抗日义勇军决定停止反政府的军事活动,希望国民党

也停止对游击区的进攻。同时告诉对方一二日内将派代表前往谈判。这个“代电”送到大余城后，彭育英当即复信响应，欢迎游击队派一负责人去谈判。

项英在领导谈判的过程中，强调要按照毛泽东在全国党代表会议报告中提出的三个条件为基础，掌握五条原则：1. 保持红军和游击队的独立性，以及共产党对红军和游击队的领导；番号可以改但必须是一个独立的建制单位，取得抗日和党的活动的自由；2. 承认共产党领导抗日的合法地位，并保证共产党领导的独立性；3. 释放政治犯；4. 游击区内实行民主政治，保、甲长要实行民选；5. 不准土豪劣绅追缴以前群众所欠的租税和债务。

项英、陈毅和中共赣粤边特委在充分准备的基础上，就停止冲突、合作抗日等问题，开始同国民党当局进行了复杂而又曲折的谈判斗争。

经过三次艰苦的谈判，赣粤边红军游击队改编为抗日武装的问题已经基本解决了。9 月 24 日，项英应邀赴南昌同国民党江西省政府进行第四次谈判。这次谈判，主要是解决赣粤边游击区以外的南方其他游击区的红军和游击队改编为抗日武装的问题。

谈判期间，项英在南昌从报纸上得知中共中央正派代表同国民党政府谈判，并看到了由中央社 9 月 22 日发表的《中共中央为公布国共合作宣言》。这个宣言是中共中央根据政局的变化为反对日本帝国主义的侵略于 7 月 15 日交付国民党的。蒋介石迫于形势，到 9 月 22 日才批准交给中央社发表，并于 23 日亲自发表谈话，实际上承认了中国共产党的合法地位。

项英把中共中央的宣言看了又看，仔细地领会党的政策有哪些变化，对照他们的做法看有哪些不符合的。他认为在总的方面是符合团结一致、共同对敌这个精神的，谈判既坚持了高度的原则性，又有一定的灵活性，同时扩大了中国共产党的政治影响。据此，他确定将谈判继续进行下去。在此基础上，项英在同国民党江西省代表熊滨谈判后，双方口头谈妥了以下三点：

1. 红军游击队番号改为抗日义勇军；

2. 游击区域的老债、新债均废除；

3. 在游击队集中期间，一切费用由江西省政府负担。

双方还商定其余各项问题，待国共两党中央谈判决定。项英在南昌期间给浙南游击区负责人刘英写信，代表中央分局向浙南游击区的同志们表示慰问。同时要刘英到南昌或到分局驻地大余的池江讨论游击队改编问题。项英还会见了湘赣边游击区的代表曾昭铭，听取了他的汇报，向他传达了红军游击队改编为抗日义勇军的指示精神。

项英在南昌期间，催促国民党江西省当局立即释放方志敏之妻、共产党员缪敏。缪敏获得自由后于 9 月 29 日随项英离开南昌，30 日到达赣州。项英对备受折磨、身体虚弱的缪敏表示慰问，要她到游击区先行调养，然后再继续参加革命活动。

9 月 29 日，项英离开南昌，行前他发表了《告南方游击队的公开信》，传达了党中央关于将红军游击队改为抗日救国武装的指示精神。

10 月 1 日，项英由赣州回到了大余县的池江。他立即召开中共赣粤边特委和各游击队负责人会议，传达了《中共中央为公布国共合作宣言》等文件精神，讨论了赣粤边红军游击队集中整训、改编的具体事宜。

从 10 月上旬起，赣粤边各地红军游击队陆续下山集中整训，他们先在南雄、信丰、全南等县集中后陆续转至大余县的池江地区集中整训。经过短期整训，赣粤边红军游击队由 300 多人增加到 500 多人，最后达 700 多人。中共赣粤边特委为了适应斗争形势的发展，还在大余县池江圩设立江西义勇军办事处。在项英和陈毅领导赣粤边游击区同国民党地方当局谈判的前后，战斗在鄂豫皖、闽西、湘鄂赣、浙南、闽东等地的红军和游击队也先后同国民党地方当局谈判，党中央还请林伯渠、董必武就近对鄂豫皖边、湘鄂赣边两游击区的谈判进行指导帮助。

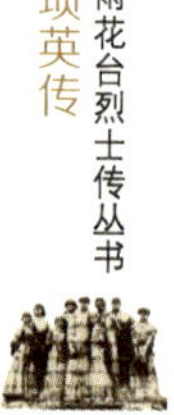

为履行赣州和南昌谈判所达成的协议，项英以中共赣粤边特委的名义指示各有关县委、区委，要他们派代表与国民党方面的县、区代表谈判。各地谈判均达成相应的协议，游击区周围的国民党军队和地方

保安团、“铲共团”全部撤离，被关押在国民党监狱的共产党员和爱国人士陆续被释放。

经过多方努力，各地区终于就停止冲突、共同抗日达成协议。项英和陈毅在谈判达成协议以后，决定将赣粤边区分散在各地的红军游击队先后集中在潭塘坑、池江圩等地整训。

赴延安向中央汇报

党中央和毛泽东得知项英、陈毅及南方游击队的情况后，非常高兴。9 月 28 日，张闻天、毛泽东致电林伯渠要他转告董必武派人与项英、陈毅联络。10 月 2 日，张闻天、毛泽东又致电博古、叶剑英，“速电项英到南京，告以政策，到宁后并令其来中央讨论。”于是，项英奉命于 10 月 12 日离开赣粤边赴延安，向中共中央详细汇报南方三年游击战争的情况，由特委副书记杨尚奎和原中共赣南省委少共书记陈丕显负责主持赣粤边游击区各地谈判和红军游击队集中、整编工作。

10 月 23 日，项英到达南京，会建了八路军驻南京办事处的博古、叶剑英，随即转赴延安。11 月 7 日，项英经西安到达延安，回到了党中央身边。项英像重归父母怀抱的孩子一样兴奋，历经三年艰苦卓绝斗争并与党中央失去直接联系的项英终于回到了党中央的怀抱。项英的兴奋之情溢于言表，“我们与党中央取得联系以致得到党中央的领导，使失掉中央领导困居在山林中过野人的生活而与敌人斗争三年的我们结束了旧的斗争生活，好似重见天日，直接在党中央的领导下而为当前的抗日民主革命战争的胜利而斗争。”

11 月 7 日项英到达延安后，洛甫、毛泽东等领导人当天就前往项英住处看望，对这位坚持了南方三年游击战争的主要领导人表示欢迎，对在南方浴血奋战的红军和游击队指战员表示亲切慰问。洛甫、毛泽东在交谈中告诉项英，在七七事变后党中央对国内政策作了许多重大调整、组织方面有许多重要变化，包括当年 8 月在洛川会议上健全了中共中央军委，毛泽东为军委书记，朱德、周恩来为副书记，以及南方红军和游击队将改编为新四军的谈判进展情况。叶挺已被蒋介石于9月28日任命为新四军军长。党中央在同叶挺交谈，得知“叶表示在党的组织外，但愿在党领导下进行工作”的政治态度后，也同意由叶挺担任军长。党中央还确定项英任新四军副军长，参加筹建工作。

洛甫、毛泽东还告诉项英，党中央政治局将于12月份开会，听取关于共产国际指示的传达，讨论当前的政治形势和党的任务，届时请他出席会议，并请他介绍一下坚持南方三年游击战争的情况和经验。

项英得知叶挺当时就在延安，并在一两日后即将离开延安等情况后，便不顾旅途劳累，立即前往看望。1926年，项英与叶挺就有交往，那时叶挺担任国民革命军第四军独立团团长，是攻打武昌的先锋，被誉为“铁军”。后来他任师长，担负武汉的警备任务。项英是武汉中共党组织和工会的领导人之一，曾发动工人配合北伐军夺占武昌并担任武汉工人纠察队总队长，配合北伐军维持武汉的社会秩序。项英和叶挺在交谈中共同回顾了这段美好的往事，并就红军和游击队改编为新四军的问题初步交换了意见。

11月8日晚上，党中央为项英专门召开欢迎会。党中央机关的一部分干部和抗日军政大学的一部分学员参加了欢迎会。洛甫、毛泽东和项英同坐在主席台上，叶挺也应邀上了主席台。

毛泽东在致词时说：我们所以开会欢迎项英同志，是因为他领导南方红军和游击队，在坚持三年游击战争中进行了浴血奋战，粉碎了国民党军连续的“清剿”，保存了革命的力量，坚持了十多块游击区。这是我们和国民党十年血战的结果的一部分，是抗日民族革命战争在南方各省的战略支点，是国民党在西安事变后还用“围剿”政策企图消灭的革命力量，这是中国人民一个极为宝贵的胜利。全党同志都应学习项英同志及南方各游击区的同志们艰苦奋斗的精神和模范事迹，更好地打击日本侵略者，完成党中央所确定的各项任务。

项英在讲话中特别讲道，南方红军和游击队的广大指战员在斗争残酷、条件艰苦的情况下，仍然意志坚定、斗志旺盛，紧密地和人民群众

联系在一起，时刻想着党中央，倾听着党的声音，注视着全国革命形势的发展，保持着为人民解放事业而奋斗到底的坚定信念。他表示，南方红军和游击队指战员将在党中央的领导下，按照党中央的部署参加到抗日的行列里，完成党中央赋予的各项任务。毛泽东和项英的讲话，赢得了到会同志的阵阵掌声。

在延安，项英参加了12月9日至14日举行的中共中央政治局会议，并在会上做了《三年来坚持的游击战争》长篇汇报，受到党中央的高度评价。12月14日，中共中央政治局又专门讨论了南方各游击区的工作。张闻天、毛泽东、彭德怀、凯丰、刘少奇、张国焘、陈云、康生出席会议，李富春、曾山列席参加。项英在会上汇报了南方各省游击区的情况，以及南方各地区党的建设、新四军组织机构等问题。会议还讨论了成立中共中央东南分局和中共中央军委新四军分会有关事宜。项英接受了党中央关于改组南方游击队为新四军的命令，并积极从事新四军的筹组工作，受到党中央的高度评价。

第六章

浴血奋斗在皖南

奉命组建新四军

1937年9月28日，国民政府军事委员会任命叶挺为国民革命军新编第四军军长。10月12日，国民政府军事委员会宣布将南方八省的红军游击队改编为新四军。10月底，中共中央任命项英为新四军副军长，并于11月上旬正式同意叶挺任新四军军长。

1937年12月14日，中共中央政治会议决定：由周恩来、秦邦宪、项英、董必武在武汉组成中共中央长江局，统一领导中国南方各省党的工作；由周恩来、王明、秦邦宪、叶剑英组成中共中央驻汉代表团，负责与国民党的联系和谈判工作；由项英、曾山、陈毅、方方、涂振农组成中共中央东南分局，负责新四军和东南地方党的工作，受中共中央和

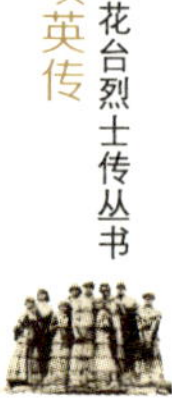

长江局双重领导。为加强党对军队的领导，这次会议同时决定建立中共中央军委新四军分会，项英为中共中央东南分局和新四军军分会书记，陈毅为军分会副书记。

时任新四军军长的叶挺

12 月 23 日，中共中央代表团与中共中央长江局在武汉召开第一次联席会议，决定将两个组织合并，对外称中共代表团，对内为长江局，由周恩来、项英、秦邦宪、王明、董必武等人组成，王明任书记，周恩来为副书记。这次会议的第一项议程，就是讨论新四军问题，决定目前项英的主要工作在军队方面：各地区的红军游击队应迅速集中，并把部队集中作为组建新四军的突击任务。

项英在完成向党中央的汇报任务后，于 12 月 18 日由延安到西安，20 日，率赖传珠等一批被派往新四军工作的干部由西安启程南下，23 日抵达汉口。25 日，叶挺、项英在武汉召开新四军军部机关干部会议，与张云逸、周子昆、曾山等具体商讨筹建新四军军部的工作，并在汉口大和街 26 号设立了军部，开始挂牌办公，标志着新四军军部正式成立。

在汉期间，周恩来接见了项英、叶挺、张云逸、周子昆等新四军领导，向他们讲述了国内外形势和中共中央关于抗日问题的方针策略，指示他们迅速通知南方各地红军游击队按规定的时间到达指定地点集结。周恩来强调说，在红军游击队整编过程中，要注意提高革命警惕性，防止国民党反对势力的破坏和收买；部队集结后，要抓紧时间进行整训；要加强部队的教育，争取早日开赴抗日前线。周恩来的重要指示，使项英、叶挺等新四军领导对新四军的组建工作进一步明确了方向。

项英在武汉新四军筹备处一共 12 天。在这短短的 12 天里，项英废寝忘食，忙着新四军的组建工作。在这段时间里，有五个南方红军游

1938 年，长江局负责人和新四军负责人在八路军驻武汉办事处合影（左起：张云逸、叶剑英、王明、博古、周恩来、曾山、项英）

击队的负责人或代表前来商谈部队改编、集中的事宜，项英一方面要向他们传达中央关于改编的政策，另一方面还要具体去讨论改编、集中中存在的主要问题，并做一部分人的思想工作。他还多次参加中共中央长江局会议，给中共中央书记处发电报请示汇报新四军编制与干部配备问题，催调来新四军的干部。此外，项英还多次与赖传珠、李子芳等研究军事政治教材、修改部队编制。

1938 年 1 月 1 日，新四军军部负责人开始分赴南昌。在离开武汉前，项英、张云逸、周子昆、曾山一起，在八路军驻汉口办事处门口合影，这是新四军领导人的第一张合影。同时，新四军司令部发出启事，向外界告知新四军军部移往南昌，汉口大和街 26 号军部即行结束使命。

1938 年 1 月 4 日，项英与周子昆、赖传珠、李子芳等人乘坐“江裕”号轮船离开武汉，前往南昌。1 月 6 日，项英等到达南昌，这标志着新四军军部由武汉迁移至南昌，并正式对外办公。叶挺在周恩来的要求下留在了汉口，继续与国民党军政当局谈判解决新四军的编制、经费、

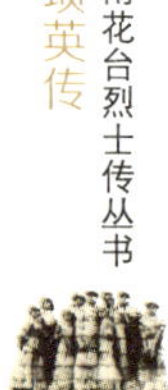

干部任命等问题。

1938年1月16日，按照东南分局的安排和部署，项英和曾山动身去湘赣边游击区。此时湘赣边红军游击队已经下山与国民党莲花县政府谈判，改编为湘赣边抗日游击支队，设五个游击大队。莲花县县长听说新四军副军长到达，不敢怠慢，于当日下午率众迎接项英等人。项英告知，湘赣边抗日游击支队是红军游击队改编，现已和南方各省游击队一样，正式编入新四军，即将开赴抗日前线，希望县长加以大力支持。莲花县县长表示"一定鼎力相助"。第二天上午，项英给湘赣边游击支队的党员干部传达了中央政治局会议的决议和政策。其后，项英又找大队干部逐个谈话，了解思想状况，商讨改编事宜。最终，经过反复商讨，湘赣临时省委改为湘赣特委，谭余保任特委书记，湘赣边抗日游击支队除一个排的短枪队和部分干部随谭余保就地坚持斗争外，其余部队变成一个营，做好出发的准备。待军部命令一到，立即开赴抗日前线。由于项英工作耐心细致，又能以朴实、明了的语言阐述党中央的政策、方针，湘赣边的整编工作进行得十分顺利。

1938年1月，(左起)陈毅、温仰春、项英、张云逸、曾山等合影

1月下旬，项英和曾山等人回到赣粤边这个他所领导的进行了三年艰苦卓绝游击战争的根据地。面对曾经出生入死、并肩战斗的战友们，项英非常兴奋，他说：到达延安后，向党中央汇报，就像久别母亲的孩子找到母亲一样的激动，终于重回母亲的怀抱了。党中央高度评价了南方三年游击战争，对坚持斗争的同志们表示充分的肯定。现在，大

1938 年春，项英（前左四）、陈毅（前左三）与留在南方八省坚持游击战争的部分干部合影

家要面对新的征程！中央决定将南方八省的游击队集中改编为新四军开赴抗日战场。接着项英向大家传达了党中央关于抗日民族统一战线的指示精神，阐述了合作抗战的形势，介绍了八路军在华北敌后抗战的情况。

接着，项英和中共赣粤边特委经过商讨，确立了对赣粤边红军游击队改编的方案。即：将赣粤边游击队的主力集中，改编成一个营，编入新四军第一支队，等待军部命令，开赴皖南集中；其余的部队留在根据地。项英与特委研究选留根据地的骨干，决定杨尚奎仍任中共赣粤边特委书记，刘新潮任信丰县委书记，留在根据地继续坚持斗争。一方面，巩固和发展党的组织，做好统一战线工作，开展抗日救亡运动；另一方面，积极保护游击区群众斗争获得的利益。

项英对于赣州、瑞金、于都、吉安等地的地下工作也作了研究和部署。同时，项英还看望了在艰难岁月里与红军共渡难关、有深厚情谊的父老乡亲们，对他们表示了感谢；对牺牲的瞿秋白、何叔衡、贺昌、蔡会文等先烈表示深切的怀念。

根据东南分局的安排，在项英、曾山等人赴湘赣边、赣粤边的同时，

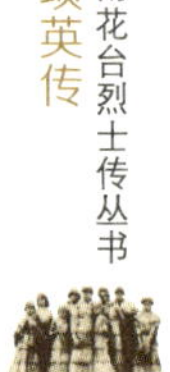

陈毅赴皖浙赣边区，张云逸赴闽赣、闽东及闽西南地区，传达中央指示并集中改编部队；还请温仰春、黄道、叶飞等回各自的根据地，代为传达指示，集中改编游击队。

2月6日，项英接到新四军军部电报："接蒋、顾令，限部队2月20日集中歙县岩寺一带。"项英当即复电，并要军部通知各部队调查行军路线，电告出动日期。

2月12日，项英和曾山从赣南回到南昌。在这前一天，叶挺军长从武汉到达军部。一个多月以来，叶挺为了解决新四军的编制、经费、装备、干部任命和扩充力量等问题，一直不遗余力地与国民党当局进行交涉，频繁地演讲、募捐，筹措武器、药品。经过叶挺不断交涉，国民党同意发放棉军衣，经费也由6万多元增至9万多元。当天晚上，新四军军机关为欢迎叶军长和项副军长举行大会，会议由新四军副参谋长周子昆主持。

项英在叶军长讲话后，接着作了讲话，他首先说，在中共中央的关怀和领导下，经过各方面的努力，南方红军和游击队改编为新四军的工作已取得重大进展，编组原则和组织领导早已确定下来，编组方案已定，正在组织实施。原红二十八军和各地游击队的下山集中进行得比较顺利，基本上按计划进行，领导骨干大部已经确定下来，包括军部在内的各级组织机构正逐步健全，经费、被装供应得到初步解决，所有这些都为我们部队开赴前线杀敌打下了良好的基础。

项英继而讲道，我们新四军的指战员来自八省，军机关的人员有的来自延安，有的来自地方，都是为着抗日这个目标走到一起来了。大家的阅历不同，特点不同，但抗日的目标相同，要互相学习，团结共事，很好地履行自己的职责。当前最重要的是严密组织分散在各地的部队的开拔工作，应注视各地的动向，使部队尽快而又安全地开赴集结地区。①

2月13日，项英、叶挺主持了一系列军政会议，讨论部队集结整编

---

① 参见王辅一《项英传》，第484—485页，中共党史出版社，1995。

和补充整训的问题。听取副参谋长周子昆和参谋处长赖传珠汇报部队编组集中情况，研究需要解决的问题。项英介绍了去湘赣边和赣粤边游击区动员部队集中的情况，强调当时军部机关着重要抓好部队集中的工作。项英还在会上讲到和国民党搞统一战线的问题。他说："对阻挠破坏我军集结的国民党地方当局及其武装，我们必须坚持斗争，这些家伙欺软怕硬，你斗他一下，他也就老实了。当然，我们不能蛮干，要讲策略。"①项英要求到部队指导集结的军政干部，要注意和国民党地方党政搞好团结，有了矛盾，不要感情用事，要讲统战，要汇报请示，切不可擅自处理。

2 月 14 日，项英和陈毅向党中央报告，提出新四军应"尽可能向前延伸到浙、苏、皖之昌化、绩溪、孝丰、宣城、宁国"，"以游击战在战略上配合正规军为原则"②。毛泽东第二天即回电："同意十四日电的行动原则，力争苏浙皖边发展游击战"③。

当日，叶挺率第一支队司令员陈毅、军部秘书长李一氓一起去皖南屯溪，向第三战区司令长官顾祝同交涉新四军集中驻地和增加经费等项问题。项英在陈毅、李一氓动身去皖南前，要求在交涉的同时，考察岩寺一带的地形、民情，并同当地两个中共特别支部取得联系，为新四军军部和第一、二、三支队在岩寺地区的集结做好准备。叶挺等人在到达皖南屯溪后，在同顾祝同交涉的同时，转赴屯溪 50 公里外的岩寺镇，对部队到达后的驻地、给养保障等事项进行检查布置。21 日，叶挺电告新四军军部：今已做好准备，军部机关移往前方。

从 2 月中旬起，项英在南昌新四军军部指挥各支队行动，调配干部，研究军部及第一、二、三支队向岩寺集中的问题，规定各支队行进的路线。2 月 16 日，项英给中共中央长江局并党中央写信，在详细报告部队动员和集中、国民党地方当局的造谣破坏和保安团的挑衅等情况

① 胡居成：《创业为艰毁誉多：项英与皖南事变前的新四军》（四），《党史文汇》1994 年第 12 期。

②③ 参见《项英、陈毅关于新四军行动原则的建议致毛泽东电》（1938 年 2 月 14 日），《抗战初期中共中央长江局》，第 159 页，湖北人民出版社，1991。

后，对当时工作提出了十点意见。其中明确提出要以毛泽东的指示为纲要来指导工作并加强对外的宣传。

到3月中旬止，新四军的领导干部均已获得任命，除叶挺任军长、项英任副军长外，张云逸任参谋长，周子昆任副参谋长，袁国平任政治部主任，邓子恢任政治部副主任。

3月16日，项英给分途开进的各团发出了长篇工作指示——《巩固部队，提高战斗力，准备胜利的战斗》。在工作指示中，项英实事求是地指出部队存在的弱点：对正规军的大部队行动不熟练；军事技能和战术素养都较落后；政治工作不健全，文化水平低；游击主义的习气重；新成分增加，逃亡现象不断发生。为了迅速克服部队的弱点，他提出几条措施：首先是做好巩固部队的工作。“百倍加强党内和部队中的政治教育和马列主义的教育，提高全军指挥员更高的政治觉悟，了解自身的责任，保持和发扬优良传统，不受任何影响而减弱自己的精神。”第二，要保持和发扬我们的优良传统。“这是坚强部队提高战斗力的基础，谁不坚持这一点，无异是降低我们的战斗力。”第三，要迅速建立部队的政治工作，加强部队教育。第四，“提高军事技能，使每个指战员会使用各种武器，熟练各种战斗动作，提高各级干部的战术素养，研究抗战经验和日寇战术。”在最后一条“全军思想一致，行动一致”中，项英一连提出五个反对：“反对一切不正确思想和意识，反对忘记了自己把统一战线曲解为自己与人家一样，反对一切腐化堕落行为，反对自高自大认为劳苦功高，反对个人自由主义。”[①]项英亲笔写下的这个3000多字的指示，对从深山老林走向平原乡村、城镇的红军游击队来说，是非常及时、很有针对性的。来自八省五十几个地区的游击队能在短短一个月中步行数千里集结起来，是与各级干部认真贯彻项英的指示分不开的。

到4月（个别的到5月），主力红军长征后留在江西、福建、广东、浙

---

① 胡居成：《创业为艰毁誉多：项英与皖南事变前的新四军》（四），《党史文汇》1994年第12期。

江、湖南、湖北、安徽、河南八省的赣粤边、闽赣边、闽西、闽粤边、皖浙赣边、浙南、闽北、闽中、闽东、湘鄂赣边、湘赣边、湘南、鄂豫皖边、鄂豫边等14个游击区的红军和游击队，在高度分散于40多个县的情况下，在当时交通困难、通信联络落后的条件下胜利地完成了下山和集中整编为新四军的光荣任务，进展是比较顺利的，速度是相当快的。

新四军的编组原定编为四个支队八个团，根据部队集中的实际情况编为四个支队十个团，共10 300余人，6200余支枪。新四军下辖四个支队分别是：

第一支队，由原湘鄂赣边、湘赣边、赣粤边和赣东北等地的红军游击队改编，陈毅任司令员，傅秋涛任副司令员，胡发坚任参谋长，张道庸（后改名陶勇）任副参谋长，刘炎任政治部主任。

第二支队，由原闽西、闽赣边、闽粤和浙南等地的红军游击队编成，张鼎丞任司令员，粟裕任副司令员，罗中毅任参谋长，王集成任政治部主任。

第三支队，由原闽北和闽东等地的红军游击队组成，张云逸兼司令员，谭震林任副司令员，赵凌波任参谋长，胡荣任政治部主任。

第四支队，由原鄂豫皖边和鄂豫边等地的红军游击队编成，高敬亭任司令员，林维先任参谋长，萧望东任政治部主任。

新四军的成立，标志着南方八省红军和游击队由三年游击战争转入抗日救国的新阶段，是中国共产党抗日民族统一战线在南方实现的一个重大成果。它对于开展华中敌后抗战和迅速壮大人民武装力量具有重大的战略意义。

挺进敌后抗战

1938年4月4日，叶挺、项英率新四军军部离开南昌赴皖南歙县岩寺镇。上午9时，南昌人民举行盛大的欢送会。当时在江西省政府保安队和抗敌后援会中担任要职的蒋经国在会上作了希望团结抗日

的讲话。他说：你们要到前线去了，我没有什么礼物送给你们，只是送一个“杀”字，愿你们在前线多杀敌人。[①] 江西省抗敌后援会向新四军赠送了大量的棉军衣、布鞋、雨笠、毛巾等慰问品，江西省农村合作委员会送鸡蛋2100颗，修水县抗敌后援会送番薯片110斤。项英面对夹道欢送的群众和抗日团体，十分激动。他说：我们新四军一定不会辜负大家的期望，一定奋勇杀敌，报效国家和人民。

4月5日下午，叶挺、项英率军部到达岩寺镇。新四军军部和第一、二、三支队到达岩寺地区后的分布是：军机关和直属队驻岩寺，项英和叶挺等住在岩寺镇的金家大院内，一支队驻扎在潜口，二支队驻扎在琶塘、琶村，三支队驻进西溪南砖桥。

当第一、二、三支队到达岩寺后，叶挺、项英就同张云逸、周子昆、邓

1938年春，新四军部分领导人在皖南合影（左起：陈毅、项英、袁国平、李一氓、朱克靖、粟裕、叶挺）

① 参见胡居成《创业为艰毁誉多：项英与皖南事变前的新四军》（五），《党史文汇》1994年第12期。

子恢等军部领导人穿行于潜口、琶村、王村、西溪各个支队营地之间，向来自南方12个游击区的指战员表示亲切的慰问。项英在对第五团指战员讲话时强调指出，虽然改编为新四军，但我们仍然是共产党领导的队伍，我们要继续保持和发扬红军的优良传统。我们的战术基本上还是游击战，过去大家打的是山地的游击战，将来打的可能是平原、水网地区的游击战，基本原则不变，但作战的具体方法要根据时间、地点和条件作些改变。

此时，新四军虽然组建，但枪支弹药急缺，往往两三个战士共用一件武器，许多战士仍然只能用大刀、梭镖进行操练。而国民党第三战区虽有剩余武器，但不愿分发给新四军。为此，一方面，叶挺给第三战区长官顾祝同写信交涉，要求发放武器装备；另一方面，自力更生建立军械所，自己修理、制造武器。经过一段时间的努力，皖南新四军军械所成立，逐渐能够制造出枪械、铁雷、石雷，弥补了武器弹药的不足。

到达岩寺后，项英除了负责新四军全面工作外，还紧抓部队的政治工作和抗日宣传。他指示政治部把毛泽东的《中国共产党在抗日时期的任务》《为争取千百万群众进入抗日民族统一战线而斗争》《反对日本进攻的方针、办法和前途》等作为政治教材印发给干部战士学习。经过上政治课，作形势任务报告等方式，对全体指战员进行民族矛盾已上升为主要矛盾，实行不同阶级、不同党派团结一致、合作抗日的统一战线政策教育。项英还十分重视部队中的党组织建设。当时，部队中的共产党员数量占全军总数的25%，但连队一级尚未建立党支部。项英同陈毅等人进行多次研究，决定要在各支队建立党务委员会，营连一级建立党支部，并稳妥、慎重地发展党员。这一举措，加强了党对军队的领导。

项英还很重视抗日宣传。他大力支持群众组织妇抗会、农抗会、工抗会、青抗会等社会团体，通过自编自演的文艺形式向广大士兵、群众宣传党的抗日政策。项英积极支持举行军民联欢会、各军代表抗日座谈会，还创办了两所农民夜校。早在领导工人运动时期，项英就非常擅长通过夜校的形式宣讲革命道理。这一时期，项英经常去农民夜校讲

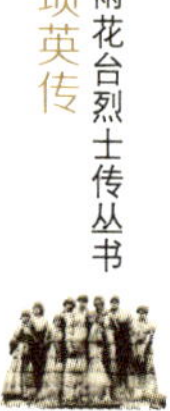

课，还将在三年游击战争中编写的识字课本印发给夜校上课的农民，希望他们不要小看自己，一定要学好文化，为抗日做出贡献。项英的课很受欢迎。他没有首长的架子，说的都是大家听得懂的劳动者的语言，上夜校的农民很是喜欢。项英、叶挺也经常去军民联欢会上发表演说，在与当地上层人物的座谈会上动员大家为抗日出力，有钱的出钱、有枪的出枪。

1938 年，项英（右二）与赖传珠（左二）等在皖南泾县新四军军部接受上海民众慰问团慰问

1938 年 4 月中旬，项英作为中共中央军委新四军分会书记，在岩寺鲍家祠堂主持召开新四军全军（江北第四支队未参加）营以上干部会议。会上，项英首先介绍叶军长和新四军的其他领导干部，接着他作了热情洋溢的讲话。他高度赞扬南方红军游击队艰苦卓绝的斗争为革命做出了巨大贡献。现在各游击队集中改编成新四军，能够集中力量，形成铁的拳头，成为一支像八路军一样坚强的抗日武装。红军游击队虽然改编为新四军，不再叫红军了，但是人民军队的性质没有变。

项英要求各单位在岩寺一带集中的过程中做好五项工作：一是继续搞好部队组建、健全组织，特别是军事、政治机关的人员要尽快配齐，明确和履行职责。二是充实部分装备，配发军需物资，抓紧武器的修理，提高完好率。三是利用出征前的宝贵时机，进行以射击、投弹、刺杀为主要内容的军事训练，学会使用各种武器，熟练各种战斗动作，提高杀敌本领。同时要研究日军的战术，提高干部的战术素养。四是加强政治教育，学习抗日民族统一战线的方针政策，激发对日本侵略者的仇恨。五是大力做好群众工作，要用我们的实际行动来宣传和证明新四军是一支人民的军队，以取得群众的支持。[①]

项英在讲话时要求各单位特别注意三点：第一要增强团结。不论是来自哪个游击区的，还是来自红军主力的，都是抗日的革命军人，要互相尊重，互相学习，不要搞山头，不要搞宗派。同时，要搞好与外部的关系。第二要发扬优良传统。各单位的前身——红军游击队都有光荣传统，特别是艰苦奋斗的传统，要在新的斗争中很好地发扬光大。第三，要很好地尊重和服从叶军长的领导。叶军长是北伐名将，有丰富的军事指挥和治军经验，希望大家要服从叶军长的命令，听取叶军长的指挥，努力地完成作战和各项任务。[②]

在叶挺、项英率部到达岩寺后，新四军还要面临国民党第三战区的"点验"。所谓"点验"，就是清点核定人员、枪械数量，决定部队的编制员额。蒋介石强调"必须派人点验"新四军，其用意有两个方面：一是想"立威"，企图通过点验来压一压共产党的气势。八路军曾拒绝国民党的"点验"。二是想摸摸底，看看南方红军游击队是否真的集中起来了。项英的基本想法是：不能像八路军那样拒绝"点验"，否则新四军的组建可能会被搁浅，还可以借"点验"之机，向第三战区要点装备、粮饷。项英和叶挺等人在到达岩寺后，便积极准备接受"点验"。

1938 年 4 月 20 日，第三战区副司令长官、第十九集团军司令罗卓英中将率一大批"点验委员"们来到岩寺镇。罗卓英和叶挺是同乡，又是保定军校的同学，也曾共事过。叶挺身着笔挺的中将服，陪同罗卓英"点验"新四军战士们。罗卓英看到一些新四军战士瘦小、武器装备较差时，脸上满是傲慢鄙夷之色。他认为新四军人多、枪少、装备差，恐怕难以应对日寇，应压缩现有编制。叶挺、项英极力与其周旋，曲意应酬。项英对罗卓英说，虽然新四军的战士身子瘦，可是骨头硬。只要能加以

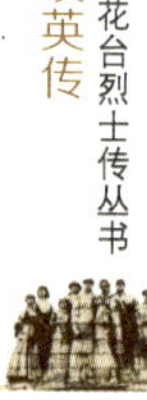

① 参见《新四军·回忆史料》，第 228—293 页，转引自王辅一《项英传》，第 496 页，中共党史出版社，1995。

② 参见王辅一《项英传》，第 496—497 页，中共党史出版社，1995。

训练、补充装备，一定可以成为一支像八路军一样英勇善战的队伍。为了通过“点验”这一关，叶挺、项英表示，可以按照“点验”要求精简人员，实际上只是稍作人员的调动、调整。送走罗卓英等“点验委员”后，叶挺、项英等人长舒一口气。

就在 1938 年 4 月 20 日蒋介石派人来“点验”这天，叶挺、项英收到周恩来从武汉发来的电报：

> 叶挺、项英：
>
> 经中共中央代表同国民党政府协商，新四军的总任务，是在华中敌后广泛开展游击战争，配合国民党正面战场，抗击日本侵略军。四个支队的活动地区划分如下：第一、二支队到苏南敌后；第三支队和军部留在皖南；第四支队到皖中。各支队开进时间，望斟酌上报延安。
>
> 周恩来
>
> 四月二十日

在应付完国民党的“点验”之后，叶挺、项英马上召集张云逸、陈毅、周子昆、邓子恢、张鼎丞、粟裕、谭震林、傅秋涛等传达讨论。早在 2 月 14 日，项英与陈毅发电报向毛泽东和党中央建议：新四军组建后不宜全部集结岩寺，应尽量前伸，向苏浙皖边之昌化、绩溪、孝丰、宣城、宁国等地配置，以游击战在战略上配合正规军为原则，受领一定任务机动地完成。到苏浙皖边广大的地区，就可以自由进退。第二天，毛泽东复电项英、陈毅：同意 14 日电的行动原则，力争在苏浙皖边发展游击战。但目前最有利于发展的地区还在江苏境内的茅山山脉，即以溧阳、溧水地区为中心，向着南京、镇江、丹阳、金坛、宜兴、长兴、广德线上之敌作战，必能建立根据地，扩大新四军基地。毛泽东的这个复示，为新四军的战略部署指明了方向。

而此时，国民党当局也发来了新四军活动的区域：第一、二支队在长江以南，芜湖以东，高淳、溧水、金坛之线以北，丹阳、镇江以西。东西不过100余公里，南北仅约五六十公里。第三支队东起芜湖、宣城，西至铜陵，南至青阳，北临长江，东南不到100公里，南北不到50公里。第四支队在皖中的舒城、庐江、巢县、无为地区，东西不到100公里，南北不到五六十公里。

国民党当局的这种部署安排，显然含有借刀杀人的用意。给新四军划定的活动范围既狭小，又无地形的优势，周围遍布日军据点。新四军缺乏山岭、茂林的依托，而日伪军可以依托铁路、公路、水路随时调动陆海空的部队合围进攻，这就使新四军进入敌后面临着更加复杂的斗争局面。

项英对国民党的这一用意看得很清楚，但是他从抗战大局考虑，还是组织派遣部队向敌后挺进。在4月初到达岩寺后不久，项英就遵照毛泽东关于苏南最有利于发展的指示精神，已经派先遣支队去苏南进行战略侦察，并向党中央作了报告。

1938年4月24日，毛泽东复电项英："主力开泾县、南陵一带，先派支队去溧水一带侦察甚妥，惟须派电台及一有军事知识之人随去。"项英接电后，和叶挺、袁国平、张云逸等商量作出决定：委托陈毅先组织一个先遣支队，出南陵深入江南敌后进入战略侦察。由粟裕担任先遣支队司令员兼政治委员，钟期光担任政治部主任。先遣支队下设三个连，由一、二、三支队的侦察连组成。每连配备两挺机枪、一部电台、一个短枪排，全支队近500人。同时，还从战地服务团抽出熟悉苏南民风、民情、方言的十名团员随行，以便在当地开展抗日宣传和群众工作。

5月4日，毛泽东发来电报："在侦探部队出去若干天之后，主力就可准备跟行，在广德、苏州、镇江、南京、芜湖五区之间广大地区创造根据地，发动民众的抗日斗争，组织民众武装，发展新的游击队"，"在茅山根据地大体建立起来之后，还应分兵一部进入苏州、镇江、吴淞三角地区去，再分兵一部渡江进入苏北地区。"并告知项英：在敌后进行游击战争虽然困难，但只要有广大群众，活动地区充分，注意指挥的机动灵活，也会能够克服困难。河北和山东方面的游击战争已经证明了的……在一定条件下，平原也是能发展游击战的。毛泽东的指示进一步坚定

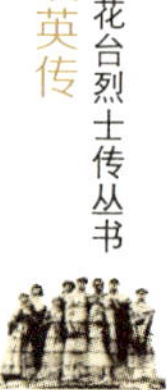

了项英向敌后挺进、在平原开展游击战争的信心。

5 月 14 日，中共中央书记处致电长江局、东南分局及项英，指出新四军应利用目前的有利时机，主动地、积极地深入到敌人的后方去，创立游击根据地。

项英接到指示后，立即告知叶挺，并转发陈毅等人，积极贯彻中央和毛泽东向敌后发展的重要决策。

5 月中旬，新四军第二、第三支队离开岩寺。第一支队分两部东进，一部向当涂、小丹阳两侧山地进发，一部去芜湖、当涂以东的河网地区。按照中共中央代表同国民党政府协商所定，第三支队和军部留在皖南抗击日军。5 月 7 日，军部离开岩寺移驻太平县，26 日又移驻南陵县土塘村。第三支队在谭震林指挥下，策应第一、第二支队挺进苏南之后，于 7 月进入皖南前线作战地区。

与第一、第二、第三支队向敌后进军的同时，新四军第四支队在 5 月初由霍山县流波疃向皖中开进，先后展开于舒城、庐江、巢县、无为地区，准备对敌作战。

5 月 12 日，第四支队九团于巢县蒋家河口伏击日军第六师团板井支队，全歼这股日军，而我军无一伤亡。叶挺、项英等人接到蒋家河口首战告捷的喜讯，非常高兴，这是新四军挺进敌后的第一次战斗，拉开了华中敌后抗日游击战争的序幕。5 月 15 日，《新华日报》专门刊登了这一胜利的消息，蒋介石也于 5 月 16 日给叶挺、项英发来祝贺的电报："蒋家河口出奇挫敌，殊堪嘉慰"。

5 月 22 日，中共中央发出指示，成立鄂豫皖省委，开展津浦路以西、平汉路以东和江淮之间广大地区的抗日斗争。四支队即在安庆、合肥公路两侧，对日军频频出击，成为这一地区的抗战主力。

5 月下旬，陈毅率第一支队离开岩寺开进南陵，再经南陵过芜湖、宣城铁道进入江苏，于 6 月 14 日顺利到达茅山，建立了以茅山为中心的抗日根据地。三日后，先遣支队在镇江西南的韦岗，设伏毙伤日军土井少佐以下官兵 30 余名，击毁汽车一辆、缴获军用品一部。这是新四军在江南的首战，是苏南抗日游击战争的良好开端，极大地鼓舞了江南广大人民的抗日热情。项英接到韦岗战斗胜利的报告后，十分高兴。他在6月23日给陈毅的信中对此给予了高度评价："先遣队的确起了先锋作用，奠定了我们在江南发展和胜利基础，我们正在全军表扬，号召全军学习"。蒋介石亦致电叶挺："所属粟部袭击韦岗，斩获颇多，殊堪嘉尚"。

此后，在苏南敌后，特别是在京沪铁路、京芜铁路、京杭国道两侧，新四军第一、二支队发扬近战、夜战特长，连续对日军展开夜袭、奔袭、伏击和突袭作战。6月至8月，第一、二支队先后取得了新丰、新塘、句容、拜陵、高资、仓头、小丹阳、永安桥、江宁、当涂等大小百余次战斗的胜利。

在向敌后挺进的过程中，第一、二、四支队在大江南北实施了战略展开，初步打开了苏南、皖中的抗战局面，初创了茅山、皖中抗日根据地，扩大了新四军的影响和声威。截至1938年10月20日，新四军各部进行了大大小小战斗134次，击毙及俘虏日伪军2697人，缴获大批军用物资。新四军也在战斗中不断壮大，迅速发展到2.5万，"威逼京镇，敌胆如寒"。

1938年6月以前，即新四军进入江南敌后前，日军感到其后方很安全，驻兵很少，从常州、镇江、南京、当涂到芜湖，经常只驻两个多联队，而将其大部分兵力用于进攻徐州、合肥。新四军进入江南后，积极打击敌人，破坏敌人交通，迫使敌人增兵防守。到1938年底，江南的敌人已增加到两个半到三个师团，其中以芜湖为中心有一个师团，以南京为中心有一个师团，以镇江为中心有一个旅团，另外还从华北、东北调来5000多名伪军协助防守。① 由此可以看出，新四军迅速挺进敌后的行动，打破了日军当时集中全力进攻武汉的战略企图，有力地配合了国民党正面战场的防御作战。

1938年7月1日，新四军军部由南陵土塘移至泾县云岭，指挥第三支队、军部开始了坚持皖南抗战阵地的斗争。在项英到达云岭不久，

① 参见王辅一《项英传》，第496—497页，中共党史出版社，1995。

中共中央发来通知，要他去延安参加于当年9月召开的扩大的六届六中全会。这次会议主要是分析抗战形势，总结抗战以来的经验教训，明确党在抗战中的领导责任，以争取抗战的胜利；同时，还将研究召开党的七大的问题。项英深感这次会议的重要，在对新四军工作进行安排后，于7月28日启程赴延安。到达延安后，项英拜会了八路军朱德总司令、彭德怀副总司令，以及罗荣桓、邓小平、杨尚昆、彭真等人，在一起交流抗战和根据地建设的经验。

1938年秋，中共六届六中全会主席团成员合影（左起：毛泽东、彭德怀、王稼祥、张闻天、朱德、博古、王明、康生、项英、刘少奇、陈云、周恩来）

9月29日，扩大的六届六中全会举行第一次全体会议，选出了会议主席团，项英与其他政治局委员毛泽东、朱德、周恩来、王明、洛甫、博古、康生、王稼祥、彭德怀、刘少奇、陈云等12人当选为会议主席团成员。9月30日上午，六届六中全会举行第二次全体会议。项英在会议上作了《关于新四军成立与现状的报告》，对新四军从筹备、组建、集中改编到当下的情况作了系统的汇报。项英的报告反响热烈，会场响起了阵阵掌声。当天下午，周恩来作中央代表团的报告，周恩来充分地肯定了新四军这一时期的工作，他说："新四军的成立，是很大的成功！"10

月1日是新四军成立一周年，中共中央给新四军发来贺电，肯定了新四军一年以来的成绩，祝贺新四军的成绩和胜利，同时提出殷切的希望。在延安的项英，也于9月27日，给叶挺、张云逸、袁国平、陈毅发去贺电，祝愿新四军的全体同志共同努力，取得新的胜利！

在延安期间，项英在陈云、李富春的帮助下，找到了失散多年的女儿项苏云和儿子项学诚。项苏云和项学诚是项英和张亮的孩子。1931年，项英离开上海奔赴苏区四个月后，项苏云才出生。在项苏云2岁时，母亲张亮又随邓颖超去了苏区，项苏云则留在了上海，辗转多次于1938年来到了延安。项英的儿子项学诚还在母亲腹中便随母亲从苏区转移到各地，也从未见过父亲。这是项英一生中难得的享受天伦之乐的日子。女儿项苏云至今仍然记得和父亲相处的那段短暂而甜蜜的日子：

> 在相处的那些天里，父亲对我们照顾得很好。他给我洗手洗脚、穿衣服，有功夫就陪着我，呵护备至。现在我才知道，他把对我一生的父爱，都在那12天给了我。①

由于华中抗战战局紧张，叶挺电催项英回皖南军部。经过批准，项英没有等到六届六中全会开完，便于当年10月初提前离开了延安，离开了一对儿女。项英和女儿、儿子都没有想到，这次分别竟成了永别。

1938年秋，项英与女儿项苏云(右)、儿子项学诚在延安的合影。这是项英一生中唯一一张与儿女的合影

1938年10月22日，项英返回皖南云岭新四军军部。项英回到云岭后，迅速召

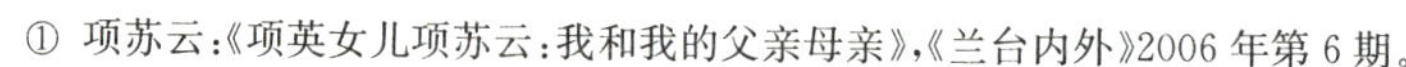

① 项苏云：《项英女儿项苏云：我和我的父亲母亲》，《兰台内外》2006年第6期。

开会议，向东南分局和军分会传达六届六中全会精神，传达党中央对新四军和东南地区党的工作的指示。10 月 31 日，项英在新四军和东南分局机关党员积极分子会议上，认真分析了当前抗战的形势，指出在抗战进入新的阶段时，党的方针是坚持统一战线，坚持抗战，争取最后的胜利；要巩固统一战线，必须要进行必需的斗争。项英还强调，在统一战线中，要保持党对新四军领导的独立性。同时，要加强军队建设，巩固新四军的政治工作和党的工作，加强党内的团结。当然，“项英在传达六届六中全会精神时，对统一战线的解释是错误的”[①]。他讲道，“一切工作的发展，都要经过统一战线，反过来，工作就不能发展”；“在统一战线中，无论做什么群众工作，必须采取合法的手续、方式才能发展，否则如果像从前一样，工作就不能发展”[②]。

粉碎日寇“扫荡”，坚持皖南抗战阵地

1938 年 10 月，日寇攻占武汉、广州，虽然侵占了中国的大片土地，但是并未能摧毁中国军民的抗战意志和抵抗力量。由于中国共产党领导的八路军、新四军深入敌后开展游击战争，使得日寇深陷两个战场作战。日本帝国主义速胜的计划破产，基本上停止了正面战场的战略进攻，抗日战争由战略防御阶段转入战略相持阶段。日军调整后的侵华策略是：对国民党实行政治诱降为主、军事打击为辅的方针，把军事打击的重心移向华北、华中后方战场，集中兵力对付八路军和新四军，以确保主要交通线和占领区。

1938 年 9 月起，日军侵占皖南沿江的繁昌、铜陵、贵池等地后，继续向皖南腹地的青阳、南陵等地侵袭。并纠集日伪军队，对新四军和抗日根据地进行了频繁的“扫荡”，妄图消灭或撵走皖南新四军。

---

① 王辅一：《项英传》，第 541 页，中共党史出版社，1995。

②《新四军抗日战争史资料选编》(二)，第 27 页，转引自王辅一：《项英传》，第 541 页，中共党史出版社，1995。

1938年11月6日，中共六届六中全会胜利闭幕。会议决定撤销长江局，成立中原局，由刘少奇兼任书记；成立南方局，由周恩来任书记；东南分局改为东南局，仍以项英为书记。

同年12月，项英和军部其他领导人研究确定，考虑到部队实际情况，为方便部队建设和作战指挥，将一支队第一团从苏南调回皖南，归军部直接指挥，三支队第六团调往苏南，拨归一支队建制。不久，在当涂小丹阳地区活动的二支队第三团也划归军部直接指挥。这样，新四军在皖南进行抗日斗争的就有第一、三、五等三个建制团了。

叶挺、项英命令新四军三支队副司令员谭震林率领部队进到南陵、繁昌、铜陵地区。谭震林率部到达后，迅速发动群众，建立猎户队、自卫队等自卫武装。其中，铜陵沙洲游击队发展到近千人，繁昌的长江游击队发展到数百人。他们在打击日伪军、铲除伪政权、保护老百姓、配合新四军作战等方面发挥了很好的作用。这些游击队经过武装后逐步升级，参加了新四军。

同年12月底，日伪军千余人从宣城多次向三支队防区南陵县马家园等地进犯。三支队指战员机智灵活地阻击敌人，谭震林指挥第五团和第六团一部于11月初胜利地进行了马家园战斗，歼日伪军300余名。这次战斗后，项英见到谭震林时，称赞马家园战斗打得好，打出了新四军的威风。

1939年春，项英和叶挺为巩固皖南抗日前线阵地，对皖南部队的部署作了调整，将第五团调到繁昌，第一团进至铜陵、繁昌沿江地带，开展敌后游击战争，破坏交通，袭击据点，以牵制和消耗敌人。项英向一支队副司令员兼一团团长傅秋涛交代：一团的部队要尽可能地把活动地区向长江边上推，组织发动群众，建立人民武装，开展游击战争，更好地威胁和打击敌人。

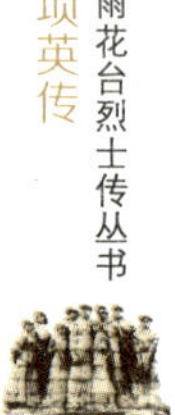

1939年2月，周恩来受毛泽东委托，由重庆到达皖南新四军军部，进一步传达中共中央六届六中全会关于“发展华中”的战略方针，并与项英商定新四军的战略任务是“向南巩固，向东作战，向北发展”。周恩来在军部干部会议上指出：新四军处在敌人占领的中国东部，这里是

1939 年 2 月，周恩来与部分新四军领导人合影（左起：陈毅、粟裕、傅秋涛、周恩来、朱克靖、叶挺）

中国人口最多、交通便利、土地肥沃、经济发达、文化程度较高的富裕地区。落在新四军肩上的任务也就更加艰巨，要跟敌人在政治、经济、文化、军事上争胜负。他还明确提出了新四军在江南敌后发展的三个原则：1. 哪个地方空虚，我们就向哪个地方发展。2. 哪个地方危险，我们就去哪个地方创造新的活动地区。3. 哪个地方只有敌人伪军，友党友军较不注意，没有去活动，我们就向哪里发展。①

1939 年 4 月，中共中央发出关于发展华中力量的指示。遵照中共中央和周恩来的指示，新四军各部队冲破国民党的限制，进一步向敌后挺进，发展抗日武装，扩大游击阵地，与日寇开展英勇顽强的斗争。

---

① 参见《新四军》编审委员会编《新四军》（综述、大事记、表册），第 25 页，解放军出版社，2000。

1939年，项英与周恩来（中）与叶挺（右）在皖南新四军军部合影

1939年4月下旬至5月上旬，一团挺进到铜陵境内袭击敌人交通，伏击敌运输队，接连取得塌里王、谢家垄等战斗的胜利，毙伤日军近百名，加剧了日军的恐慌和不安。

日军在谢家垄等地遭到打击后，在铜陵、繁昌一带沿江据点增兵，企图“扫荡”皖南新四军，以维护其长江航运的安全。5月20日，驻繁昌荻港的日军700余人向孙村、马厂之线合击，驻铜陵顺安的日军700余人向黄木岭进犯。新四军第五、三、一团等部依托有利地形予敌以猛烈打击，并派小分队袭击敌据点，迫敌撤回原防。这次反“扫荡”，毙伤日军300余名，保卫了皖南抗日前线阵地。在第一、三、五团等部在铜陵、繁昌间屡获胜利后，叶挺、项英向三战区报告，当年四五月间曾经两次受到蒋介石的电报嘉奖。

1938年10月26日，日军侵占武汉后，为了大举进攻中国西南，确保长江交通的安全，日军派出十五师团和一一六师团，进占国民党三十二集团驻守的铜陵、大通、顺安等地，并向繁昌进犯。其意图在于扩大皖南的占领区域，控制和操纵皖南战局。

面对这一形势，第三战区长官顾祝同要求新四军第三支队接替国民党军队防务，保卫繁昌城。他将第三支队摆在对敌的最前线，一四四师为左翼，五十二师为右翼，将三支队夹在两军之间的前沿狭小地区。项英接到电令后，立刻明白这是国民党有意为之。新四军装备差，火力弱，国民党要第三支队去接替正规军的阵地战防御作战任务，也意图消耗新四军军力。出于抗日大局和巩固统一战线的考虑，项英在同袁

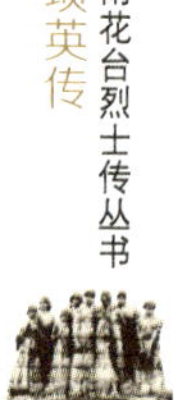

国平、周子昆、谭震林等人商议后,决定由谭震林率领第三支队从青弋江开拔向繁昌进发。为了鼓舞士气,项英与袁国平随谭震林到达三支队司令部驻地浦桥,并召开全支队干部大会。项英热情地称赞了三支队在红杨树、夫子决、马家园等地的战绩,勉励大家即使付出大的牺牲也要守住阵地,不辜负党的重托和皖南人民的期望。项英的讲话,让三支队的指战员大为振奋。其后,第三支队在谭震林的率领下,按时到达目的地。第三支队在三战区司令部考察团的主持下交接防务,担当起保卫繁昌、抵御日军进犯的重任。

1939 年 11 月 8 日,日军第十五师团 600 余人进犯繁昌,被三支队奋勇击退,日军死伤 50 余名。11 月 14 日,日军 1200 余人再次进犯繁昌。三支队一部在城西汤口坝设伏,击毙日军中佐 1 名,毙伤日军 300 余人。新四军第一团在向汤口坝运动途中,也于舒家店截击敌人,毙伤日军 50 余人。11 月 21 日,日军再次集结 2000 余人,包括步兵、骑兵、炮兵,分五路进攻繁昌城。三支队顽强反击,夺回阵地,收复繁昌。此战再次毙伤日军 300 余名。12 月 14 日,日军倾其驻芜湖、顺安、黄浒、矿山、三山等地兵力 3000 余名,并有空军掩护袭击,妄图一举夺下繁昌城。在第三支队及第一团的打击袭扰下,日军被迫撤退。此役日军死伤 300 余名。12 月 21 日,日军不甘失败,再次集结 1200 余人来犯。第三支队的指战员血战两天一夜,死守繁昌城,最终日军死伤 100 余人,仓惶撤离。繁昌城仍为新四军牢牢掌握。

繁昌保卫战是新四军前期的重大胜利,屏障了皖南后方的徽州、屯溪重地,也受到了国民党第三战区的嘉奖和民众的称颂。日本华中派遣军总司令失望地哀鸣:“共产军乃是皇军之大敌,看来要在共产军中夺取繁昌城是不可能的。”[①]项英对于繁昌保卫战的胜利,极为兴奋,也极为重视。他认为,对于当时的新四军来说,阵地防御战的形式是不得已的选择,新四军的装备差、火力弱,但是第三支队仍然以运动防御的方式以弱胜强,这一胜利实在来之不易。繁昌保卫战中新四军浴血

① 《新四军》编审委员会编:《新四军》(综述、大事记、表册),第 27 页,解放军出版社,2000。

奋战、坚守阵地，与国民党一触即溃、丢城失地形成了鲜明的对比，在当时的皖南具有特殊意义。项英要求《抗敌报》大力宣扬三支队的这一重大胜利，号召新四军各部队向三支队学习，争取一个又一个更大的胜利。

1940年4月日寇集中了京沪线兵力3万余人，于4月21日集中于芜湖、荻港、贵池，意图夺取南陵、繁昌、泾县等地，以巩固、扩大其在皖南沿江的占领地，维护其长江航运的安全。4月22日，日军兵分三路“扫荡”：第一路由湾沚、宣城到青弋江，其目的是占领南陵、泾县。第二路由贵池占青阳、石台，会攻太平，乘机占领徽州、屯溪。第三路由荻港铜陵占繁昌。

4月22日，日军占领青弋江，意图攻取南陵，驻守此地的国民党一〇八师、五十二师，未作抵抗便撤离驻地，其后南陵、繁昌失守。由贵池进攻之敌也于23日占领青阳、石台，迫近太平，驻守此地的国民党新七师、一四四师、一四五师稍作抵抗便全部撤退。徽州、屯溪危在旦夕。

此时，叶挺正在重庆向蒋介石交涉，要求给新四军增加弹药、军饷等，直到当年8月才回到皖南军部。因而，项英便很自然地独力担当起指挥反“扫荡”的重任。

项英在得知敌人进攻的消息后，在军事、政治上做出全面部署。军事上，项英在反“扫荡”前，在云岭军部主持召开了有三支队和一、三团领导干部参加的作战会议。命令一团以营为单位，梯次配置在泾县云岭东北田坊、土塘一带，掩护军部领导机关。命令三团进至南陵西南水龙山、何家湾附近山地隐蔽待机，三支队率五团活动于繁昌以南、以西地区，采取运动防御，与敌周旋，迟滞敌人的进犯。项英要求各部队

抗日战争时期的项英

利用南陵、繁昌一带起伏的地形，运用以游击战为主的战法，独立地迎战进犯之敌。在政治上，项英要求皖南中共地方组织立即动员民众，武装民众，以及进行坚壁清野工作，配合新四军反“扫荡”作战。

当新四军增援南陵的部队进入左坑时，驻守南陵三里店、峨岭一带的国民党军队已经自行退却。新四军即占领有利地形，在左坑前面山地及涂塘、父子岭一带同敌人展开血战。日军出动步兵 3000 余人、骑兵 700 人，天上还有空军掩护，战况十分惨烈。新四军战士在武器装备不济的情况下，与敌人展开激烈的肉搏战，经历两个昼夜的血战，冲杀数十次，给予敌人重大杀伤。日军残敌向何家湾溃退，又遭到新四军另一部截击，至此此路日军全部被击退。驻守铜陵、繁昌的新四军，与日寇在繁昌天门外、中分村、方村一带开展肉搏战，血战 14 天，敌人死伤惨重，被迫溃退。日军“扫荡”皖南计划到 4 月底破产了。至 5 月 3 日，“扫荡”的日军死伤 900 余人，被迫全面撤退。项英指挥新四军皖南部队取得了第一次反“扫荡”的胜利。日军攻取皖南，意图快速占领南陵、泾县，直下青阳、太平的企图，成为泡影。

当战斗结束后，皖南民众自动举行庆祝新四军反“扫荡”祝捷大会，组织群众代表团慰问取得胜利的新四军。

同年 10 月，日伪军又对皖南实行第二次大“扫荡”。日军此次扫荡主要有两个目的：一是为了巩固长江交通线，以便集中兵力配合其对大后方的战略进攻；二是此时正是农民秋收之时，企图乘机掠夺一批粮食。

10 月初，日军第十五、一一六师团各一部共万余人，兵分两路进犯。其中一路 5000 余人，由铜陵深入，当即与新四军激战。另一路主力，由芜湖进犯，迅速通过国民党军防地，迫近左坑。10 月 7 日，日军进犯汀潭，距离新四军军部驻地云岭仅 7 公里。日军此次进攻的目的就是包围新四军军部。

情况异常危急。为了集中力量迎击敌人，叶挺、项英除了命令一、三团全力以赴抗击敌人外，还命令军部特务营和教导总队一部分人员抵达前线。在反“扫荡”开始时，叶挺、项英即命令全军将士，“从本人起至每个士兵哪一个退出阵地就得受枪毙惩罚”①。因此全体指战员具有与皖南国土共存亡的战斗决心和英勇牺牲的精神。叶挺、项英亲自指挥部队在汀潭一带展开猛烈的肉搏战，大岭小岭阵地争夺数次，新四军指战员依托阵地沉重地打击了敌人的嚣张气焰。夜间，叶挺、项英组织小分队，从西南和东北方向同时向敌人实施猛烈突袭。经过一昼夜的血战，毙敌600多人，残余的敌人深夜向晓林逃却。叶挺、项英亲自督战，迅速追击敌人至枫坑口（太平通往泾县大河以西）又毙敌数百余人，缴获轻机关枪及其他军用品甚多。新四军继续追击，准备配合泾县县城的国民党军队夹击这股日军。然而，守卫泾县的国民党第五十二师弃城而逃，敌人轻易地渡过大河，逃入泾县城内。新四军乘胜追击至泾县县城，深夜将泾县县城全部包围起来，先后冲杀四次，至10月9日拂晓冲入城中，收复泾县县城。日军残部向泾县以北逃窜。叶挺、项英命令部队继续追击，预计在国民党的夹击下可以消灭全部敌人。而顾祝同命令叶挺、项英在泾县停止追击并立即退出泾县，将县城交于国民党军队。叶挺、项英考虑到抗日统一战线的团结，执行了顾祝同的命令，将新四军血战收复的泾县县城移交给了国民党军。对于未能歼灭北逃的残敌，叶挺、项英感到十分痛心。与此同时，新四军三支队在铜陵、繁昌一带向另一路进犯之敌展开反击，血战数日，毙敌甚多，日军被迫向铜陵逃窜。

在反“扫荡”过程中，项英除了协助叶挺指挥部队战斗，还和中共皖南党组织动员民众配合新四军作战。广大群众坚壁清野，断桥破路，当向导，运弹药，探敌情，抬担架，踊跃支援前线新四军将士们作战。仅云岭、章家渡两地，在四小时内就动员3000多人支援前线，对夺取反“扫荡”的胜利起了积极作用。

至10月11日，日军对皖南的大“扫荡”以失败而告终，新四军取得了歼敌2900余名的重大胜利！这一胜利不仅对于皖南，而且在整个江

① 《新四军在江南的战绩记略》，《新四军和华中抗日根据地史料选》（第一辑），第374页，上海人民出版社，1982。

南战场上牵制敌人战略进攻具有重大的意义。日军第十三军团在皖南“扫荡”作战计划实施情况的报告中称:“因对广泛地区只以少数兵力作战不能取得成果,反使第十五师团在泾县附近被优势敌军牵制,其结果却为敌人所包围以及消灭日军的宣传材料”①。

1940 年 4 月和 10 月,项英和新四军的其他领导人一起,指挥部队粉碎了日军对皖南的两次大“扫荡”,胜利地保卫了皖南抗日阵地,这是他在皖南参与直接指挥的时间最长、规模最大的反“扫荡”作战。

在皖南事变中

新四军在敌后开展游击战争,不断袭扰、打击、牵制日伪军,有力地配合了国民党正面战场的作战。尤其是在 1940 年 10 月上、中旬,叶挺、项英指挥新四军皖南部队粉碎了日军万人大“扫荡”,极大地打击了日军。新四军也在抗战中不断壮大,抗日根据地也日益扩大。到 1940 年底,新四军独立自主创立的敌后抗日根据地总面积已经达到 4.4 万平方公里,根据地的人口有 1400 余万,主力部队发展到 9 万余人。新四军的发展壮大引起了国民党顽固派的恐惧和仇视,为了打压、限制新四军的发展,国民党顽固派处心积虑策划对新四军的阴谋袭击。

抗日战争进入战略相持阶段以后,国民党顽固派早在 1939 年冬至 1940 年春就掀起了第一次反共高潮。这次反共高潮的重点地区是陕甘宁边区、山西和河北地区。中国共产党在坚持抗日民族统一战线的同时,有力地回击了顽固派的进攻,粉碎了第一次反共高潮。1940 年夏秋,顽固派在华北发动的第一次反共高潮失败后,便将反共的中心转向华中,转向新四军。7 月 16 日,蒋介石炮制出《中央提示案》,规定八路军、新四军由 50 万缩编至 10 万人,全部开到鲁北、晋北和河北一带。中共中央对这一无理要求立即予以拒绝。

---

① 《新四军战史》编委会:《新四军战史》,第 166 页,解放军出版社,2000。

而此时，国际形势正发生着重大的变化。1940 年 9 月，德国、日本、意大利三国订立军事同盟，扩大瓜分世界的法西斯战争。日本为配合德国在欧洲的侵略行动，准备乘英、美无力东顾之机发动太平洋战争。因而，日本急谋早日结束侵华战争，以集中兵力对英、美作战，从而加紧了对蒋介石的诱降。英国、美国从自身利益出发，力图利用中国牵制日本南进，加强了对国民党政府的军事和经济援助。苏联为防止日本北进，避免它在欧洲和远东的两面作战，也积极支援国民党政府抗战，希望中国长期拖住日本。蒋介石集团左右逢源，把这一国际形势视为它掀起反共高潮的可乘之机。

这期间，国民党顽固派不断制造摩擦，妄图挑起争端，削弱八路军、新四军的力量。1940 年，苏北国民党顽固派韩德勤提出“先南后北”的“进剿”方针，即先集中兵力进攻黄桥，消灭陈毅部新四军，再移兵北上歼灭黄克诚部。9 月 4 日，韩德勤分兵两路进犯新四军驻地，新四军顾及抗战大局，一再忍让，并主动放弃黄桥以北阵地。韩德勤却步步紧逼，妄图截断新四军退路，一举消灭新四军。面对危机局势，陈毅毅然决定反击。9 月 30 日，韩德勤以其主力八十九军并其他部队，共 26 个团近 3 万余人，进攻新四军苏北指挥部。在交涉无果的情况下，刘少奇于 10 月 2 日至 5 日连续发布指示和动员令，指示苏北部队独立打破重围，求得速决。八路军一部及新四军江北部队全力南下、东进，以结束韩德勤的进攻，确保新四军和八路军在华中抗战中的巩固地位。10 月 4 日，韩德勤部第三十三师进至黄桥新四军前沿阵地，独立第六旅经黄桥南进，企图袭击黄桥侧面，第八十九军军部及一一七师直扑黄桥。新四军苏北指挥部第一纵队首歼韩德勤部主力第六旅于黄桥，第一、第二纵队在第三纵队的协助下，全歼八十九军军部。韩德勤率残部仓皇逃回兴化。

黄桥战斗的胜利，以及新四军与八路军南下部队的会合，改变了苏北政治形势和力量对比。黄桥事件的结果进一步激怒了蒋介石，他就着手策划袭击在皖南势单力孤的新四军军部和皖南部队。而此时新四军军部和皖南部队约 1 万余人，活动范围极其狭窄，仅限于安徽泾县和繁昌一带纵横不到100公里的地区，其背面是日伪据点和长江，东、南、西三面则有国民党军重兵封锁、监视，时时有被围歼的危险，处境十分险恶。

黄桥决战后不到十天，10月19日国民政府就以参谋总长何应钦、副参谋总长白崇禧的名义致电八路军总司令朱德、副总司令彭德怀和新四军军长叶挺，即《皓电》[①]。《皓电》诬蔑新四军和八路军执行"寇能往，我亦能往"的游击战术为"不守战区范围，自由行动"；诬蔑发展人民抗日武装为"不遵守编制数量，自行扩充"；诬蔑建立抗日民主政权为"不服从中央命令，破坏行政系统"；诬蔑消灭阻碍抗日、残害百姓的游杂武装为"不打敌人，专事吞并友军"；并强令黄河以南的八路军、新四军于一个月内全部开到黄河以北。[②]

《皓电》发出的第二天，国民党第三战区司令官顾祝同即增调军队，开始布置"围歼"皖南新四军的准备。

11月14日，国民政府军事委员会军令部拟定了《剿灭黄河以南匪军作战计划》，确定第一步以第三战区兵力于1941年1月底前"肃清"江南新四军，然后转用兵力"肃清"苏北新四军。第二步以第五战区兵力于2月28日前"肃清"黄河以南八路军、新四军。[③]

12月8日，蒋介石指使以何应钦、白崇禧的名义致电朱德、彭德怀和叶挺、项英，即《佳电》，规定凡在长江以南之新四军全部限于本年12月31日以前开到长江以北地区，明年1月30日以前开到黄河以北地区作战。蒋介石的这道电令就将新四军皖南部队的北移时间限死了。

12月10日，蒋介石电令顾祝同，"对江南匪部，应按照计划，妥为部署准备"，如至期新四军仍不北渡，"应立即将其解决，勿再宽容"。[④] 与此同时，国民党又电令李品仙、冷欣等部，准备在江北、苏南堵击新四军。

---

① 皓电，以韵目代日，19日为"皓"日。因此，何、白10月19日电简称为《皓电》。

② 参见《新四军》编审委员会编《新四军》(综述、大事记、表册)，第50页，解放军出版社，2000。

③ 参见《皖南事变》编纂委员会编《皖南事变》，第3页，中共党史出版社，1990。

④ 参见《新四军》编审委员会编《新四军》(综述、大事记、表册)，第50页，解放军出版社，2000。

12月27日，第三战区在徽州秘密召开有关师以上军官参加的军事会议，拟定了“围剿”新四军皖南部队的兵力编组方案，确定由第三十二集团军总司令上官云相统一指挥。12月29日，上官云相在安徽宁国发出了《进剿匪军计划》。其方针是：“率先扫荡苏南、皖南一带匪军、匪党为目的。于苏南方面对敌伪及匪军采取守势，务求彻底肃清之。”其作战要领是，“封锁长荡湖至固城湖及泾县至码头镇间匪军行军路线，确实隔断苏南、皖南匪军之联系，并肃清各防区内及沿途残留匪军与其秘密组织”。“随时防止匪军乘隙逃窜”，“务于长江南岸歼灭之”。[①] 至此，国民党调集了第五十二、第一〇八、第四十、第一四四、第六十二、第七十九师及新七师，约8万余人的兵力，采取前堵后追、两翼夹击的部署，设下“围剿”新四军皖南部队的陷阱。其精心策划的阴谋是：对新四军军部及皖南部队先“压迫北开，俟其越过守备线，即严阵以待，不使其再退回守备线”，然后同日伪夹击消灭之；新四军如越过沦陷区北渡，“大部队过江，必遭日军袭击消灭”，则借日军之手消灭之；新四军如渡江成功，则由第五战区乘“立足未定而消灭之”；“新四军如在云岭按兵不动，则就地包围，坚决消灭他”。

至此，国民党顽固派在皖南已经部署了一个严密的袋形阵地，随时准备“进剿”新四军军部和皖南部队，并在新四军可能经过的路线上部署了层层兵力进行堵截。一时之间，皖南形势剧变，一场狂风暴雨即将来临。

面对反共高潮的到来，中共中央对于形势的变化作出冷静的分析，提出了粉碎国民党顽固派进攻的正确方针。1940年9月，中共中央从周恩来、叶剑英的报告中得知国民政府军令部已向顾祝同发出“扫荡”长江南北新四军的命令。9月6日，中共中央军委给叶挺、项英、刘少奇发去电报，要求新四军准备自卫，并嘱皖南尤其需要防备。同时，中共中央军委提出了“表面和缓，实际抵抗，有软有硬，针锋相对”的方针。其具体做法是：要求长江以北部队暂时免调；对皖南方面坚决

① 参见《新四军》编审委员会编《新四军战史》，第169页，解放军出版社，2000。

让步,答应北移。[1]

1940 年 10 月 19 日国民党政府发出《皓电》以后,皖南的形势急转直下。项英在接到国民党方面发出《皓电》的当天便召开会议,与东南局、军分会成员分析研究形势。通过对国际、国内形势的分析,项英认为国民党顽固派这次反共的矛头会直指新四军,他要求大家密切注视形势的变化,并急切等待党中央的指示和部署。与此同时,项英派出侦察人员探察国民党军的动向,了解国民党部队在皖南一带军力部署的变化。

10 月 25 日,项英和叶挺接到毛泽东转来的周恩来 24 日的电报,称:当前反共高潮正在上升,并估计可能全面反共,建议中央考虑对《皓电》原则上不能同意,但须答复。新四军皖南部队,一是主力渡江,集结应战;二是部分移苏南,就地打游击。毛泽东在转发周恩来的电报时,询问叶、项的意见。同日项英又接到毛泽东给周恩来并彭德怀、刘少奇和他的电报,称要准备蒋介石发动全面进攻,准备对付最黑暗的局面,对策是稳健地对付国民党的进攻,军事上采取防卫立场,政治上强调团结抗日。[2]

项英在接到电报后,于 10 月 28 日回电中共中央和中央军委。项英希望中共中央对于皖南新四军北移问题给出总的方针。同时项英强调了皖南新四军军部北移的主要困难:一、在皖南如果仅留少数部队,很难坚持斗争,容易遭到围攻歼灭。二、新四军要北移就必须突破国民党统治区的后方,这会造成政治上的不便。三、如必须坚持皖南阵地,就不能减弱皖南的兵力,坚持皖南和拓展华中难以兼得;如放弃皖南,则须各方积极准备。

11 月 9 日,毛泽东起草的以朱德、彭德怀、叶挺、项英名义发出的致何应钦、白崇禧的《佳电》,驳斥国民政府《皓电》的污蔑造谣,历陈八路军、新四军四年来团结抗战,奋勇杀敌、收复失地的事实;揭露顽固派

---

① 参见中共中央党史研究室《中国共产党历史》第一卷(下),第 573 页,中央党史出版社,2011。

② 转引自王辅一《项英传》,第 689 页,中共党史出版社,1995。

不断挑起摩擦、制造事端、迫害抗日的罪行；拒绝其强令新四军、八路军全部北移到黄河以北的无理要求；申明为顾全抗战大局，答应将新四军皖南部队遵令移至长江以北，但须宽限行期。① 接着，中共中央又向全党全军发出紧急指示，号召以自卫战斗粉碎国民党的进攻，争取时局好转；要求华中的党和军队紧急动员起来，为坚持抗日阵地、打破国民党顽固派的进攻做好充分准备。

《佳电》发出后，中共中央接连指示皖南部队必须在 12 月底全部北移。至 11 月底，日本扶植汪精卫就任伪国民政府主席。对此毛泽东一度对形势的判断较为乐观，在 11 月 30 日致电叶挺、项英时，指出“日蒋决裂，日汪拉拢，大局从此有转机”②。在同日致周恩来电时，也认为蒋介石内外危机交迫，对我“是攻势防御”，“反共规模不会比上次大”，一切做法“全为吓我让步”，大吹小打。③ 毛泽东对形势的乐观判断，一定程度上影响到项英对北移紧迫性的认识。但是，毛泽东并没有改变要新四军军部和皖南部队于 12 月底北移完毕的决定。他强调蒋介石大举“剿共”是不可能的，但局部进攻是必然的；要认真准备对付蒋介石的进攻，决不可松懈自己的准备；并指示叶挺、项英采取自卫原则，“准备于某方攻击时，坚决还击之”④。毛泽东指示新四军江北和苏南部队积极准备接应皖南部队北移；指示在重庆的周恩来、叶剑英与蒋介石交涉皖南部队北移的时间、路线、安全以及给养、弹药问题。12 月 27 日，毛泽东还以朱德、叶挺名义致电李宗仁、李品仙，恳请他们从抗战大局出发，不要阻碍新四军北移。

遵照中共中央的指示，叶挺、项英等新四军的领导人进行了北移的准备。在《佳电》发出的第三天，叶挺就前往上饶，同顾祝同交涉新四

① 参见逄先知《毛泽东年谱》(中)，《皖南事变》(资料选辑)，第 83 页，中共党史出版社，1990。

② 毛泽东、朱德 1940 年 11 月 30 日致叶挺、项英等电，《新四军·文献》(2)，第 60 页，解放军出版社，1994。

③ 参见毛泽东、朱德 1940 年 11 月 30 日致周恩来等电，《新四军·文献》(2)，第 57、58 页，解放军出版社，1994。

④《中共中央关于目前时局紧张关头皖南江南部队应准备自卫的指示》(1940 年 11 月)，转引自《皖南事变》编纂委员会编《皖南事变》，第 50 页，中共党史出版社，1990。

军北移事项，涉及北移的路线、军需物品的供给以及北移安全等问题。顾祝同仅允许新四军皖南部队经苏南北移，对汤恩伯调兵之事推说不知。因此，叶挺此去未能就国民党军队停止进兵问题进行谈判。项英对部队进行了动员教育，说明北移的意义和必要性。与此同时，项英派小股部队多次到长江沿岸侦察情况，筹备船只，为北渡长江做好准备。11 月 26 日，项英组织了北移先遣队 1700 多人携带重要物资 1300 多担，分三批移往苏南北渡。军部医院的药品和伤病员，也移交给红十字会。在皖南购买的 3 万余担大米及部分印刷所器械、纸张，交给国民党当地政府。①

项英虽然认真准备北移，但是对新四军北移在战略上的重要性和迫切性认识不足，在决定北移时顾虑重重、焦虑不安，难以下定决心。11 月 13 日，项英、叶挺等致电中共中央并刘少奇、陈毅，在表示"赞同北渡方针"的同时，又强调"目前有种种客观困难，不能立即全部实现这一方针，由于：1. 不能经过苏南，只有经过繁昌，而繁昌目前只有一两个小渡口，且毫无保证，即使可能渡江，亦只能过极少数人，过一两次后又需断隔一段时期。2. 如过一两次后便暴露企图，则敌堵于前，顽军追于后，三支地区狭小不能回旋，更不能达到过江目的，反招无谓损失。3. 江北方面顽军在无为亦有阻我可能，一到江边又过不去，则进退两难。4. 军部如全部移走，留皖南部队即无适当统率人员指挥，大部队北渡甚困难而危险，留在皖南部队太少而难在现地区坚持，这不仅被迫而转移后方，在政治与军事上均不应如此。"②项英在电报中，还提出了坚守皖南阵地的把握在于："1. 周围友军杂牌军（五〇军、八八军）大于中央军；2. 军部将来与三支仍能联络，并不完全隔断；3. 敌人扫荡结果，友军的布置错乱，伤亡重大；地方民众组织已有比较强固基础；部队信心经过此次反扫荡已更提高。"③ 11 月 22 日，叶挺、项英又致电中

---

① 参见《新四军战史》编委会《新四军战史》，第 176 页，解放军出版社，2000。

②③《叶挺、项英、袁国平、周子昆、饶漱石关于对皖南形势与行动方针的认识报中共中央并刘少奇、陈毅》（1940 年 11 月 13 日），转引自《皖南事变》编纂委员会编《皖南事变》，第 63、64 页，中共党史出版社，1990。

共中央并毛泽东、朱德，在摆出许多困难后，又提出：“我们的意见，极短期内无法开动，如估计有战斗发生，反不如暂留皖南为好。”①12 月 13 日，项英再次致电毛泽东、朱德、王稼祥并致刘少奇，再次强调北移种种困难后说，“目前当很难求得迅速北渡”，并请示中央“我们行动应如何？”②

对于皖南新四军北渡，项英顾虑重重，难下决断：有时他希望继续留驻皖南，有时想经铜陵、繁昌直接北渡皖东，有时又想经苏南转赴苏北，有时又顾虑部队损失。因而北渡时间一拖再拖，迟迟没有决定转移的时间、路线和方案。这样一再拖延，以致丧失了在国民党军部署就绪之前北移的有利时机。

到了 12 月下旬，日军加强了对长江的封锁和对苏南的“扫荡”，国民党第三战区调集军队加强了对新四军军部和皖南部队的“围歼”部署，李品仙部队又控制了长江北岸的渡口。面对此种情形，项英更加犹豫不决。此时，虽然渡江困难重重，但北移的基本条件还是存在的：1. 新四军可利用日军与顽军之前的矛盾，突入铜陵、繁昌或苏南敌后，顽军即不敢尾追。2. 沿江两岸有良好的群众基础，且江北和苏南部队已做好接应准备。3. 已筹集到大小渡船 100 多只，选调有经验的船工 300 多人，可同时起渡的渡口有 12 处，一次可渡 7500 人。4. 新四军已经掌握了日军江面舰艇的活动规律和沿江设防情况。如抓紧北移，是可能到达目的地的。③ 但是，面对危急的局面，项英仍然迟疑犹豫，毫无办法，一再向中共中央请示行动方针。

12 月 14 日，中共中央指示叶挺、项英：“移动时间蒋限十二月底移完，我们正交涉展限一个月，但你们仍须于本月尽可能移毕”，“叶、项二

---

① 《叶挺、项英关于军部短期内无法开动如发生战斗不如暂留皖南为好报中共中央并毛泽东、朱德》(1940 年 11 月 22 日)，转引自《皖南事变》编纂委员会编《皖南事变》，第 68 页，中共党史出版社，1990。

② 《项英关于目前很难迅速北渡报毛泽东、朱德、王稼祥并致刘少奇》(1940 年 12 月 13 日)，转引自《皖南事变》编纂委员会编《皖南事变》，第 74 页，中共党史出版社，1990。

③ 参见《新四军战史》编委会《新四军战史》，第 177 页，解放军出版社，2000。

人均以随主力去皖东为适宜。”[①]此后，形势进一步恶化，毛泽东于12月16日、18日、19日连续发电报给叶挺、项英：由于形势严重，皖南部队速作北上部署，务必迅速渡江，应于两星期内渡毕。

12月26日，中共中央再次致电项英，对他进行了严厉的批评，要求他克服动摇、犹豫，坚决执行北移方针，指出：“你们在困难面前屡次来电请示方针，但中央还在一年以前即将方针给了你们，即向北发展，向敌后发展。你们却始终借故不执行。最近决定全部北移，至如何北移，如何克服移动中的困难，要你们自己想办法、有决心。你们要有决心有办法冲破最黑暗最不利的环境，达到北移之目的。有这种决心、办法，则虽受损失，基本骨干仍可保存，发展前途仍是光明的。如果动摇犹豫，自己无办法无决心，则在敌顽夹击下，你们是很危险的。全国没有任何一个地方有你们这样迟疑犹豫无办法无决心的，在移动中如遇国民党向你们攻击，你们要有自己的准备与决心。这个方针也是早已指示你们了，我们不明了你们要我们指示何项方针？究竟你们自己有没有方针？现在又提出拖或走的问题，究竟你们主张是什么？主张拖还是主张走？似此毫无定见毫无方向，将来你们要吃大亏的！”[②]

党中央的“严责电”，给予项英极大的震动，项英终于下定决心向北转移！12月28日，项英主持召开了新四军军分会会议，并请叶挺列席，研究行动方案。鉴于国民党顽固派对于新四军军部和皖南部队已经做出“合围歼灭”的态势，与会人员认为在北移途中定会遭受袭击。如何选择北移路线，以避免和减少部队转移过程中的损失，是会议讨论的重点。会上提出了三条北移路线：第一条是直接北渡的路线，即由铜陵、繁昌之间北渡到无为。第二条是东进路线，即经由云岭向东经马头镇、杨柳铺、孙家埠、毕家桥、郎溪至竹箦桥、水西地区，伺机北渡苏北。第三条是“绕道”的路线，即绕道经茂林、三溪、旌德、宁国、郎溪，沿

---

① 参见《中共中央关于皖南新四军北移的部署给叶挺、项英的指示》(1940年12月14日)，转引自中央档案馆编《皖南事变》(资料选辑)，第109页，中共中央党校出版社，1982。

② 中国人民解放军历史资料丛书编审委员会：《新四军・文献》(2)，第87页，解放军出版社，1994。

天目山至溧阳，待机北渡苏北。第一条直接北渡路线路程最短，从云岭至江边仅需一天一夜，沿途是第三支队活动地区，群众基础好，船只、渡口、路线均已准备好，且是蒋介石最后指定的路线，政治上主动。缺点是此地水网密集，北渡易遭敌人舰船拦截，且江对岸渡口大多为顽军占领。第二条东进路线优点在于与苏南部队接近，发生战斗时易受支援策应，且群众基础好，地形较熟。不利方面在于要途经国民党军第五十二、第一〇八师防区腹地及六十三师防地，易被大军包围，难以突出。第三条“绕道”线路，如能迅速接近天目山麓，沿山麓行动，地形有利。转移时虽易遭遇国民党第四十师，但应对四十师估计力量有余。缺点在于，这条线路行程最远，时间长，行动极容易暴露，且群众基础薄弱，在政治上、军事上对新四军均不利。

叶挺主张走第一条或者第二条路线，但未被采纳。项英认为第一、第二条路线都太危险，应该避强就弱，决定走第三条路线。①

1941 年 1 月 1 日，叶挺、项英发电报给毛泽东、朱德、王稼祥并告刘少奇、陈毅：“我们决定全部移苏南，乘其布置未完即突进，并采取游击作战姿态运动，发生战斗可能性极大。我们如遇阻击或追击即用战斗消灭之，遇强敌则采取游击绕圈，至万不得已时分散游击。”1 月 3 日，毛泽东、朱德复电叶挺、项英：“你们全部坚决开苏南，并立即行动，是完全正确的。”②

1941 年 1 月 2 日和 3 日夜，驻防铜陵、繁昌的新四军第五团、新三团奉军部命令先后撤到泾县云岭附近，等待北移命令。至此，新四军军部及皖南部队做好北移准备，整装待发。

1941 年 1 月 4 日晚，细雨蒙蒙，叶挺、项英率领新四军军部和皖南部队 9000 余人冒着寒风，从云岭出发，踏上了北移的征程。

在开拔之前，叶挺、项英与云岭的群众依依惜别，感谢他们三年来对新四军的支持，并把军部医院送给了当地红十字会。在开拔之日，

---

① 参见《新四军战史》编委会《新四军战史》，第 178—179 页，解放军出版社，2000。

② 中央档案馆编：《皖南事变》(资料选辑)，第 27 页，中共中央党校出版社，1982。

1941年1月初，途经安徽泾县茂林的新四军

《抗敌报》告别专号上发表了项英亲自审定的《临别之言》的社论和由叶挺、项英、袁国平署名的《新四军为离开皖南进军敌后告皖南同胞书》，其中总结了新四军挺进敌后三年奋勇杀敌的光辉胜利，表达了坚持抗战的决心，向广大群众通告新四军顾全大局，遵命北移。

北移部队编为三个纵队于1月4日晚同时行动。第一纵队为左路纵队，由老一团、新一团组成，约3000人，由傅秋涛任司令员，由土塘到大康王附近地区集中，准备5日晚上通过球岭，向榔桥河地区前进；第二纵队为中路纵队，由老三团、新三团组成，约2000人，由周桂生任司令员，由北贡里到凤村附近集结，准备5日晚经高坦、丕岭向星潭开进。第三纵队为右路纵队，由第五团、特务团组成，约2000人，由张正坤任司令员。以特务团为全军先行团，计划4日夜到达茂林、铜山，拟占领樵山、大麻岭，佯攻太平，以吸引国民党第四十师，掩护大部队前进，然后于5日晚向星潭开进。军部机关和直属队约2000人，从云岭出发，在二纵队后面行动。要求各部于5日拂晓前分别到达预定位置。

当晚，新四军军部开拔，沿途许多群众含泪相送，项英和叶挺、袁国平、周子昆、饶漱石一起，在战士们悲壮的歌声中依依不舍地离开了云岭。

当时，天公不作美，雨下个不停，道路泥泞不堪，行军速度较慢。军部机关带队的干部以为对云岭周边的地形道路较熟，就没有带向导。结果因为天黑路滑，军部机关走到了稻田中，没有进路，只得折回原处，耽误了不少时间。当天夜里，部队行至张家渡青弋江时，原计划部队通过浮桥过江。不料江水暴涨，各路部队蜂拥向前，秩序混乱，当部队过去千人时，浮桥断开。正在过桥的是一群女兵，大多被激流卷走，直到第二天早上，被冻僵的尸体才被下游的老百姓捞起。为了争取时间，大部队只能在寒冷刺骨的江水中涉足而行，行军自然速度异常缓慢。从泾县到茂林，仅仅20公里，因路途艰难，部队整整走了八个多小时，直到1月5日下午3点左右，各部队才陆续到达指定位置——茂林。由于部队十分疲惫，衣服潮湿，不得不停止前进，就地休息一天，以恢复体力，烘烤衣服。茂林经济繁华、街面热闹，时值农历腊八，家家户户杀猪宰羊，招待新四军。

1月5日上午，国民党的一个侦察排发现一个新四军的哨所空无一人。再次侦察时，发现大量向南的马蹄印，路旁还有部队休息的痕迹。他们立即将情况上报，国民党军队了解到新四军军部的动向。就在新四军在茂林修整之时，国民党军七个师共计8万余人正日夜兼程，向茂林逼近。一些先期到达的国民党部队开始在茂林外围山头构筑工事，并派出多个侦察小组，对道路进行搜索。傍晚时分，国民党第四十师报告第三十二集团军总司令上官云相：发现新四军便衣部队，并持续增加。国民党部队在茂林地区布置了袋形阵地，一张“围歼”新四军军部和皖南部队的大网已经张开。

1月6日拂晓，新四军第二纵队老三团进入杂草丛生的丕岭，在山脚下同国民党军第四十师搜索队迎头撞上，顿时枪声大作。皖南事变的第一枪打响了！但是谁开的第一枪，至今仍然是个谜。上午9时，新

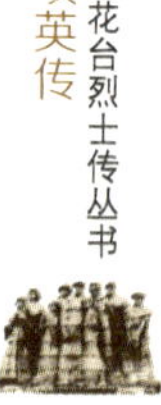

四军第三纵队特务团的警戒分队也遭遇到第四十师搜索排的阻击，双方混战在一起。这些迹象表明，随时可能发生突然事变。与此同时，原军部所在地云岭、中村、章家渡被顽军占领，这意味着新四军的退路也被切断。

情况十分紧急，6 日下午，叶挺、项英在茂林南面潘家祠堂召开纵队以上领导会议，研究下一步行动方向，决定仍然按原计划行动，钻国民党军包围的空隙，继续向苏南进发。第一纵队全部出球岭；第二纵队三个营出丕岭，两个营出博刀岭；第三纵队特务团出高岭，第五团为全军后卫。要求各部黄昏开始行动，7 日拂晓前通过各岭，下午会集星潭。会后，在项英的建议下，叶挺亲笔给国民党第四十师师长方日英写信，称新四军是奉命绕道北移，对友军绝无他意，请协助让路，以免发生误会。方日英收到信时，已是傍晚。第三战区也传来密电:对新四军部队决以进剿，彻底肃清。

7 日拂晓，当新四军各路纵队分别通过指定山岭时，即遭到国民党军的阻击。新四军的指战员们纷纷喊话:新四军是奉命北移，弟兄们不要阻拦！我们要枪口对外，中国人不打中国人！然而顽军并不听劝阻，一场血战就此展开。

到 1 月 7 日上午，第一纵队通过球岭，向榔桥河地区开进，先头部队刚过榔桥河，后续部队就遭到第八十师一一八团的伏击，部队被分割。老一团渡过榔桥河，攻占了星潭东北方向的举山，待命准备会攻星潭。新四团被一一八团重重包围，奋勇冲杀，占据了制高点，巩固了阵地。

第三纵队特务团接连突破第四十师第一一九团设防的阵地，消灭顽军一个营，7 日下午迫近离星潭近 7 公里的牛栏岭一带。

第二纵队先头部队刚到达丕岭，就遭到第四十师一二〇团前哨部队的阻击，经过奋战，最终通过丕岭。军部紧随第二纵队，也通过丕岭，在丕岭山脚下的百户坑休息。顽军则利用地形节节阻击，驻守星潭的第四十师第一二〇团利用修筑的碉堡，封锁百户坑口。老三团、新三团数次强攻，均未奏效。新四军与顽军在星潭形成对峙。

由于顽军的层层阻拦，新四军三个纵队原定 7 日中午前会集星潭的计划未能实现。但是新四军损失不大，士气高昂，各部都已做好会攻星潭的准备。

1 月 7 日近午，周子昆和叶挺先后来到第二纵队的前沿阵地，在考察地形后，周子昆提议回到百户坑研究一下如何攻下星潭。下午 3 时许，在百户坑的一个小棚子里，项英主持召开军分会扩大会议，叶挺、袁国平、周子昆、李一氓以及第二纵队的司令员周桂生、政委黄火星等人参加会议，饶漱石在会议中途也加入进来。周子昆介绍了在前沿阵地了解的情况后，大家进行了讨论。在讨论中，出现了几种意见：

一种意见是，继续强攻当面之敌。叶挺认为，当下情形，部队只能前进，不能后退，后退就会灭亡。星潭是通往旌德的必经之路，要集中力量攻击星潭，坚决从星潭打出去，突出包围。项英不同意叶挺的意见，认为硬攻星潭代价太大的话，就算打下星潭，也难以突破第四十师的阻拦。他希望拿出一个代价小、胜算大的突围方案。

第二种意见是，翻过百户坑右侧山梁，由另一坑口打出去。但没有路，需要翻越悬崖峭壁，且右侧坑口是否有敌人封锁也不清楚。此时已近黄昏，派人侦察敌情也无把握。这个意见也被否决。

第三种意见是，既然不能正面强攻突围，就应立即改道，沿来路后撤回到茂林，再渡青弋江，打太平、洋溪、石埭、青阳，甚至可以南出祁门、景德镇。此意见认为求生存是第一位的，能够避免"围歼"就行。项英反对这个意见，认为向国民党统治区行动，在政治上说不过去，结果这个意见也被否定了。

百户坑会议本应是个紧急会议，却一直从下午 3 点开到了晚上 10 点。项英本人提不出具体的方案，又不同意别人的意见，会议迟迟形不成一致的决议，而战机也在此期间被贻误。

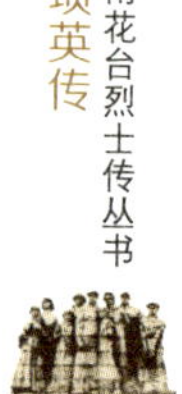

与此同时，老三团、新三团经过奋力冲杀，扫除了星潭外围的多数据点。晚上 9 时左右，新三团第一营攻进了星潭镇。但因为通讯工具落后，这一消息未能及时传到军部。

在百户坑久拖不决之时，顽军的增援部队陆续赶到的消息传到了军部会议室中。快到晚上 10 点，项英仍然没有下定决心。叶挺实在忍耐不住，请项英速下决心："时间就是胜利，不能犹豫不决，不能够没有决心。我的态度是，错误的决定我也服从，现在就请项副军长决定吧！"①这时，周子昆提议：早上特务团通过高岭时，没有遇到国民党军队，我们可以退回里罩仓，出高岭，到太平，转入黄山，再寻找机会东进。项英表示同意，决定不打星潭，大部队于 7 日午夜沿原路撤回，经高岭向太平方向突围。第五团向高岭进军，控制高岭。军部和直属队、第二纵队随后跟进。老三团一部防守丕岭，掩护各部后撤；特务团由牛栏岭撤回濂岭，随后跟进；第一纵队由现地回撤，随后跟进。

当夜大雨倾盆，新四军第五团冒雨奔赴高岭，经过血战，重新占领该高地，准备迎接开始撤退的部队。

1 月 8 日凌晨，大部队开始撤退。此时，天上阴云密布，细雨纷纷，山路湿滑，广大指战员不明白为什么改变原计划，怀着忐忑不安的心情后撤，一直到上午 10 时才全部撤出。正午时分，又出现意外情况，向导带错了路，部队不是撤往高岭，而是东面的濂岭。军部立即下令，全体后转，向高岭行进。此时，坚守在高岭的第五团守军正陷入恶战，顽军第七十九师主力正向高岭攻击，意图夺回高岭高地。见不能按原计划通过，军部决定再换突围方向，不再南下由太平突围，而是北上突围。当晚，军部不得已撤回丕岭以西的里罩仓宿营，准备休息一夜后，改向茂林方向突围，仍从铜陵、繁昌渡江。

1 月 8 日晚，顽军第一四四师到达高坦村——新四军通往茂林的必经之地，并构筑了防御工事和机枪阵地。深夜，新四军教导总队趁着夜色，逼近高坦，仅一个冲锋便消灭了尚在睡梦中的顽军，占领了高坦，并扫清了外围。得知高坦被新四军攻占后，顽军第一四四师立即组织反攻，其他师也慢慢向高坦方向聚集，对新四军重新实施包围。

1 月 8 日晚九十点钟，新四军军部得到情报，上官云相下令收紧包围圈，意图于次日正午以前，将新四军包围在这一地区聚而歼之。军部

① 叶超：《悲壮的史诗》，《纪念皖南事变 50 周年专辑》，第 50 页，同济大学出版社，1990。

获取这一情报后，立即研究决定，马上集合队伍出发，抢在敌人之前，经高坦向茂林方向突围。

当军部冒雨到达高坦时，已是1月9日凌晨。项英、袁国平、周子昆和大家站在路边淋着，因非常疲劳，人一坐下来就会睡着。这时，茂林方向枪声密集，是新三团的部队和敌第一四四师在战斗。怎么办？此时叶军长与其他军首长不在一起，参谋叶超建议军首长一起研究一下。周子昆让他去请叶军长，叶超到百米之外的徐家祠堂，见到叶军长正和副官、侄儿、警卫员在里面烤火。叶超汇报了一下情况，建议首长们研究一下怎么办，但未讲其他军首长在等他去。叶军长说，还有什么好研究的，只有坚决打出去。叶超见叶军长对百户坑会议的决策不满意，不敢再讲下去，就蹲下一起烤火，又过了好一阵子，叶超才以察看情况为由出去，到项、袁、周原来站的地方，却没有找到他们，便回徐家祠堂将未见项、袁、周的情况向叶军长作了报告。① 当时，项英等人久等叶挺不来，参谋叶超也没有回来，加上枪声越来越密集，人员散乱，以为形势严重，就带了一部分人往回撤退。②

叶挺发现项英、袁国平、周子昆等不见后，立即找饶漱石商量。1月9日，叶挺向中共中央和中央局发电报，告知项英"今晨率小部武装不告而去，行向不明"③。当天，刘少奇复电：军事上由叶挺负责，政治上由饶漱石负责。要他们积极支持，挽救危局，并建议中央撤项英的职④。其后，毛泽东、朱德、王稼祥也来电要求皖南新四军服从叶挺、饶漱石指挥，执行北移任务，"惟项英撤职一点暂不必提"⑤。

叶挺临危全面负起指挥重任。1月9日拂晓，顽军发起第一次全线进攻，此后每隔一小时，都会有一次总攻。叶挺集合部队进行动员，号召大家为人民、为革命流尽最后一滴血。叶挺亲临前沿阵地指挥作

---

① 参见王辅一《项英传》，第749页，中共党史出版社，1995。

② 参见杨明编《皖南事变回忆录》，第56页，安徽人民出版社，1983。

③ 参见中央档案馆编《皖南事变》(资料选辑)，第128页，中共中央党校出版社，1982。

④ 参见中央档案馆编《皖南事变》(资料选辑)，第129页，中共中央党校出版社，1982。

⑤ 参见中央档案馆编《皖南事变》(资料选辑)，第133页，中共中央党校出版社，1982。

战，新四军士气为之大振，第一四四师被新四军英勇击退，被迫龟缩在茂林的东陈岗。但是新四军连日作战，十分疲劳，难以乘胜攻克茂林。下午4时，叶挺召集紧急会议，决定放弃高坦，甩开第一四四师，向东北方向突围。当晚，叶挺即率第二纵队、特务团和军直属队向东北方向开进，准备沿着东流山麓，经石井坑、大康王，于泾县县城、丁家渡之间渡过青弋江至孤峰，仍由铜陵、繁昌间北渡。然而，由于道路泥泞湿滑，行军困难，又遭遇顽军不断侵袭，新四军混战一夜，才行进10公里抵达石井坑。

1月10日拂晓，前锋部队刚刚翻过石井坑北部山顶，就遭遇顽军第一〇八师伏击，部队猝不及防，无法继续前进，只得退回石井坑，原突围计划再次落空。刚到石井坑时，叶挺身边不足20人，由于过于劳累，叶挺倒在床上便睡着了。当日上午，老三团、新三团、特务团、军直属队的一部分以及建制较为完整的新五团先后到达，共约5000余人。此时部队饥困交加，连续的行军战斗令大家疲惫不堪。叶挺下令就地整顿部队，收容人员，并命令采买食物，让将士们吃上饱饭。他还将自己的坐骑杀掉，供部队使用。叶挺还决定在石井坑周边控制制高点，构筑工事，严防顽军来犯。

1月10日下午3时，项英、袁国平、周子昆等人突围不成返回军部。项英等人自1月9日凌晨从高坦离开大部队，在黑暗中从外罩仓到里罩仓间的竹林里向北面的山坡上爬去，没想到一夜始终在罩仓打转走不出去。于是他们找到一间烧炭的茅草屋，生起火来烤干衣服，也靠着火堆睡着了。一觉醒来，已是10日早晨，周子昆听到山下有人吹号，听出是新四军的号声。于是，项英等人下山找到新五团，便随新五团队伍到达了石井坑。[①] 当项英再次见到叶挺时，为自己的出走行为后悔不已，十分内疚。他随即起草电报，向党中央报告自己已经归队，说明出走原因："前天突围被阻，临时动摇，企图带小队插绕小道而出，因时间快要天亮，曾派人请希夷来商计，他在前线未来……至9日即感觉不对，未等希夷及其他同志开会并影响甚坏。今闻五团在附近，及赶

① 参见韶凯生主编《皖南事变回忆与思考》，第51、52页，安徽人民出版社，1991。

到时与军部会合”。项英还指出:“此次行动甚坏,以候中央处罚,我坚决与部队共存亡。”①

在项英回到军部的当天,叶挺仍然以叶、项的名义致电毛泽东、朱德,告知新四军被围困,正准备固守,勉力可支持一星期,并请党中央以不惜全面破裂为威胁,全力向蒋介石、顾祝同交涉。党中央在事变发生三天后才得知确实消息,多次致电周恩来与国民党交涉撤围。然而,蒋介石表面答应,暗地里却加紧了围攻。顽军从 10 日起,完成了对石井坑的重重包围,控制了要点,意图将新四军压制在石井坑的狭窄区域内加以歼灭。

1 月 11 日,包围着新军的顽军兵力已经达到了七个师,轮番向石井坑冲击。战斗异常惨烈,一些阵地反复争夺。到了晚上,顽军第四十师占领石井坑东流山最高峰,掌握制高点,石井坑的新四军完全处于顽军炮火之下。形势极其危险,叶挺命令教导总队重新夺回东流山最高峰,经过浴血冲锋,终夺回最高峰。

1 月 12 日,中共中央作出决定:一切军事、政治行动均由叶军长、饶漱石二人总负责,一切决心由叶军长下。项英同志随军行动北上。项英表示拥护党中央的决定。② 从此时起,项英不再参与新四军的决策。

12 日下午,顽军各部实施向心总攻击。面对数倍于己的敌人,新四军广大指战员们毫无惧色,奋勇反击。子弹打完了就进行肉搏战,一次又一次地打退敌人的冲击。战至黄昏,新四军伤亡惨重,弹尽粮绝,东、南、西三面阵地均告失守。鉴于再难坚守,叶挺下令烧掉密码本、砸毁电台,部队分散突围。总的目标:一是经苏南渡江北上,一是经铜陵、繁昌渡江北上,或就地坚持游击战。命令一出,新四军广大指战员从四面八方冲出。军部的首长分两批突围:叶挺、饶漱石一批,项英、周子昆、袁国平为另一批。

---

① 中央档案馆编:《皖南事变》(资料选辑),第 131 页,中共中央党校出版社,1982。

② 参见中央档案馆编《皖南事变》(资料选辑),第 135 页,中共中央党校出版社,1982。

1月13日凌晨，新四军军部和部分部队刚翻过大康王北面大山，又遭遇顽军重重包围，虽竭力冲锋，但仍难以突出重围。

1月14日上午，饶漱石建议叶挺出面与顽军谈判。叶挺不顾个人安危，于当日下午赴第一〇八师谈判，当即被扣押。黄昏时，新四军阵地全部失守，余部继续分散突围。

新四军军部和皖南部队9000余人，自1941年1月4日奉命从云岭出发移往长江以北，6日起在泾县茂林地区遭遇国民党七个师8万余人的包围袭击。新四军部队奋战七昼夜，寡不敌众，弹尽粮绝，除约2000余人突围成功，大部壮烈牺牲和被俘。军长叶挺被扣押。

遇难

1941年1月12日夜，叶挺宣布由石井坑向外突围。一开始在由石井坑向北面的大康王方向突围时，项英、袁国平、周子昆与叶挺、饶漱石是一起的。但是从石井坑上山时，遭到了顽军一〇八师六四四团的袭击，项英、叶挺等人便被打散了。袁国平在突围过程中受重伤，后来为了不拖累战友将子弹射向了自己而壮烈牺牲。项英带着警卫连的排长李德和、副排长郑德胜以及警卫员夏冬青隐蔽在树林中，巧妙地躲过了敌人的搜山。此时，石井坑一带枪声四起，战斗不断发生着，顽军五十二师师长刘秉哲正在焦急地搜查项英等人的踪迹，狂叫着："项英逃到哪去了？……不捉住项英，决不罢休！不把新四军全部消灭，就以通敌治罪！"[①]项英等人悄然翻过大山，于13日凌晨到达了顽军尚未关注到的西坑的山谷中。

1月14日晚，顽军继续搜山，并向西坑方向进攻。面对危急的形势，项英显得很冷静。在南方三年的游击战争中，项英积累了丰富的与

① 周祖尧:《蒋军第一〇八师袭击新四军的经过》，转引自《皖南事变》编纂委员会编《皖南事变》，第471页，中共党史出版社，1990。

“搜剿”的敌人周旋的经验，他判断顽军此时必然严密封锁北面的大康王等地，堵住了突围的前路，不如乘着顽军的空隙向原来突围的方向——石井坑、东流山、螺丝坑移动。于是，项英率领警卫人员由西坑向南折回石井坑，朝螺丝坑方向转移。项英要求大家在行军时务必保持警惕，随时准备战斗；同时要注意隐蔽，不要发出声响，不到万不得已不开枪；如果被发现，就当机立断先开枪。

在向螺丝坑方向转移的途中，项英遇到了军部副官处的副官刘厚总[①]。刘厚总曾在湘南打过三年游击战争，身材高大，力气过人，枪法较准，是个打游击的好手。他主动要求留在项英身边，项英答应留下他，跟随在自己的身边。[②]

15 日黎明，项英在赵家佬后面山沟一个制作毛边纸的棚子外边的小路上，遇到了军部一科科长李志高、军部二科科长谢忠良，便会合在一起转移。此时顽军正在四处搜山，一边搜山一边造谣，称叶挺、项英均已被抓住，妄图诱引隐蔽的新四军战士们出来投降。项英等人虽然气愤，但也只得强忍着怒火继续隐蔽起来。

1 月 16 日晚，项英在转移途中意外地遇到了周子昆及其警卫员黄诚。周子昆、黄诚突出重围后，也向石井坑方向转移，在大山里已经转了两三天。项英与周子昆一见面，都不禁流下眼泪。项英说：“新四军这次失败，我是要负主要责任的，把你们搞成这个样子。”周子昆也说：“我也有责任。”项英又说：“将来到延安后，我会向中央检查自己的错误的，不管指责我是什么主义，我都接受”。[③] 根据白天侦察的情况，项英等人了解到赵家佬的群众基础很好，就趁着夜色来到村里。当地的群众对新四军非常同情，看到新四军被顽固派害成这个样子，都流下了眼泪。赵家佬的乡亲们给项英等人烧饭、做菜，一直忙到下半夜。项英

---

① 在李良明《项英评传》一书以及《皖南事变》中黄诚的回忆材料中，该人名为“刘侯忠”；在王辅一《项英传》一书中该人名为“刘厚总”。为保持行文统一，本文采用“刘厚总”一名。

② 参见王辅一《项英传》，第 760 页，中共党史出版社，1995。

③ 参见谢忠良《皖南事变与项英被害真相》，《江西文史资料选辑》1981 年第 5 辑（内部发行）。

很是感激，这是他们三天来第一次吃上饭菜。会合后的第三天，项英认为越是在困难的环境中，越要发挥党组织的作用，于是他决定成立临时党支部。项英亲自指定李志高为临时支部书记，谢忠良为副书记，并说："在隐蔽过程中，一切行动要以支部为核心。"①当地的群众热情帮助项英等人买粮食、做衣服、打探消息。2 月中旬的一天，当地群众发现对面山沟里有人，看样子像是新四军。项英便派人去侦察，发现原来是五团二营的营长陈仁洪、教导员马长炎等同志。很快项英与之建立联系，这样两股力量会合起来达到了 40 多人。因为当地老百姓不多，房子也很少，项英等人没有住处，就分散隐蔽在东山、西山的两个大山沟里。就这样，项英等人在山沟里隐蔽了四五十天的时间。随后，项英、周子昆以及军部的一部分人员又转移到了丕岭，在里覃仓附近的深山老林里隐蔽了近一二十天。3 月初，通过当地群众提供的信息，项英又与军部教导纵队工兵连副连长刘奎联系上了。通过刘奎，项英又联系上了军部直属政治处主任杨汉林，之后又联系上军部军需处副处长罗湘涛、新四军驻上饶办事处主任胡金奎。这时，围绕在项英周围已经集结了 70 多名新四军失散人员。鉴于集结的失散人员增多，项英决定进一步加强党的组织，成立临时总支部，由杨汉林任临时总支书记，李文英任宣传委员，马长炎任组织委员。

之后，项英得到消息，顽军已经知道山沟里藏着新四军，并准备搜山。原来，同项英一起隐蔽的人员因提前生火做饭冒烟而暴露了目标。顽军发现新四军的行踪后，预谋搜山"清剿"。当地的老乡闻讯后连夜告诉了地下党。项英得知后，当即决定转移。可转移到哪儿呢？刘奎对这一带的地形颇为熟悉，就向大家介绍了一个隐蔽的好地点——田坑。田坑位于里覃仓东面，处于泾县与旌德县交界处，地形条件很好，四周都是大山，森林茂密，翻过大山就是旌德县。田坑的十几里山沟没有几户人家，又都是外乡人，因此地理条件和群众条件都很好。为了慎重起见，项英又派李志高和刘奎等去侦察了一次。两人回来后向项英

---

① 谢忠良：《皖南事变与项英被害真相》，《江西文史资料选辑》1981 年第 5 辑（内部发行）。

做了详细的汇报。项英听了非常高兴，兴致勃勃地说："搬到田坑去！把胡明找来（胡明是皖南特委负责人之一），他有电台，可以同陈毅取得联系，陈毅再与中央联系。这样我们的关系就打通了！"项英又说："我们现在又有这么多人，这里的群众又这么好，我们还有枪。这样，很快就可以发展到一个营到两个营。"项英还说："我们军部有李志高、谢忠良可以管机关嘛！管情报的有，管经济的有，管地方的还有胡明，这不是很好嘛！那我管什么呢？我管整个吧！我们的条件很好的，比我们在赣南打游击的条件强多了，还有那么多老战士可以当干部。"①尽管环境如此恶劣，项英仍然保持着乐观的精神，鼓舞着身边的同志们。

3月11日，刘奎带领项英、周子昆等人转移到了田坑附近的濂坑，在地下党员姜其贵的家里吃了一餐玉米饭，休息到拂晓，便继续转移到了田坑沟尾子上。这是大山沟的一条余沟，地形很好，山势连绵起伏，敌人的大部队不易攀登，小部队又起不了作用。树林浓密深邃，周围几里地内没有什么人家。刘奎还从当地群众那里了解到山上有上、下两个洞。项英便派李志高、刘奎去山洞里察看了一下，发现这两个洞位置十分好：小洞在上，大洞在下，两个洞相聚大概六七十米。小洞名叫蜜蜂洞，可住三四个人，洞口十分隐蔽，进洞时要攀住凸起的石块或者树干才能上去。大洞在小洞的悬崖下面，是个斜坡，可以容纳的人较多。李志高、刘奎回来向项英汇报了山洞的情况，项英听后非常满意，很高兴，决定搬进山洞去住。项英开玩笑地说："下面是第一线，如发现情况，你们可以抵抗，掩护我。我们住上面，我如果走不动，刘厚总力气很大，枪法准，又打过游击，有经验，可以背我上山。"②

这样，项英、周子昆、刘厚总和黄诚就住在上面的蜜蜂洞里，谢忠良、李德和、郑德胜、夏冬青等十多人就住在下面靠悬崖搭建的棚子里，刘奎住在石牛窝村子里；李志高、罗湘涛、杨汉林等二三十人在铜山、水岭一带活动；陈仁洪、马长炎等20多人在纸棚村后面的金毛山隐蔽。③

①② 谢忠良：《皖南事变与项英被害真相》，《江西文史资料选辑》1981年第5辑（内部发行）。
③ 转引自王辅一《项英传》，第769页，中共党史出版社，1995。

搬到蜜蜂洞隐蔽后，项英时刻不忘突围到江北去，不断派人去侦察、了解敌情和转移路线，做了许多向江北转移的准备工作。为了隐蔽身份便于侦察，项英派人设法买了些布，每人做了一套便服。此时，项英等人的旧军服早已破烂不堪，很容易被顽军发现，穿上新做的便服后，既便于侦察，也便于转移。项英还同周子昆、谢忠良、杨汉林等人研究向北突围的路线，并派出郑德胜等人化装成卖柴的人一直行至长江边，了解顽军、日军的部署，以便确定具体的转移路线。

3 月 13 日，项英决定派人下山买粮食，谢忠良和李志高商量后，派刘厚总、刘奎、李德和、郑德胜四人去里覃仓，准备把事先托群众买好的粮食背回来，回来时再买点菜和油盐，要求他们下半夜去，第二天晚上回来。

3 月 13 日傍晚，天气突变，下起了暴雨。雨越下越大，后来竟下起了雪，到了晚上仍然是狂风暴雨、电闪雷鸣。蜜蜂洞里只有项英、周子昆、刘厚总和黄诚四人。项英与周子昆睡前正对坐着下棋(用树枝及小石块做的土棋)。他们睡觉的“床铺”就是一块比较平的石头，靠近洞壁深处还不断滴水下来，只有一张破军毯是给项英和周子昆盖的。大概到了 11 点钟左右，黄诚对两位首长说：“首长睡觉吧！”项英答道：“小黄，你先睡吧！”黄诚便靠着洞壁有些潮湿的地方躺下来睡了一会儿。过了不久，洞里的小灯便熄灭了，项英、周子昆、刘厚总也睡下了。当时，睡觉的位置由里到外，顺序是黄诚、周子昆、项英、刘厚总。[①] 蜜蜂洞一片寂静，然而谁也想不到刘厚总竟然向项英、周子昆下起了毒手。

3 月 14 日凌晨三四点钟，洞外依然是狂风骤雨、雷声大作，刘厚总悄悄地爬起来，掏出驳壳枪，朝着项英的头部太阳穴处连开两枪。周子昆听到枪响后，正想坐起来，刘厚总对他当胸口又是一枪。两人当场死亡。黄诚被枪声惊醒，意识到出事了，便随手去摸手枪。刘厚总就朝着他连开三枪，分别打在他的左臂、右臂和后脖子上。黄诚满身是血，立即昏倒过去。刘厚总以为三人都已死去，就将项英、周子昆身上携带的

---

① 参见黄诚《项英、周子昆二烈士遇难真相》，转引自《皖南事变》编纂委员会编《皖南事变》，第 423—425 页，中共党史出版社，1990。

黄金、钞票搜出来，还掏走了斯大林送给项英的那把手枪和黄诚的手枪。随后，他便穿上大褂，把财物揣进怀里，仍按白天原定的计划走到下面的大洞，叫刘奎、李德和、郑德胜一起去下山去背粮食。四人走到山脚下，刘厚总说要上厕所，乘机逃跑了。

清早，警卫员夏冬青按例去蜜蜂洞看望项英、周子昆两位首长，一到洞里便看到项英、周子昆、黄诚三人倒在血泊中，刘厚总不知所踪。他赶忙跑到下洞，悲痛地对谢忠良、李德和、康东北等说：项英、周子昆两位首长已经遇害，黄诚被打伤。大家惊愕不已，便立即来到蜜蜂洞，发现项英、周子昆已经牺牲了。刘奎等人发现刘厚总逃跑后，知道出事了，也回到了蜜蜂洞。大家感到万分悲痛，在分析情况后判断，刘厚总一定会叛变投敌，把敌人引过来。于是谢忠良当即决定将项英和周子昆的遗体埋葬好，并做上记号，等到革命胜利后再移葬。谢忠良对在场的人说："项英同志穿的是布鞋，容易腐烂，周子昆同志穿的皮鞋，三五年不会烂，等革命胜利后，我们就可以来辨认了。"[1]于是，大家就在两个山洞之间靠近一块大石头的下面，用原来老百姓借来平整洞里地坪的锄头挖了两个坑。大家怀着悲痛的心情，将项英、周子昆的遗体用仅有的两条旧毛毯包起来，分别放入坑中埋葬。为了表示区别，将项英的遗体埋在稍上一点的坑里，头朝东；将周子昆的遗体埋在稍下一点的坑里，头朝西。谢忠良对大家当面交代："大家一定要记住这个地方，将来我们这些人之间，总有两个在，一定可以找到这个地方。"[2]

项英牺牲时，年仅 43 岁。在其牺牲后，新四军的失散人员或突围到江北，或留在皖南继续斗争，为抗战的胜利做出了贡献；叛徒刘厚总也最终被钉在了历史的耻辱柱上。1949 年，中华人民共和国成立，项英毕生为之奋斗的革命事业开花结果。

1955 年，根据刘伯承元帅的指示，中国人民解放军华东军区将他和周子昆的尸骨，移到南京雨花台。从此，项英烈士便长眠于此。

①② 谢忠良：《皖南事变与项英被害真相》，《江西文史资料选辑》1981 年第 5 辑（内部发行）。

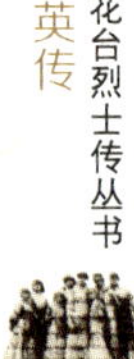

主要参考文献

1. 王辅一.项英传.中共党史出版社,1995

2. 王辅一.近看项英.中共党史出版社,2009

3. 李良明.项英评传.经济日报出版社,1993

4. 包惠僧回忆录.人民出版社,1983

5. 二七大罢工资料选编.工人出版社,1983

6. 上海市总工会,上海市工人运动史料委员会编.五卅运动六十周年纪念集.上海总工会,1985

7. 阎景堂主编.南方三年游击战争史.解放军出版社,1997

8. 刘勉玉.中央苏区三年游击战争史.江西人民出版社,1993

9. 中央档案馆编.中共中央文件选集(六).中共中央党校出版社,1989

10. 中共中央党史研究室.中国共产党历史(第一卷).中共党史出版社,2011

11. 中共党史教学参考资料(一).人民出版社,1979

12.《新四军》编审委员会编.新四军(综述、大事记、表册).解放军出版社,2000

13. 新四军和华中抗日根据地史料选(第一辑).上海人民出版社,1982

14. 新四军战史.解放军出版社,2000

15.《皖南事变》编纂委员会.皖南事变.中共党史出版社,1990

16. 中央档案馆编.皖南事变(资料选辑).中共中央党校出版社,1982

17. 中国人民解放军历史资料丛书编审委员会.新四军·文献(2).解放军出版社,1994

18. 纪念皖南事变50周年专辑.同济大学出版社,1990

19. 杨明编.皖南事变回忆录.安徽人民出版社,1983

20. 皖南事变回忆与思考.安徽人民出版社,1991

21. 王新生.南方三年游击战争中的项英、陈毅与叛徒的斗争.《百年潮》2008年第1期

22. 何立波,宋凤英.项英与震惊中央苏区的“富田事变”.《世纪行》2004年第5期

23. 刘勉玉.项英在中央苏区的功与过.《江西大学学报》(社会科学版)1991年第1期

24. 胡居成.创业为艰毁誉多:项英与皖南事变前的新四军(四).《党史文汇》1994年第12期

25. 项苏云.项英女儿项苏云:我和我的父亲母亲.《兰台内外》2006年第6期

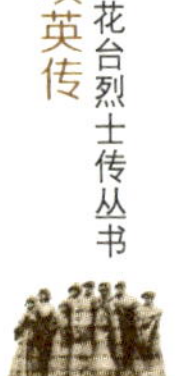

后 记

2014年12月，习近平总书记在江苏考察时指出："在雨花台留下姓名的烈士就有1519名。他们的事迹展示了共产党人的崇高理想信念、高尚道德情操、为民牺牲的大无畏精神。要注意用好用活丰富的党史资源，使之成为激励人民不断开拓前进的强大精神力量。"为了贯彻落实习总书记考察江苏讲话精神和江苏省委要求，铭记革命先烈，弘扬革命精神，服务社会主义核心价值观建设，促进文化建设上新台阶，根据江苏省委宣传部的统一安排，由江苏省委党史工作办公室、南京市委宣传部、南京市委党史工作办公室和南京雨花台烈士陵园管理局等单位联合编纂《雨花台烈士传丛书》。《项英传》是其中之一。

第一次系统地去主动了解项英的事迹是在2011年。当时，我接受了一个撰写中国工运历史人物传略的写作任务，我选择撰写项英的传记。2012年《中国工运历史人物传略·项英》出版，记述项英同志早年从事工人运动的事迹，即从一名学徒工成长为工运领袖的历程。这次写作的经历，让我对项英早期的革命生涯有了一定的了解。2016年1月，我收到了《雨花台烈士传丛书》的约稿通知，希望我承担《项英传》的写作。接受邀请后，我很是惶恐。项英的一生波澜壮阔、跌宕起伏，其中不乏争议和被人误解、误读的事件。如何去把握这些事件，如何去描摹这类事件中的项英，对我来说实在是个不小的挑战。好在一些前辈研究者的著述给我了极大的支撑，尤其是深耕项英研究的专家王辅一少将的两本著作——《项英传》《近看项英》。每当我面对一些相互冲突的史料无所适从的时候，通过阅读王老的著作，总有柳暗花明、豁然开朗的感觉。

我的写作过程并不顺利。因为繁重的教学科研任务，我只能在空隙时间中加紧写作。多亏江苏省委党史工作办公室的徐树法处长给予了足够的宽容和理解，他甚至亲至北京面谈，一次次鼓励、支持。本书特约编辑杜秀娟在编辑书稿的过程中，不仅严谨、细致、高效，也给与了足够的耐心。对此，我要向他们表示衷心感谢！

本书的写作也得到了项英女儿项苏云女士的支持，她提供了大量珍贵的照片。在谈话中，她的声声叮嘱，让我愈发感到责任的重大。感谢她的支持！

该书的形成还得到了安徽武警总队杨俊同志的支持，他一次次地帮助我从安徽省图书馆、档案馆查阅资料，并扫描发送给我；我的学生马刚、刘嘉丽也在成书的过程中帮我借阅图书，在此一并表示感谢。

由于时间、精力、水平等因素的制约，不足之处在所难免，恳请读者指正。

作　者

2016年6月

图书在版编目(CIP)数据

项英传/曹荣著.--南京 ：江苏人民出版社，2016.6

(雨花台烈士传丛书)

ISBN 978-7-214-18855-7

Ⅰ.①项… Ⅱ.①曹… Ⅲ.①项英(1898-1941)-传记 Ⅳ.①K825.2

中国版本图书馆 CIP 数据核字(2016)第 134743 号

书　　名	雨花台烈士传丛书——项英传
著　　者	曹　荣
特约审稿	徐树法
责任编辑	戴亦梁
特约编辑	杜秀娟
责任校对	范渊凯
装帧设计	刘葶葶
出版发行	凤凰出版传媒股份有限公司 江苏人民出版社
出版社地址	南京市湖南路1号A楼，邮编：210009
出版社网址	http://www.jspph.com
经　　销	凤凰出版传媒股份有限公司
照　　排	江苏凤凰制版有限公司
印　　刷	江苏凤凰新华印务有限公司
开　　本	718 毫米×1 000 毫米　1/16
印　　张	14.5　插页 2
字　　数	202 千字
版　　次	2016 年 6 月第 1 版　2016 年 6 月第 1 次印刷
标准书号	ISBN 978-7-214-18855-7
定　　价	44.00 元

(江苏人民出版社图书凡印装错误可向承印厂调换)